Jörg Wontorra

Halbzeit mit Helden

Jörg Wontorra

Halbzeit
mit Helden

Geschichten,
die der Fußball
schreibt

ECON

Die Deutsche Bibliothek – CIP-Einheitsaufnahme

Wontorra, Jörg:
Halbzeit mit Helden: Geschichten, die der Fußball schreibt/Jörg
Wontorra. – Düsseldorf; München: ECON, 1997
ISBN 3-430-19823-2

Der ECON Verlag ist ein Unternehmen
der ECON & List Verlagsgesellschaft.

© 1997 by ECON Verlag GmbH,
Düsseldorf und München
Alle Rechte der Verbreitung, auch durch Film,
Funk und Fernsehen, fotomechanische Wiedergabe,
Tonträger jeder Art, auszugsweisen Nachdruck
oder Einspeicherung und Rückgewinnung in
Datenverarbeitungsanlagen aller Art, sind vorbehalten.
Gesetzt aus Stone-Serif der Fa. Berthold
Satz: Dörlemann Satz, Lemförde
Druck und Bindearbeiten: Ebner Ulm
Printed in Germany
ISBN 3-430-19823-2

Inhalt

1

Der Sonderfall Bayern München
Sittenbild mit Sonnenkönig

○ ○ ○ ○ ○ ○ ○ Wo findet man das sonst? Der Trainer ist der beste der Welt. Der Co-Trainer: ein Weltmeister. Genauso wie der Co-Co-Trainer. Und der Torwarttrainer. Der Vize-Präsident. Auch der Manager hielt den Stanley-Cup schon in Händen. Selbst den Fanshop verwaltet nicht irgendwer. An der Kasse steht Hansi Pflügler: ein Weltmeister. Aber damit nicht genug: Sogar ganz unten, in den Niederungen der Fan-Clubs, waltet mit Raimond Aumann ein Champion als Fanbeauftragter. Und über all dieser Herrlichkeit die Lichtgestalt: der Kaiser.

Keine Familie ist ehrenwerter als die der Bayern aus München. Helden bis ins letzte Glied – für den Verein Segen und Fluch zugleich. Denn trotz all der versammelten Kompetenz ist der Erfolg keineswegs Dauergast an der Säbener Straße. Auch bei den hochwohlgeborenen Lederhosen gibt es – wie in anderen Familien – schlechte Manieren, vorlaute Söhne, Taschengeldkürzungen und Generationskonflikte.

Am Ende eines Spieljahres räumt der millionenteure Clan dann doch immer wieder einen der verfügbaren Meisterpokale in die Glasvitrinen. Seit ich als Reporter die Bundesliga und das Drumherum beobachte, bin ich fasziniert von diesem in

Fußballdeutschland einzigartigen Phänomen. Aber wer sind die Schuldigen, wenn die Bayern zwischendurch vor lauter Tamtam das Tor nicht treffen? Sind es wir Journalisten? Schreiben und senden wir den Millionarios das Blei in die Beine? Zugegeben: Bayern München polarisiert wie kein anderer Verein. Jeder Fußballfan in Deutschland hat zu den Bayern eine Meinung, klares Schwarz oder Weiß, kein Grau, da gibt es nur Liebe oder Haß. Der Verein hat bundesweit mit Abstand die meisten Fanclubs. Und selbst die Bayernhasser entwickeln Leidenschaft für die Lederhose, wenn die Münchener im Europapokal antreten. Dann vermuten noch die größten Widersacher im blauweißen Karo einen schwarzrotgoldenen Schimmer und bejubeln jedes Tor. Alles an diesem Verein ist extrem, und deshalb müssen auch wir Journalisten besonders genau hingucken.

Das geht so weit, daß wir bei »ran« einen eigenen Mann für den Rekordmeister abstellen, der jeden Tag die Lage rings um das Trainingsgelände sondiert. Auch wenn der Ball ruht – Reibungspunkte liefern Kaiser & Co. allemal. Aber sind wir damit schon verantwortlich für die dunklen Stunden des Vereins, über die wir berichten? Für Lothar Matthäus' verbale Flachpässe, Mehmet Scholls Kneipenschlägereien, Mario Baslers Ausflüge ins Spielcasino oder dafür, daß Jürgen Klinsmann von seinen Kollegen den Namen »Flipper« bekam?

»Flipper« – ein gutes Beispiel. Lange hielt sich das Gerücht, der Name habe etwas damit zu tun, daß Klinsmann Spielgeräte besonders liebe. Dann brachte unser Mann vor Ort in Erfahrung, daß die Mitspieler den Stürmerstar so nannten, weil ihm der Ball allzu häufig vom Fuß wegsprang. »Flipper« war also keine Erfindung der bösen Journalisten von »ran«, sondern ein süffisanter Kommentar der Mannschaftskollegen. Klinsmann, zwischenzeitlich vom Kaiser als der »menschlich am falschesten eingeschätzte Spieler hierzulande« ausgemacht, hat danach die gesamte Redaktion mit einem Interviewboykott bestraft. Ich mag diese Pauschalschelte nicht, dieses »Alle-

Uli Hoeneß (1975) — der damalige Mittelfeldstar vom FC Bayern München
(Foto: Ullstein — Moenkebild)

in-einen-Sack-hinein-und-Knüppel-drauf«. Das hat Jürgen Klinsmann nicht nötig. Zum Glück steht hinter ihm mit Roland Eitel ein cleverer Kopf, der ihn auch medienmäßig berät. Nach zwei Monaten hat Klinsmann schließlich doch wieder mit uns geredet. Da ist Uli Hoeneß schon ein ganz anderes Kaliber. Für mich der größte Medienprofi der Branche. Er stellt sich. Auch in kritischen Momenten. Hoeneß muß sich keine Gedanken mehr darüber machen, ob es ihm persönlich durch Presseberichte besser oder schlechter geht. Hoeneß steht über den Dingen. Ein Mann, der aus dem Gröbsten raus ist, auch finanziell, wirtschaftlich total abgesichert. Ich glaube ihm, wenn er sagt: »Ich mache meinen Job nur zum Wohle des Vereins.« Für seine Spieler wäre Hoeneß ein gutes Beispiel. Aber er drängt sich nicht auf.»Unsere Spieler sind erwachsene Leute«, pflegt er zu sagen,»wir könnten sie zwar zu Interviews dienstverpflichten. Aber das machen wir nicht. Wir glauben an den mündigen Fußballspieler.« Nur im Frühjahr 1997 wurde es ihm dann doch zu bunt. Er verbot seinen allzu mündigen Angestellten den Mund – keine Interviews mehr. Die Spieler sollten sich»wieder auf das Wesentliche konzentrieren können«: Fußball spielen, nicht den Pausenclown geben.

Uli Hoeneß wird angetrieben von seiner absoluten Identifikation mit dem Verein. Uli Hoeneß ist Bayern München, er lebt Bayern München. Er wäre auch nicht zu verpflanzen, nicht einmal zum VFB Stuttgart. Und das will etwas heißen: Immerhin ist er ganz in der Nähe zu Hause, in Ulm, wo auch seine Fleischfabrik steht. Mit diesem rigorosen Engagement für die Bayern hat er seine Vision vom perfekten Fußballclub fast verwirklicht, was nicht unbedingt selbstverständlich ist.

Wegen einer Verletzung mußte er relativ früh, mit 27 Jahren schon, mit dem Fußballspielen aufhören. Hoeneß wurde Manager bei den Bayern. Und ehrlich: Keiner hat es ihm zugetraut. Vielleicht hat ihn gerade das allgemeine Mißtrauen damals stark gemacht. Den Wunsch gefördert, es allen zu zeigen. Trotz der nur ansatzweise vorhandenen betriebswirtschaftlichen Kenntnisse. Uli ist Autodidakt. Souverän im Auftritt und sich durchaus seiner Fürsorgepflicht bewußt. Er hängt es nicht an die große Glocke; gelegentlich erwähnen es Spieler, die den FC Bayern verlassen mußten: Hoeneß habe sich darum gekümmert, daß es ihnen nach ihrem Ausscheiden nicht schlecht ging ... Gerade bei Spielern, die außerhalb des Platzes kein Bein auf den Boden bringen, hat Hoeneß versucht, ihnen eine neue Basis zu schaffen.

Ob der Flugzeugabsturz damals, bei dem Hoeneß wie durch ein Wunder als einziger überlebte, diesen Wesenszug entscheidend prägte? Ich bin mir ganz sicher. In einem Interview, das ich einmal für das Deutsche Sportfernsehen gemacht habe, hat mir Hoeneß gestanden:»Wenn man nach solch einem Crash auf der Intensivstation liegt, wird man natürlich nachdenklich und stellt sich die Frage: Verändere ich mein Leben? Ich habe Dinge verändert. Ich habe Konsequenzen für mich und mein Umfeld gezogen. Ich versuche, mehr Menschlichkeit in dieses harte Geschäft zu bringen und denke dabei auch immer an meine Mannschaft. Ich würde sie zum Beispiel nie in Privatmaschinen stecken, wo die Gefahr eines Absturzes viel größer ist.«

Und Hoeneß erzählte weiter:»Der Vorteil für mich war, daß ich vom Absturz selbst nichts weiß, weil ich geschlafen habe. Wäre es anders gewesen, glaube ich nicht, daß ich noch mal in ein Flugzeug gestiegen wäre. Die Sache hat immerhin zehn bis fünfzehn Minuten gedauert, in denen die Piloten gekämpft und eine Notlandung versucht haben.« So ein intensives Interview habe ich wirklich selten geführt. Zuletzt sagte Hoeneß noch:»Ich mußte mich entscheiden: Denkt man nur noch an so was – oder versucht man, in den Alltag zurückzukommen? Bei mir hat irgendwann der Alltag gewonnen.«

Gleichwohl ist Uli Hoeneß natürlich ein ausgebuffter Geschäftsmann. Er weiß, daß die Bayern ihrem Publikum – und das sind im Schnitt 54000 Zuschauer pro Spiel – jeden Samstag etwas Neues bieten müssen. Das funktioniert in erster Linie über große Namen. Oder es funktioniert eben nicht. Hoeneß selbst sieht sich in einer Zwangsjacke: Das Publikum fordert auf der einen Seite einen regelmäßigen Spieleraustausch, und zwar nicht von irgendwelchen Spielern, sondern von Stars. Also: Wenn Papin geht, muß mindestens ein Klinsmann kommen.

Auf der anderen Seite muß Hoeneß eigentlich jede Saison von neuem die traurige Erfahrung machen, daß 14 bis 16 Stars noch keine Mannschaft sind, sondern allenfalls eine Versammlung von Einzelkämpfern. Zu großen Leistungen schwingen die sich nur bei großen Veranstaltungen auf, nicht, wenn es gegen eine graue Maus aus dem Tabellenkeller geht. Ist es denn so schwer zu begreifen, daß die Besten nicht unbedingt am besten zusammenspielen können? Mit drei Tenören mag das ja gerade noch klappen. Aber elf Pavarottis auf einer Bühne kommen sich schnell ins Gehege.

Hoeneß macht sich keine Illusionen: Dieses Rad läßt sich nicht mehr zurückdrehen. Es ist das alte Lied namens »Brot und Spiele«: Ein verwöhntes Publikum liebt die Abwechslung. Die kann der Verein nur noch gewährleisten, wenn er den Stars den roten Teppich ausrollt. Bei den Bayern hat das mittlerweile bizarre Dimensionen erreicht. Nicht nur, daß die Mannschaft bei Auswärtsspielen stets in den feinsten Häusern absteigt. Auch bei der Bewältigung des täglichen Lebens nimmt der Verein seine hochbezahlten Angestellten wie dem Alltag nicht ganz gewachsene Wunderkinder an die Hand.

Der Sponsor eilt mit einem großkalibrigen Auto herbei, in dem die Handys bedienerfreundlich ausgelegt sind. Und wenn dann einer der reichbeschenkten Spieler sagt:»Sorry, ich muß zum Aufbautraining, könnt ihr mal eben meinen Wagen saubermachen?« Ja, dann wird auch das ein blauroter Knecht für seine vornehmste Aufgabe halten. Selbst Haustierhaltung fällt leicht beim FC Bayern. Wer führt das Hündchen aus, wenn Herrchen nicht Gassi gehen mag? Die Antwort: siehe oben.

Nur zeigen die Erfahrungen, daß diese Sozialstation Bayern den Erfolg durchaus nicht garantieren kann. Die umsorgten Spieler erleiden einen Realitätsverlust. Sie wissen oft nicht mehr, wie man sich selbst in den Mantel hilft. Und wenn sie dann einmal von wirklichen Problemen heimgesucht werden, wenn etwa die Gattin den heimischen Herd für immer verläßt, treffen sie nicht mal aus 5 Metern einen Möbelwagen. Fußball findet eben auch im Kopf statt.

Uli Hoeneß weiß um all diese Verwicklungen. Aber hat er eine Wahl? Will man international bei Transfers konkurrenzfähig bleiben, spielen auch diese Dinge eine Rolle. Und es kommt ja durchaus vor, daß ein Spieler, umsorgt und gehätschelt, auch mal wirklich einschlägt. Insgesamt ist es das Prinzip der natürlichen Auslese, dem sich Uli Hoeneß unterwirft.

Bei all diesen lobenden Worten für den Bayern-Manager will ich nicht verschweigen, daß ich mit Hoeneß gelegentlich mächtig aneinandergerate. Auslöser ist meist seine Eigenart, gerade in der Schlußphase der Saison Nebenkriegsschauplätze zu eröffnen. Offenbar hat er in diesem Moment das Gefühl, den Abteilungsleiter Attacke geben zu müssen, um seinem Team den Rücken freizuhalten. Buhmann ist entweder Borussia Dortmund ganz allgemein. Oder auch nur der jetzige Sportdirektor Otmar Hitzfeld. Oder Präsident Gerd Niebaum. Und zwischendurch eben auch immer mal wieder ein Journalist.

Was habe ich getan? Ich habe den Bayern-Mittelfeldspieler Christian Nerlinger ins Studio eingeladen. Uli Hoeneß hatte anläßlich von Vertragsverhandlungen gesagt, Nerlinger sei ein geldgieriger Wasserträger. In meiner Sendung kommt er zu Wort und setzt sich zur Wehr. Das reicht schon für Hoeneß, um einen Angriff zu starten. In einem Interview mit der »Münchener Abendzeitung« nennt er mich einen »Bayernhasser«. Abgesehen davon ist ihm wohl aufgefallen, daß Nerlinger im Studio stark geschwitzt hat, meine Stirn aber trocken blieb. Diesen Umstand, der nur mit meiner Routine im heißen Fernsehstudio zu erklären ist, münzt Uli Hoeneß um und kommt im selben Interview zu dem grotesken Urteil:»Wontorra ist ein eiskalter Hund.«

Da ich der Meinung bin, daß derjenige, der den Kampf eröffnet, auch mit einer Replik rechnen muß, gebe ich ein Interview in der»Bunten«. Meine Botschaft lautet:»Mit so kleinen geistigen Aussetzern kann ich leben. Manchmal genügen ja schon zwei Saunagänge, um die Gehirnströme wieder in Gang zu bringen.« Schon etwas ernster füge ich dann hinzu, daß Manager im Umgang mit ihren Angestellten die Worte besser abwägen sollten. Daß sie jedenfalls mehr oder weniger berufsschädigende Formulierungen vermeiden sollten. Und ich erlaube mir den Hinweis,»daß es in München ja ganz gute Fortbildungsseminare für Führungskräfte geben soll«.

Uli Hoeneß soll sich etwas eingekrampft haben beim Studium dieser Interviews, so höre ich es jedenfalls von Kollegen, die ständigen Kontakt halten. Aber er ist auch Profi genug, um daraus keine ewige Feindschaft zu konstruieren. Im»ran«-Interview nach der Meisterschaft steht er ganz normal Rede und Antwort. In anderer Hinsicht ist der Bayern-Chefdenker nicht zimperlich. Wenn er seinem Publikum mal wieder eine Sensation in Form eines neuen Spielers bieten will, schert er sich um die Interessen der Konkurrenz so wenig wie um die guten Umgangsformen. Einen Mitbewerber um Titel und Pokale zu schwächen, indem man dort die besten Spieler mit tollen Angeboten verunsichert, gehört wie selbstverständlich zum Geschäft. Schon so manchem Verein hat Hoeneß das Herz herausgerissen, indem er ihm den Trainer oder einen wichtigen Spieler abgeluchst hat. Das fing bei Kalle del Haye aus Mönchengladbach an und ist seither beinahe zur Regel geworden: Matthäus, Effenberg, Kahn, Kreuzer, Labbadia, Scholl, Herzog, Helmer, Sforza und so weiter und so fort – ganze Nationalmannschaften haben die Bayern anderen Bundesliga-Clubs weggekauft.

Vor allem die Stürmer kamen unter die Räder. Stürmer sind

angewiesen auf etwas, das man in München nicht hat: Zeit und Geduld. Viel Geld für viele Tore – das ist die Strafraumwährung. Ob McInally, Kostadinov oder Valencia: Wer nach zwei Spielen noch nicht getroffen hat, braucht eine verdammt gute Entschuldigung. Gerade als Ausländer, der der deutschen Sprache nicht mächtig ist. Ansonsten geht es ganz schnell: In dem Augenblick, wo du vorne kein Tor schießt beim FC Bayern, da bist du auch in der Mannschaft isoliert, ganz automatisch. Und wenn man dann wegen der Sprachbarriere nicht mal darüber reden kann, warum es vorne nicht mehr klingelt, ist das Scheitern programmiert.

Am deutlichsten war das wohl bei »El Tren«, dem Kolumbianer Rodolfo Valencia. Von dem hat mir Uli Hoeneß erzählt, daß er sich gar nicht integrieren lassen wollte. Deutschstunden, die die Bayern jedem ausländischen Profi anbieten, hat er einfach abgelehnt. Begründung gegenüber Hoeneß: »Meine Zeit hier ist eh begrenzt. Was soll ich da beim Deutschunterricht?« Gespeist mit solchen Erfahrungen, ist auch der Bayern-Manager mittlerweile zu der Erkenntnis gelangt, daß letztlich viele ausländische Stürmer Fehleinkäufe waren. Und wenn man ihn im privaten Gespräch danach fragt, gibt er es auch offen zu.

Hätte Paul Breitner, der Fußballweltreisende und Systemkritiker, da nicht manchen Schnitzer verhindern können? Er brachte schließlich alles mit: ein erfahrener Auslandsfußballer, außerdem Schauspieler, Kolumnist bei der BILD-Zeitung, erfolgreicher Immobilienhändler, Mitinhaber einer Rotweinfirma, Fußballentwicklungshelfer in der Provinz. Hoeneß und Paule kennen sich, seit sie in der A-Jugend gemeinsam spielten. Eine Basis, die offenbar nicht ausreichte, um auch aus Breitner ein führendes Mitglied der Bayern-Familie zu machen.

Bis zum Beginn des Jahres 1996 jedenfalls. Da schien endlich auch für Weltmeister Breitner ein angemessenes Vereinsamt zum Greifen nahe. Uli Hoeneß sagte damals zu mir: »Der wird unser sportlicher Berater.« Ich dachte, daß es durchaus Sinn macht, Breitner zu holen – zu dem einen, grausamen Zweck:

um Otto Rehhagel als Trainer abzuschießen. Doch da lag ich falsch. Tatsächlich ging Breitner in der Sendung »Blickpunkt Sport« des Bayerischen Rundfunks erst einmal so auf Rehhagel los, als würde er genau dafür bezahlt. Aber dann kam alles anders: Breitners Aufnahme in die Führungsriege war plötzlich kein Thema mehr. Er hatte in jenem Fernsehinterview ohne Auftrag gehandelt, hatte nur seine persönliche Meinung gesagt. Und das mißfiel einem der Vizepräsidenten des FC Bayern. Rehhagel wurde später zwar entlassen, aber ein eigenes Zimmer im Vereinsheim an der Säbener Straße hat Paul Breitner immer noch nicht. Selbst Uli Hoeneß konnte sich der Intervention seines Vizepräsidenten nicht widersetzen. Wie so was gehen kann, hat Karl-Heinz Rummenigge gezeigt. Ich kenne Rummenigge noch aus meiner Zeit bei der ARD. Er stand mir dort als Co-Kommentator zur Seite. Bei den Vorbereitungen der Übertragungen merkte ich schnell, daß auch dieser Weltmeister ein ausgebuffter Profi ist. Ihn scheint es überhaupt nicht zu stören, von aller Welt als der Musterknabe angesehen zu werden. Ein großer Diplomat, der es meiner Meinung nach aber mit der Zurückhaltung übertrieben hat. Er vermied jede Kritik via Fernsehen, wohl auch um in seiner Branche nicht als der Nestbeschmutzer zu gelten. Bei den Kollegen innerhalb der ARD kam das nicht so gut an – man wußte schließlich, daß sein Job ganz ordentlich honoriert wurde. Und dafür hat er relativ wenig Insiderwissen preisgegeben. Bei Spielen der Nationalmannschaft brachte Rummenigge zu selten ergänzende Informationen. Selbst wenn er etwas über Unstimmigkeiten innerhalb der Mannschaft wußte, was unmittelbar Einfluß auf das sportliche Geschehen hatte – er behielt es für sich. Nach ein paar Jahren trennten sich die Wege, weil sowohl der Sender als auch sein berühmter Mitarbeiter sich der Problematik bewußter geworden waren, die der Job in sich barg.

Auch im Verein schlägt Rummenigge eher die leisen Töne an. Gegen Franz Beckenbauer zum Beispiel würde er niemals offen Front machen. Das fällt ihm sogar leicht, denn er leidet nicht an der Überfigur Beckenbauer, sondern fährt mit der Gewalten- und Aufgabenteilung durchaus gut, einflußreich und zufrieden.

Einmal in den vergangenen Jahren hat allerdings sogar der in der Öffentlichkeit stets auf Ausgleich bedachte Rummenigge richtig hingelangt: bei der Entmachtung, Demontage und Entlassung von Otto Rehhagel als Trainer bei Bayern München. Alle Indizien deuten darauf hin, daß er da eine wesentliche Rolle gespielt hat. Ich habe Rummenigge nach den ganzen Querelen auf der Veranstaltung eines Konzerns getroffen, also quasi außerhalb der üblichen Fußballöffentlichkeit. Und bei solchen Gelegenheiten reden auch abgebrühte Funktionäre und Vereinsbosse anders, offener als in den Sportsendungen im Fernsehen. Damals habe ich Rummenigge gefragt:»Was ist der Unterschied zwischen Rehhagel damals und Trapattoni jetzt?« Die Antwort des Vizepräsidenten kam nach kurzer Denkpause:»Jetzt haben wir einen guten Trainer!«

Offiziell trägt Rummenigge den Titel Vizepräsident. Als solcher hat er seinen festen Platz im sogenannten Trophäenzimmer, dem Allerheiligsten im Vereinsheim. Hier fallen während der Präsidiumssitzungen mit Beckenbauer und dem zweiten Vizepräsidenten, dem Ökonomen Professor Fritz Scherer, die wichtigen Entscheidungen. Vierter im Bunde natürlich: Uli Hoeneß. Egal, wie es dabei hinter den Kulissen zugeht, wie sehr intern gestritten wird – draußen vor der Tür herrscht stets nur Einvernehmen; am Ende heißt es immer 4:0 zum Wohle des Vereins.»Wir sind uns alle einig«, lautet das ungeschriebene Gesetz.

Ein Gehalt bekommt Rummenigge für sein Wirken nicht, sondern – wie die anderen Großkopferten auch – nur eine überschaubare Aufwandsentschädigung. Wahrscheinlich gibt es noch da und dort eine Beteiligung an den weit verzweigten Bayern-Geschäften, aber im wesentlichen ist dieser Weltmeister ein unabhängiger Zinsenzähler, hat Immobilien im Hintergrund, und für weiteres Zubrot sorgen die Produktion von Fußball-Lehrfilmen und eine adidas-Vertretung.

Ich persönlich finde, daß die Dreierkonstruktion einen gewissen Charme hat: der Unternehmer Hoeneß, der Übervater Bekkenbauer und der Musterknabe Rummenigge, der seine Denkanstöße so gleichmäßig verteilt wie weiland die Flanken. Doch vergessen wir nicht: Es gibt auch noch den Verwaltungsbeirat, zu dem Ministerpräsident Dr. Edmund Stoiber gehört. Und als Ehrenvorsitzender Erich Kiesl, ehemaliger Oberbürgermeister der Landeshauptstadt.

Die Liste der »normalen« Beiratsmitglieder ist ein kleines bajuwarisches Who is who: Roland Berger, Unternehmensberater. Georg Hehner, Vorstandsmitglied der Adam Opel AG. Rudolf Houdek, Wurstfabrikant. Josef Hübel, Unternehmer. Dr. Peter Kahn, Vorstand der Bayerischen Landesbank. Helmut Markwort, Chefredakteur von »Focus« und Geschäftsführer der Burda-Holding. Hermann Memmel, Stadtrat. Bernd Rauch, Unternehmer. Willi Simetsreiter, Alt-Internationaler, erster Nationalspieler des FC Bayern. Und bis zu seinem zu frühen Tod: Dr. Axel Meyer-Wölden, Becker-Manager.

Wenn es so etwas wie die graue Eminenz der Bayern gibt, dann ist es Rudi Houdek, der Wurstfabrikant vom Starnberger See. Schon zu Zeiten von Fritz Walter sponserte er die Nationalmannschaft. Mit Lebensmitteln aus eigener Produktion, aber auch mit Barem. Dem Vernehmen nach erwies er sich auch den Spielern gegenüber nach dem WM-Triumph von Bern 1954 als sehr großzügig. Houdeks Verbindungen zum Deutschen Fußballbund begründen sich nicht zuletzt auf sein freundschaftliches Verhältnis zu Adi Dassler, dem verstorbenen Gründer und Chef von adidas.

Der umtriebige Rudi gilt auch als Chef der »Kitzbühel-Connection«. Frühzeitig hat er sich in »Kitz«, wie die Kenner der Szene sagen, eine Villa gekauft. Und später hat er auch Freunden geholfen, in Kitzbühel heimisch zu werden. Dazu zählt Robert Schwan, Bayern-Manager von 1965 bis 1977, der sich noch heute um die Belange Franz Beckenbauers kümmert. Eingemeindet haben sich ferner diverse Weltmeister von 1990 wie Andreas Brehme und Lothar Matthäus, der seine Kitz-Wohnung nach der Scheidung von seiner ersten Frau Silvia verließ. Auch Stefan Reuter und Thomas Berthold gehören dazu.

Das größte Kitz-Fest steigt Silvester. Dann nämlich lädt Rudi Houdek alle befreundeten Fußballer in seine Villa ein. Am letzten Tag des Jahres treffen dort Leute wie Rudi Völler, Thomas Häßler und zuletzt auch Matthias Sammer zusammen. Trotz dieser erstklassigen Kontakte würde sich Rudi Houdek nie in den Vordergrund oder gar in ein offizielles Vereinsamt drängen. Die Bühne gehört allein dem Dreigestirn Beckenbauer, Rummenigge, Hoeneß – ein Dreigestirn geballter Kompetenz. Zu geballt mitunter. Gewöhnt an das Allerbeste, verlieren sie manchmal die Realität aus den Augen. Rehhagels Ende in München ist beredetes Beispiel. Der Abschluß so kurz vor Saisonausklang, das räumt auch ein Franz Beckenbauer im nachhinein ein, geschah wirklichkeitsfremd zum falschen Zeitpunkt.

Ich glaube, daß sich die bayerische Dreifaltigkeit mitunter gar nicht vorstellen kann, daß mit den besten Spielern, dem besten Trainer, dem besten Merchandising und der besten Rasenheizung sportlich überhaupt etwas schiefgehen kann. Daß trotz der hohen Gehälter und des gemeinsamen Ziels, Meister aller Klassen zu sein, die Spieler dennoch streiten wie die Kesselflicker – und dann auch so spielen.

Das scheinbar unfehlbare Präsidium wird beinahe zwangsläufig in die Streitigkeiten innerhalb der Mannschaft mit hineingezogen. Franz Beckenbauer zum Beispiel hält immer noch zu seinem Spielmacher aus seinen Teamchefzeiten, zu Lothar Matthäus. Und da gerät er natürlich immer wieder zwischen die Fronten, denn Lothar Matthäus ist ja ein ganz besonderer Fall im deutschen Fußball. Und das nicht nur, weil er Rekordnationalspieler ist.

Ich kenne Lothar noch aus seiner Anfangszeit bei Borussia Mönchengladbach. Da war das ein ganz unbedarfter Junge, aus der fränkischen Provinz plötzlich in die grelle Welt des Fußballbusiness geraten. Aber er hat vor allem eins gelernt in seiner aktiven Zeit: auf der Klaviatur der Medien genauso draufgängerisch zu spielen wie auf dem Platz.

Sein Stil entspricht dabei seinen Möglichkeiten – und so verläuft alles nach einem ziemlich einfachen Strickmuster. Lothar hat sich ein paar Versatzstücke zurechtgelegt, gestanzte Phrasen für Interviews: »Ein Loddarmaddäus tut dies nicht ...« »Ein Loddarmaddäus kann das nicht ...« Man kann ihm das noch nicht mal besonders übelnehmen. Er bleibt in den Grenzen seines Ausdrucksvermögens. Im Umgang mit der Öffentlichkeit versucht er, das Beste daraus zu machen, ohne dabei Zurückhaltung zu üben. In der Branche gilt als sicher, daß er einem seiner Journalistenfreunde unter dem Siegel äußerster Verschwiegenheit hin und wieder ein paar Details aus der Bayern-Mannschaft steckt – wobei er natürlich ganz genau weiß, daß sie so zuverlässig in die Öffentlichkeit gelangen. Diesen Mechanismus setzt er immer wieder auch ganz gezielt ein, um seine persönlichen Interessen durchzusetzen.

Zum Beispiel in der endlosen Auseinandersetzung mit seinem Intimfeind Jürgen Klinsmann. Als die Nachricht bei den Münchnern einschlug, Klinsmann komme von den Tottenham Hotspurs zu den Bayern, hat Matthäus seinen Kollegen brühwarm intime Details aus der gemeinsamen Zeit bei Inter Mailand erzählt. So hatte Klinsmann schon einen schweren Stand, bevor er überhaupt das erste Mal an der Säbener Straße auftauchte. All seine Probleme – die Isolation in der Mannschaft, ja selbst in der Kabine, wo zunächst niemand den Spind neben dem neuen Stürmerstar haben wollte – verdankt er auch dem Mitteilungsbedürfnis von Lothar Matthäus.

Aber der hat sich natürlich auch schon mal um Kopf und Kragen geredet. Seine sexistischen und rassistischen Entgleisungen haben an seinem Image gekratzt – es wäre ihm eine Menge

Lothar Matthäus mit seinem früheren Trainer Otto Rehhagel 1995 bei Jörg Wontorra
in der Sendung »Viktor« (Foto: privat)

Ärger erspart geblieben, wenn er sich zuweilen selbstkritischer
gesehen hätte. Dann könnte er sich vielleicht auch den Respekt der seriösen Journalisten verdienen, die ihn bei der
WM '90 zum Kaiserlein degradierten. So aber ist er von denen
zwar als Spieler durchaus und zu Recht gewürdigt, vor allem
aber als »Laber-Lothar« verspottet worden. Und im Fernsehen
reißt Harald Schmidt gerne seine Witze über ihn.
Ergiebig ist Lothar Matthäus vor allem für Boulevardjournali-
sten. Und die wissen es ihm zu danken: Es herrscht das ungeschriebene Gesetz von Geben und Nehmen. Man weiß mehr,
als man schreibt. Pikante Dinge auch aus Lothars Privatleben
bleiben dann auch Privatangelegenheit.
Ich bin, wenn ich Lothar Matthäus begegne, ihn interviewe,
etwas über ihn erfahre, immer in einem Zwiespalt. Eigentlich
denke ich, wir Journalisten sollten nur über den Sport und
dessen unmittelbares Umfeld berichten, über die wirtschaftli-
chen Hintergründe, die Verträge der Spieler, ihre Wechselab-

sichten. Aber nicht über ihr Privatleben. Was Lothar, Lolita und Loris so miteinander auszufechten haben, sollte eigentlich für uns tabu sein. Aber im Moment gilt für die Journaille vor allen Dingen eins: Es muß Schlagzeile gemacht werden, um jeden Preis. Und da prescht unsere Zunft immer weiter vor. Das Dumme ist nur: Wenn einer damit anfängt, müssen alle anderen nachlegen. Dann wird selbst für eine seriöse Fernsehredaktion zum Thema, daß Thorsten Legat seinen Nachbarn vermöbelt oder Uli Borowka wieder mit drei Promille randaliert hat. Wir berichten dann darüber, möglichst sachlich, ohne im Sumpf herumzuwühlen. Aber die Boulevardmagazine, die nichts mit Sport am Hut haben, gehen da natürlich ganz anders zur Sache. Die Kollegen fragen gleich als ersten den Menschen mit dem blauen Auge, ob er tatsächlich von Thorsten Legat zusammengeschlagen worden ist. Und am liebsten würden sie Frau Scholl ausquetschen, warum sie ihren Mehmet verlassen hat. Für mich hört da der Journalismus auf.

Andererseits: Leid tut mir eigentlich kein Spieler, der in diese Mühle gerät. Klar, viele sind schlichtweg überfordert mit dem, was da auf sie einstürmt. Aber Mitleid? Nein. Sie alle wollten ja diesen Job. Und sie werden dafür gut bezahlt. Außerdem kann sich heute jeder anlesen und ausrechnen, worauf er sich als Profifußballer einläßt. Ich würde mir nur wünschen, daß solche Spieler, die sowohl sportlich als auch intellektuell an ihre Grenzen gelangt sind, häufiger auf gute Berater zurückgreifen könnten.

Zwar hat heute schon jeder talentierte B-Jugendliche einen persönlichen Berater. Aber in diesem Heer der Nutznießer gibt es natürlich sone und solche. Einige haben die Spieler nicht beraten, sondern schlichtweg Ungück über sie gebracht. Haben kurzfristig mit lukrativ erscheinenden Angeboten gelockt und dann, wenn was schief lief, den Betroffenen alleine gelassen. Aber es gibt auch die, die ihre Fürsorgepflicht für einen Spieler wirklich ernst nehmen. Daß Klinsmann mit Roland

Eitel sehr gut beraten ist, erwähnte ich ja schon. Aber auch Norbert Pflippen, der neben anderen Lothar Matthäus betreut, ist für seine Spieler ein Glücksfall. Ich sage bewußt: *seine* Profis. Denn er macht nicht nur Verträge, sondern betreut sie auch menschlich. Und das ist gerade bei jungen Spielern unglaublich wichtig.

Aber es kommt natürlich vor, daß selbst Spieler mit guten Beratern in den Medien unter die Räder kommen. Die sind dann oft selbst schuld. Womit ich wieder bei Bayern München bin, denn dort passiert so etwas am häufigsten. Warum? Weil es dort eine besonders ausgeprägte Art von Hofberichterstattern gibt. Es existieren allein drei Boulevardzeitungen am Ort mit mindestens zehn Kollegen, die nur für den FC Bayern zuständig sind. Dazu kommt noch die regionale und überregionale Tages- und Fachpresse. Und natürlich das Fernsehen. Da hat jeder Spieler, bis hinunter zur Nummer 22, seinen eigenen Berichterstatter.

Wenn ein Spieler ein Gerücht, eine Meinung, ein verbales Foul lanciert haben will, muß er nur zu»seinem«Journalisten gehen. Die Bayern-Profis schwören sich zwar alle paar Wochen: Wir sind eine große Solidargemeinschaft, auch bei uns soll – wie in der Nationalelf – die Mannschaft der Star sein. Doch das ist, mit Verlaub gesagt, Quatsch.

Nehmen wir nur das Kapitel Matthäus gegen Klinsmann: eine beinahe unendliche Geschichte. 1987 begegnen sie sich in der Nationalmannschaft zum erstenmal. Die Rollen sind klar verteilt: Matthäus ist Chef und Kapitän, Klinsmann der Lehrling. Bis in die 90er Jahre spielt der Schwabe in der Hierarchie der Nationalmannschaft keine große Rolle. Er steht eindeutig im Schatten von Rudi Völler, der zusammen mit Brehme und Matthäus als Leitwolf des Teams gilt. Das zweite Zusammentreffen findet bei Inter Mailand statt. 1988 geht Matthäus nach Italien, Klinsmann folgt ein Jahr später. Als Klinsmann kommt, gehören die Sympathien der italienischen Fans längst Matthäus und Brehme. Sie haben Inter zur Meisterschaft geschossen. Übrigens heißt der Trainer bei Inter damals Giovanni Trapattoni.

In einem Interview verrät Trap später, was er wirklich von Klinsmann zu diesem Zeitpunkt hielt:»Klinsmann liebt den Fußball doch gar nicht. Er hat sich mit Büchern umgeben und in zwei Monaten besser Italienisch gesprochen, als ich es kann. Ich habe ihm gesagt: Dein Beruf ist Fußballer, ruh' dich nachmittags aus, anstatt Bücher zu lesen. Mach' ein bißchen mehr Technikübungen. Wenn ich sage, daß ich zehn Stunden meines Tages dem Fußball widme, ist er anderer Ansicht.« Daß es für Profis ein Leben neben dem Leder gibt, mag der Mister nicht glauben. Zeugen jener Zeit erinnern sich daran, daß Trapattoni Klinsmann gelegentlich auch als »Leichtathlet« verhöhnte, weil er ihn wegen seiner technischen Mängel nicht als Fußballer akzeptierte.

Zurück zum Machtkampf zwischen Matthäus und Klinsmann. Er beginnt im Dezember 1992 während einer Reise der Nationalmannschaft durch Südamerika. Deutschland verliert 1:3 in Brasilien; nach vielen enttäuschenden Vorstellungen ist das Team nach dieser Niederlage gespalten. Die Meinungsführer wie Kohler, Matthäus und Buchwald machen Front gegen Bundestrainer Berti Vogts, erwägen den Aufstand. Mittendrin: Jürgen Klinsmann, der wie alle anderen gegen Vogts wettert. Es bleiben noch drei Tage bis zum nächsten Spiel in Uruguay. Gleich nach der Landung in Montevideo bittet die deutsche Botschaft zu einem Empfang. Die Journalisten sind ausgesperrt, die Spieler verkriechen sich, erneut liebäugeln sie mit der Revolution. In dieser Situation stellt sich Jürgen Klinsmann den Journalisten, hält einen flammenden Appell für Vogts:»Er kann nichts dafür. Wir müssen ihm helfen.« Deutschland siegt 4:1 gegen das zweitklassige Team aus Uruguay, Vogts bleibt Bundestrainer.

Der Streit zwischen Klinsmann und Matthäus verschärft sich nach einem Vorfall während der Weltmeisterschaft 1994 in den USA. Der blonde Schwabe ist noch in Monaco unter Vertrag, sucht aber einen neuen Verein. Er begibt sich auf das Zimmer von Matthäus und bittet ihn:»Lothar, kannst du nicht ein gutes Wort für mich bei Franz Beckenbauer einlegen und mich nach München holen?« Klinsmann redet auch mit Beckenbauer, der als TV-Kommentator in den USA arbeitet. Dennoch: keine Reaktion der Bayern. Weder Beckenbauer noch Matthäus scheinen Klinsmann in München haben zu wollen – eine Kränkung ohnegleichen.

Nach der sportlichen Blamage – die DFB-Auswahl verliert im Viertelfinale gegen Bulgarien – kommt es zum Generationswechsel: Völler und Brehme danken ab, nur Matthäus bleibt als Tonangeber. Klinsmann wagt erst nach diesem Schnitt, die Machtfrage zu stellen. Nach der WM, vor dem Länderspiel in Moskau, kommt es in Frankfurt zu einer großen Aussprache. Es ist der erste Aufstand gegen Matthäus. Ihm wird vorgeworfen, er habe Interna aus der Mannschaft verraten. Neben Jürgen Kohler ist vor allem Klinsmann Rädelsführer. Dieses Gespräch bringt die Wende im Machtgefüge der Nationalmannschaft. Nach und nach werden die Meinungsführer von einst aussortiert.

Den nächsten Höhepunkt im Streit markiert der 17. Januar 1995. Es kommt zu einem Geheimtreffen zwischen Vogts und Matthäus in Düsseldorf. Der Bundestrainer »überredet« Matthäus, den Posten des Liberos in der Nationalelf aufzugeben und wieder im Mittelfeld zu spielen. Der neue Libero soll Matthias Sammer heißen. Matthäus fügt sich, aber er wird kein Länderspiel mehr bestreiten. Am 26. Januar 1995 reißt bei einem Freundschaftsspiel in Bielefeld seine Achillessehne. Für Jürgen Klinsmann ist der Weg frei.

Schon am 22. Februar 1995 ist der Schwabe am Ziel: das erste Länderspiel ohne Matthäus. Vogts macht Klinsmann zu seinem Kapitän und durchbricht damit eine alte DFB-Regel, nach der der Spieler mit den meisten Länderspielen zum Zug kommt. Eigentlich wäre Jürgen Kohler an der Reihe gewesen. Als dieses Spiel gegen Spanien 0:0 zu Ende geht, spricht der Bundestrainer von der »Geburtsstunde einer neuen Mannschaft«. Warum? »Nach dem Spiel saßen alle zusammen, auch die Neuen wie Babbel oder Freund, und diskutierten über ihre Fehler. Bei dieser Selbstkritik wußte ich: Das wird was.«

Als im gleichen Monat bei Bayern München Otto Rehhagel als neuer Trainer feststeht, legt der Bremer Meistermacher schnell seinen Wunschzettel vor. Ganz oben steht der Name Jürgen Klinsmann. Die Bayern-Bosse mit Beckenbauer, Hoeneß und Rummenigge sind bereit, dem neuen Trainer ein »dreamteam« zu basteln. Später sagt Hoeneß mir allerdings über die Vertragsverhandlungen mit dem Stürmerstar: »Es waren die schwierigsten, die ich je geführt habe. Manchmal hatte ich den Eindruck, daß wir einen Verein um einen einzelnen Spieler herumbasteln sollten. Das werden wir aber nie tun.« Der FC Bayern mit dem Werbepartner adidas muß Klinsmann aus seinem Reebok-Vertrag rauskaufen, ihn am Trikoterlös (Nummer 18) beteiligen, ein einmaliges Handgeld von rund drei Millionen Mark bezahlen und das Gehalt von geschätzten vier Millionen Mark pro Jahr berappen. So kommt es, daß die Intimfeinde Matthäus und Klinsmann wieder in der gleichen Mannschaft kicken.

Anfang des Jahres 1996 findet Matthäus zu alter Kampfkraft zurück. Über fünf Ecken hat er mitbekommen, daß sich der Spielerrat der Nationalmannschaft, darunter Klinsmann und Sammer, gegen seine Rückkehr in das Eliteteam ausgesprochen hat. Daraufhin fordert er den Kollegen K. öffentlich zu einem TV-Duell auf: »Er soll endlich den Mut haben, mir ins Gesicht zu sagen, was Sache ist.« Klinsmann reagiert darauf nicht, weint sich aber beim Bayern-Vorstand aus und fordert Konsequenzen für seinen Gegenspieler.

Vier Monate später ergreift der Knatsch die ganze Bayern-Mannschaft. Klinsmann schießt das Team mit seinen Toren ins UEFA-Cup-Finale. Trotzdem hetzt er gegen Trainer Rehhagel. Fordert vor dem Spiel in Stuttgart vom Präsidium: »Entweder

Jürgen Klinsmann (1995) – noch Mittelstürmer beim FC Bayern München
(Foto: Ullstein – Horizont)

Rehhagel geht oder ich.« Er setzt eine Änderungskündigung durch, die es ihm erlaubt, den Verein 1997 ohne Ablösesumme zu wechseln. Offiziell schwenkt er ein auf Schmusekurs mit Rehhagel – nach dem 1:0-Sieg in Stuttgart stellt er sich vor die Fernsehkameras und erklärt:»Heute haben wir für den Trainer gewonnen.«

Im Mai 1996 ist zur Abwechslung mal wieder Matthäus mit dem Fehdehandschuh an der Reihe. Als sich die deutsche Nationalelf gerade in Nordirland auf die Europameisterschaft vorbereitet, wiederholt er in einem Interview die Vorwürfe gegen Klinsmann:»Er hat dafür gesorgt, daß ich nicht mehr in der Nationalelf spiele.« Es kommt endgültig zum Eklat. Vogts wirft den Rekordnationalspieler Matthäus mit den Worten»er spielt nie wieder« aus dem Team. Klinsmann seinerseits ermuntert die EM-Teilnehmer aus München (Kahn, Scholl, Ziege, Babbel, Helmer, Strunz), ein Forderungspapier an den Bayern-Vorstand zu richten. Inhalt: Beckenbauer soll das »Problem Matthäus« lösen. Doch der Präsident reagiert gelassen:»Das werden wir nach der EM klären, wenn alle wieder da sind.« Matthäus selbst kommentiert die Angelegenheit auf seine Weise:»Klinsmann hat zwischen 1990 und 1994 versucht, Berti Vogts abzusägen. Das kann auch Bodo Illgner bezeugen, der ja schon gesagt hat, daß Klinsmann ein DFB-Chip eingepflanzt worden sei. Seit meiner Verletzung ist Jürgen der Kapitän. Und plötzlich sind Vogts und er ein Herz und eine Seele. Ich freue mich, daß die beiden zusammengefunden haben.«

Im Juli 1996 gibt es für einen kurzen Moment Aussicht auf Frieden zwischen den ewigen Streithähnen. Die FIFA hat eine Weltauswahl zu einem Spiel gegen Brasilien eingeladen; der Erlös soll UNICEF zugute kommen. Zwei Deutsche sind dabei – Lothar und Jürgen. Als Betreuer fungiert ihr Boß, Franz Beckenbauer. Und tatsächlich: Lothar und Jürgen führen im Hotelzimmer von Matthäus ein Gespräch. Journalisten bezeichnen das Treffen später als den»Frieden von New York«.

Aber ich glaube, in Wirklichkeit ist es nur ein Waffenstillstand. Der Haß sitzt wohl zu tief.

Am 14. März 1997 wird das Feuer wieder entfacht. Krisensitzung der Bayern im Hotel Limmerhof, dem ständigen Trainingslager. Nach zwei Niederlagen in nur einer Woche, in Leverkusen und Bielefeld, bittet der Kaiser zur Aussprache. Sie kommt nur zäh in Gang. Beckenbauer reagiert genervt:»Entweder wird jetzt die Wahrheit gesprochen, oder wir brechen ab.« Dann gibt es eine Wortmeldung. Klinsmann. Er geht Matthäus direkt an:»Du bist unser Verräter.« Matthäus kontert: »Okay, ich bin mit einem Journalisten befreundet. Aber der erfährt von mir keine Interna. Im Gegensatz zu euch stehe ich dazu. Ihr setzt euch in euer Auto und habt nichts Eiligeres zu tun, als gleich über Handy eure Journalisten anzurufen.«

Dieser Zoff markiert einen neuen Grad der Eskalation. Drei Tage später gibt Klinsmann seinen Abschied aus München bekannt. Sein letzter Putschversuch gegen Matthäus ist gescheitert, den internen Machtkampf hat er endgültig verloren. Entnervt gibt er auf und wechselt über die Alpen nach Genua.

Aber der Zweikampf hält noch eine letzte Pointe bereit. Was Klinsmann nicht geschafft hat, gelingt Matthäus: Mit der Veröffentlichung seines Tagebuchs bringt er sich selbst um die Kapitänsbinde.

Matthäus gegen Klinsmann – da prallen zwei Weltanschauungen aufeinander in einem unerbittlich geführten Machtkampf. Matthäus gilt nicht nur wegen der Kitzbühel-Connection als Beckenbauer-Freund, so sehr, daß ihm die Mannschaft einmal vorwirft:»Du bist nicht unser Kapitän, du bist der Kapitän des Vorstands.« Klinsmann dagegen gilt als Vogts-Höriger. Im Prinzip ist es deshalb auch ein Machtkampf zwischen dem Bundestrainer und seinem Vorgänger.

In all diesen Scharmützeln bemühen die Beteiligten immer wieder die Öffentlichkeit, um Boden gut zu machen. An Indiskretionen herrscht kein Mangel; mitunter verwischen sogar die Frontverläufe. Als Franz Beckenbauer zu Beginn der Rückrunde 1997 in einer internen Sitzung den Spielern an den Kopf wirft:»Ihr seid eine Scheißmannschaft!«, kann er alles über seinen Wutausbruch am nächsten Tag auf der ersten Seite der Bildzeitung nachlesen. Eine Woche fahndet die Mannschaft daraufhin nach dem Maulwurf in den eigenen Reihen. Matthäus wird wieder mal verdächtigt, trotz seiner guten Beziehung zum Kaiser. Man traut ihm halt jedes Verplappern zu, und die Veröffentlichung seines»Tagebuchs« zeigt ja, daß er sich gern mitteilt. Aber in diesem speziellen Fall kann Matthäus den Nachweis antreten, daß er nicht gesungen hat. Die Suche nach dem Verräter wird schließlich erfolglos abgebrochen.

Das Ausplaudern von Interna scheint neben dem Fußballspielen die wichtigste Sportart bei den Bayern zu sein. Nehmen wir nur einmal die Eskapaden des Mehmet Scholl. Da gab es Anfang 1997 eine Prügelei in einer Bar, nach der er sich auch noch mit seinen Kollegen angelegt hat. Kein Pressemensch war dabei, und doch stand am nächsten Tag alles haarklein nacherzählt in der Zeitung. Da wußte Scholl natürlich, was die Uhr geschlagen hatte – und hat es auch verkündet: Einer der vier Kollegen, die bei seinem Aussetzer dabei waren, muß ihn verpfiffen haben. Soviel zum Gerede von der Solidargemeinschaft.

Oder der andere Fall Scholl, der auch ein Fall Rehhagel ist. Als Scholl einmal vom Trainer ausgewechselt wurde, sagte er zu ihm beim Verlassen des Platzes:»Du alter Wichser!« Über unsere Fernsehmikrofone war die Beschimpfung nicht zu hören, und doch stand es am nächsten Tag in riesengroßen Lettern in den Zeitungen. Otto hat den Vorfall nie dementiert. Wieder muß also ein Spieler die Geschichte weitergeflüstert haben. Es gibt Fußballprofis, die darauf spekulieren, daß solche Vetternwirtschaft eine Sache von Geben und Nehmen ist. Manche Spieler haben im Hinterkopf:»Wenn ich einem Journalisten was stecke, bekomme ich auch wieder was zurück. Vielleicht macht er, wenn ich mal nicht aufgestellt bin, Druck und schreibt mich von der Bank in die Mannschaft.« Ganz so einfach freilich geht es nicht. Erst wenn die Mehrzahl der Kollegen auf den Zug des Hofberichterstatters aufspringen würde, gewinnt der genügend Fahrt.

Bei Borussia Dortmund zum Beispiel ist ein solches Stimmengewirr wie beim FC Bayern weitgehend unbekannt. Zum einen ist die Presselandschaft gemessen an Münchener Verhältnissen eine freundliche Blumenwiese statt einer steinigen Steppe. Alle Presseorgane rund um den Borsigplatz sind sich in ihrer Verehrung der Schwarzgelben weitgehend einig. Zu einem Stéphane Chapuisat hält man, selbst wenn der Schweizer Schweiger wochenlang beharrlich das Tor verfehlt. Davon träumt Jürgen Klinsmann Nacht für Nacht – bis es wieder mal soweit ist und er aus einem laufenden Vertrag gewinnbringend aussteigt.

Auch in der Dortmunder Führungscrew herrscht solidarische Disziplin. Gerd Niebaum ist Präsident – basta. Der Manager Michael Meier kümmert sich um die Zahlen – ein Mann, der lieber addiert als intrigiert. Er mischte sich auch nicht in die Geschäfte des Trainers Otmar Hitzfeld ein. Der, ein gelernter Mathematiklehrer, bevorzugte als Coach die gerade Linie und nicht den heimlichen Winkelzug. Das ist effektiv, wenn auch nicht immer unterhaltend.

Da sorgen Beckenbauer, Rummenigge und Hoeneß schon für mehr Abwechslung. Sie alle haben noch aus ihrer aktiven Zeit erstklassige Medienkontakte. Und die pflegen und nutzen sie. Und machen Politik damit. Ein Beispiel gefällig? Bitte sehr. Der Leidtragende heißt in diesem Fall Klaus Augenthaler. Bayrisches Urgestein. Und, na klar, ein Weltmeister. Mit dem Verein so verwachsen, daß er sogar während eines Bundesligaspiels vertrauensselig auf der Bank die Augen schloß und ein Nickerchen machte. Der ist meiner Meinung nach einer, der bei Bayern seine Rente hätte beziehen können. Nach 20, 25 Jahren als Co-Trainer ein Ehrenplatz auf der Ahnentafel. Aber da war einer im Präsidium dagegen.

Die Spatzen pfeifen es vom Zeltdach des Olympiastadions: Uli Hoeneß hatte schon seit langem von Klaus Augenthaler als Co-Trainer genug. Nur Franz Beckenbauer, der Mann des Ausgleichs, hielt lange seine schützende Hand über den treuen Gesellen. Augenthaler ist ein Mensch, der schon mal gerne Schafkopf spielt und auch nach der offiziellen Deadline um 23 Uhr das ein oder andere Bierchen trinkt. Aber was zuviel ist, ist zuviel: Hoeneß lanciert in der Öffentlichkeit, daß »Auges« Vertrag nach der Saison 96/97 nicht verlängert würde. Und so erfuhr dieser bajuwarische Recke, dieser Held so manches 50-Meter-Tores, daß er sich einen neuen Job suchen muß.

Die Entlassung trifft »Auge« wie ein Keulenschlag. Wörtlich sagt er mir: »Gefühlsmäßig habe ich schon lange mit den Bayern abgeschlossen. Dazu war die Art, wie der Abschied nach 22 Jahren inszeniert wurde, zu enttäuschend für mich.« Nach dem letzten Spiel der Saison setzt sich Augenthaler im Flugzeug nicht mehr wie sonst nach vorne zu den Vorstandsherren – und auch nicht zum Trainer. Er sucht die Nähe der Fans ganz hinten im Flieger.

Bei der Meisterschaftsfeier auf dem Marienplatz richtet er seinen Dank nur an die Mannschaft, nicht ans Präsidium. Auch lehnt er ein Abschiedsgeschenk der Clubgewaltigen ab, eine wertvolle Uhr, rund 15 000 Mark teuer. Diese Summe möchte er lieber für ein Behindertenwerk stiften.

In der Indiskretion des Präsidiums rund um Augenthalers Entlassung spiegelt sich auf wunderbare Weise diese Bayern-typische Melange aus Verschlagenheit und Fürsorge: Mit der Nachricht in der Zeitung war Augenthalers Schicksal unwiderruflich besiegelt; zugleich war die Meldung ein nett gemeintes Stellengesuch, das Augenthaler den Weg in eine selbständige Trainerlaufbahn ebnen sollte.

Er versucht sein Glück zunächst beim FC Basel. Aber dort gibt es noch andere profilierte Bewerber. Zum Beispiel Jörg Berger, der Ex-Trainer von Schalke 04. Schließlich kommt »Auge« in

Graz unter. Vielleicht wird er es ja im Arnold-Schwarzenegger-Stadion dem Terminator gleichtun können ... Die Inszenierung von Auges Abgang hat den Bayern-Gewaltigen offenbar so gut gefallen, daß sie die Bestallung seines Nachfolgers auf die gleiche Weise einfädelten. Das Präsidium wollte Egon Coordes wiederhaben, den harten Hund, der immer so mürrisch dreinschaut, den Dirty Harry der Branche. Uli Hoeneß glaubt nämlich, daß ein Gentlemantrainer wie Giovanni Trappatoni so einen Schleifer neben sich braucht. Einen, der Kondition bolzt ohne Rücksicht auf Verluste, Freunde, Verdienste und Verträge.

Augenthaler konnte diese Rolle nicht übernehmen; mit so manchem seiner Schützlinge war er ja vor nicht allzu langer Zeit noch selbst aktiv gewesen.

Aber Hoeneß und seine Präsidiumskollegen wußten natürlich auch, daß vielen ihrer Profis Egon Coordes nicht schmecken würde. Insbesondere Rädelsführer Matthäus, auf seine alten Tage am Schliff nicht mehr so wahnsinnig interessiert, verbindet mit Coordes eine herzliche Abneigung. Als Gefängnisaufseher würde er Coordes wohl alles Gute wünschen, aber als Co-Trainer ... Was also tun? Sollten Hoeneß und Co. über den Wunschkandidaten erst mal mit den zukünftigen Opfern diskutieren? Den Mann innerhalb der Mannschaft damit gleich demontieren? Nix da. Ein Wink an einen treu ergebenen Berichterstatter – und schon steht in der Zeitung: Egon Coordes wird neuer Co-Trainer. Beschlossen und verkündet, Diskussion zwecklos, Profis wegtreten. So macht man bei Hofe Pressepolitik.

Und das sollen kaiserliche Methoden sein? Was ist Franz Bekkenbauer, der ein genialer Spieler, ein glücklicher und erfolgreicher Trainer war, was ist dieser »Supermann« des deutschen Fußballs eigentlich für ein Präsident? Und wie ist er es geworden?

Vielleicht wurde den Vereinsgewaltigen von Bayern München ja erst im Jahre 1994 so richtig klar, wen sie mit diesem Mann im Mitgliederverzeichnis stehen haben. Der einzige deutsche Fußballer, der es weltweit zu Ansehen gebracht hat; man kennt ihn in den Favelas von Rio de Janeiro ebenso wie auf den Bolzplätzen neben den kaiserlichen Gärten von Kyoto. Und wenn in Johannesburg Kinder gegen Blechbüchsen treten, dann wollen sie sein wie der ehemalige Postangestellte aus Pasing. Keiner kann sich seiner charismatischen Ausstrahlung entziehen. Selbst so altgediente Cracker wie FIFA-Präsident João Havelange, die den internationalen Fußball verwalten, bewundern die Art, wie der Selfmademan Beckenbauer sozusagen aus dem Stand Fußball repräsentieren kann. Daß er in nicht so ferner Zukunft selbst an der Spitze des Weltfußballs stehen wird, glaubt inzwischen jeder, der die Abseitsregel einigermaßen erklären kann.

Uli Hoeneß hat damals, als das stolze Bayern-Schiff im Mittelfeld der Tabelle herumdümpelte und die Trainer wie die Trikots gewechselt wurden, den einzig richtigen Schritt getan. Er machte dem Kaiser seine Aufwartung. Und was tat dieser daraufhin? Er stieg noch einmal herunter aus dem Fußball-Olymp, hinab in die Niederungen der Vereinswelt, in den Bierdunst der Mitgliederversammlung. Und die kann ihr Glück kaum fassen.

Diesmal war BILD ausnahmsweise nicht auf Ballhöhe: Der Präsident Beckenbauer wurde im Schoße der Bayern-Familie geboren. Eine Situation, in der Uli Hoeneß einmal mehr seinen Ruf als schlauer Fuchs unter Beweis stellen konnte. Er sagte mir nach der Inthronisierung: »Ich wollte mir jemanden ins Boot holen, dessen fachliche Qualifikation über jeden Zweifel erhaben ist.« Und er fügte ausdrücklich hinzu: »Ich mußte entlastet werden.« Uli Hoeneß hat damals sicher recht gehabt, sich mit seiner ganzen Kraft auf die unternehmerischen Seiten des Bayern-Konzerns zu stürzen, während Beckenbauer als neue Identifikationsfigur dem damals ramponierten Image neuen Glanz verlieh.

Hoeneß wußte als sein langjähriger Wegbereiter natürlich, wo Beckenbauer zu packen war. Franz, das wurde auch mir in nunmehr 20 Jahren immer wieder deutlich, möchte eigentlich am liebsten seine Ruhe haben und sich in seinem Kitzbühler Herrgottswinkel auf die nächste Golfpartie vorbereiten. Damit soll nicht gesagt sein, daß er faul sei. Er hat nur ein gesundes Phlegma, man muß ihn zum Jagen tragen. Nach seiner aktiven Laufbahn wollte Beckenbauer zu allen Aufgaben überredet sein. Er hat nie den Finger von sich aus gehoben; immer haben ihm andere gesagt: »Franz, du mußt das machen.« Und wenn sich jemand findet, der genau das tut, und ihn dann auch noch bei der Ehre packt, sagt einer wie Beckenbauer nicht nein. Er ist einfach ein harmoniebedürftiger Mensch, manchmal sogar zu gutmütig.

Daß er sich auf den Präsidentenstuhl setzen ließ, hat nichts mit Geltungsdrang zu tun. Dieser Mann, der nie einen Rhetorikkursus besuchte und dennoch charmanter und eleganter als jeder Politiker das Selbstverständliche kurzweilig zu erzählen vermag, dieser Unterhaltungskünstler ist über jede Eitelkeit erhaben. Selbstsichere Gelassenheit ist seine natürliche Lebensform – was mitunter auch eine große Schwäche sein kann. Denn er sagt zu häufig ja. Für Bayern München auf Präsidentensuche freilich und den deutschen Fußball insgesamt ist diese Schwäche ein Glück.

Für seine Rollen in der Öffentlichkeit – als Trainer und Präsident, als Kolumnist und Kommentator – hat Franz kein Trainingsprogramm absolviert. Er verstellt sich nie vor den Mikrofonen und Kameras; Franz Beckenbauer gibt immer nur sich selbst. Man muß es wohl so sagen: Das Talent dazu wurde ihm in die Wiege gelegt – der Rest kam scheibchenweise dazu. Eine wichtige Phase war sicher sein zweijähriger Aufenthalt in den USA, wo er in der amerikanischen Operettenliga bei Cosmos New York und an der Seite von Pelé lernte, daß Fußball nicht nur Sport, sondern auch eine Riesenshow ist.

Dabei standen die Zeichen zu Beginn des amerikanischen Abenteuers auf Sturm. Hinter ihm lag jede Menge Ärger:

Knatsch mit seiner Ehefrau, Knatsch mit dem Finanzamt, dazu nach 103 Länderspielen das abrupte Ende einer unvergleichlichen Karriere. Dies meldeten die Zeitungen genüßlich in dicken Lettern auf Seite eins. Beckenbauer, der Liebling aller Fußballgötter, war plötzlich vom Thron gestoßen, ungeliebtes Kind im eigenen Land – sicher das dunkelste Kapitel in seinem Leben. Mir hat er mal gesagt: »Damals habe ich gedacht, Mensch, jetzt ist es vorbei mit dem Glück.« Aber er hatte einen Freund in der Not: seinen Berater Robert Schwan. Ein Mann für jede Tonart. Unsterblich sein Satz: »Ich kenne nur zwei wichtige Menschen: Schwan am Morgen und Schwan am Abend.« Zunächst war er als Blumenhändler auf Münchens Viktualienmarkt aktiv, später ambitionierter Manager von Bayern München. Sein Ratschlag in Beckenbauers größter Krise: »Du mußt ganz einfach mal aus dieser Welt hier weggehen.«

Kein einfacher Schritt, auch für einen Franz Beckenbauer nicht. Englisch hatte er allenfalls in der Schule gelernt und die paar Brocken auch nicht weiter benutzen müssen. Also hat er sich wirklich reingestürzt, hat sich die neue Sprache in kurzer Zeit angeeignet und sich mit ihrer Hilfe in der Öffentlichkeit präsentiert. Ich bin mir sicher: Als er gemerkt hat, das funktioniert ja, fand er schnell zurück zu seiner Gelassenheit.

So etwas habe ich schließlich auch am eigenen Leib erlebt – und gelegentlich habe ich mit Franz Beckenbauer darüber gesprochen. Als ich damals, 1992, aus dem ARD-Olympia-Team geschmissen wurde, hatte auch ich eine Krise. Damals landete ich in Luxemburg, für mich eine ganz neue Welt. Aber als ich merkte: Es geht ja, gewann ich ein ganz neues Selbstbewußtsein.

Ich erinnere mich noch genau, wie der »neue« Franz Beckenbauer aus Amerika zurückkam und im Herbst 1980 beim HSV vor Anker ging. Er wurde damals im Rahmen einer Pressekonferenz vorgestellt, und ich durfte als junger Reporter für den NDR über die Rückkehr der Fußball-Legende berichten, ein

Die Jugend trifft sich: der junge Wontorra beim Interview mit dem jungen Beckenbauer Anfang der siebziger Jahre (Foto: Werner Holtz)

erstes Interview mit ihm führen. Ich muß gestehen: Damals habe ich bewundernd zu ihm hochgeguckt. Aber im Laufe der Jahre ist die Distanz geschwunden, wir haben eine Basis gefunden. Zunächst haben wir uns natürlich gesiezt: Franz und »Sie«.

Es gibt viele Journalisten, die die Spieler einfach hemmungslos duzen – als hätten sie im Sandkasten mit ihnen gespielt. Dabei kann ein gewisser Abstand zuweilen ganz gut tun. Im Privatleben, wenn man sich zum Essen trifft oder hinter den Kulissen des Fernsehstudios plaudert, duze ich einige der Fußballprominenten. Aber während der Sendung sieze ich weiterhin alle – mit einer einzigen Ausnahme: Uwe Seeler. Es wäre einfach Quatsch, ihn zu siezen. Schließlich kennen wir uns schon seit einem Vierteljahrhundert; wir haben zu viel miteinander erlebt. Doch das ist eine andere Geschichte.

Mittlerweile duze ich auch Franz Beckenbauer. Aber dahin führte ein langer Weg. Zunächst pflegten wir einen professionellen, von gegenseitigem Respekt geprägten Umgang miteinander, durch all die Wendungen unserer beider Karrieren hindurch. Er war Teamchef der Nationalmannschaft, ich verantwortlich für den Sport bei Radio Bremen, als wir uns auf der Jahrestagung eines Computerkonzerns wieder mal trafen. Es ging um Mitarbeitermotivation; zu diesem Thema sollte ich eine Talkshow mit Beckenbauer moderieren. Plötzlich hieß es:»Ihr habt jetzt vier Stunden Zeit, bis es weitergeht.« Was sollten wir machen? Also haben wir im Foyer herumgestanden, einen Kaffee nach dem anderen getrunken und miteinander geredet, stundenlang. Irgendwann kam da das Du ganz automatisch. Das war kein großer Akt, Franz hat einfach eine Frage in Du-Form gestellt –»Wie siehst du das denn?« –, und dabei sind wir dann geblieben.

Damals habe ich eine Menge erfahren über den Menschen Franz Beckenbauer. Daß er einer ist, der es am liebsten wirklich jedem recht machen will, manchmal sogar gegen die eigene Überzeugung. Deshalb erscheint er auch wie ein Hansdampf in allen Gassen und auf allen Kanälen. Die Leute bitten ihn um etwas, belagern ihn, und er mag keinem weh tun. Wer zu Beckenbauer kommt und guten Willens ist, kann sicher sein, professionell bedient zu werden. Er sagt oft ja, weil er weiß, daß Journalisten ganz einfach glücklich sind, wenn Beckenbauer ihnen ein Originalzitat gönnt. Oder Fernsehsender, wenn sie ihn vor die Kamera bekommen. Er macht da im übrigen keinen Unterschied zwischen groß und klein: SAT.1 kann genauso auf ihn zählen wie die Kollegen vom Vahrer Volksblatt.

Ich habe Franz Beckenbauer gelegentlich eine Frage gestellt, die sicher vielen Fußballfans durch den Kopf geht, wenn sie auf seine märchenhafte Karriere blicken: Ist dir dein Lebensweg mit all seinen Erfolgen nicht manchmal selbst unheimlich? Wie erklärst du dir, daß das Schicksal es mit dir so besonders gut meint? Franz hängt das nicht so hoch. Früher, so erzählte er mal, habe er mitunter ängstlich erstaunt seinen eigenen Aufstieg betrachtet und sich schon mal gefragt: Franz, bist das eigentlich noch du? Du mußt aufpassen, daß nicht irgendwann alles zerbröckelt im Leben. Heute hat er keine Angst mehr vor dem, was das Leben noch mit ihm vorhat.»Ich weiß«, sagt er gerne,»ich kann damit umgehen.« Und er hat in all den Jahren nie vergessen, wo er herkommt. Wenn man mitbekommt, wie er umschwärmt wurde – Hut ab, daß er da nicht abgehoben hat. Denn selbstherrlich war er nie; nie hat er gesagt: Okay, wenn ihr mich zum Sonnenkönig macht, nehme ich die Rolle an und spiele sie. Er hat es mir gegenüber mal so dargestellt:»Ich sehe mich als ganz normal beglückten Menschen in einem ganz normalen Leben.«

Und so ist er auch über die große Krise seines Lebens, die ihn nach New York trieb, hinweggekommen. Er landete in Hamburg und sagte:»Trotz der ganzen Kritik, die mich aus Deutschland gejagt hat, habe ich mich durchgebissen in einem fremden Land, in einer völlig ungewohnten Umgebung. Was soll mir jetzt noch passieren?« Und so kam es denn auch. Sein Einstand beim HSV war ja alles andere als ein Einstand nach Maß. Er war 35 Jahre alt und nach den zwei Jahren auf dem Kunstrasen von Cosmos viel langsamer als sonnenumkränzt. Da beschönigt er nichts und gibt ganz offen zu:»Meine Nebenleute mußten damals doppelt soviel laufen – wegen mir.«

Diese Fähigkeit zur Selbstkritik zeichnet eine große Persönlichkeit aus. Der FC Bayern München, diese ehrenwerte Familie aus lauter Einzelkindern, hätte weniger Probleme, wenn solche Einsicht bei ihm weiter verbreitet wäre.

2

Ganz am Anfang schon am Ende?

Die WM in Argentinien

○ ○ ○ ○ ○ ○ O mein Gott, denke ich, soll das etwa schon das Ende meiner Karriere sein? Sie hat doch gerade erst begonnen! Völlig frustriert stehe ich auf dem Gang eines provisorischen Fernsehstudios in Buenos Aires. Gerade mal 30 Jahre bin ich alt und 1978 zum erstenmal bei einer Fußballweltmeisterschaft richtig dabei. Vor vier Jahren, bei der WM in Deutschland, habe ich zwar auch als Journalist das eine oder andere gemacht. Aber da war ich nur ein ganz kleiner Fisch. Jetzt bin ich mit dem WM-Team der ARD in Südamerika – und dann so was!

Was ist passiert? Rudi Michel, Sportchef beim Südwestfunk in Baden-Baden und ARD-Teamchef in Argentinien, hat mich gerade quasi rausgeschmissen. Jemand, der so unkollegial sei wie ich, der habe im ARD-Team nichts verloren. »Wontorra, morgen treten Sie die Heimreise an«, hat Michel gesagt und mir gleich das Ticket in die Hand gedrückt; der Flug ist schon gebucht.

Ich bin völlig fertig. Was für eine Niederlage! Wie ein ungezogener Junge werde ich abserviert und nach Hause geschickt.

Das heißt bestimmt, daß ich jetzt ein paar Jahre lang bei der ARD ganz kleine Brötchen backen muß. Nicht mal zu einem Bundesligaspiel wird man mich lassen! Bei so einem großen Ereignis wie dieser WM wird ja die Teamfähigkeit eines Kollegen getestet. Am Ende heißt es dann: Einmal im Team, immer im Team. Oder eben auch: Einmal raus, immer raus. Selbst wenn man sich handwerklich um hundert Prozent steigert, sich unglaublich reinhängt – wer einmal aus diesem illustren Kreis ausgeschlossen worden ist, egal wie und warum, der hat es unheimlich schwer, jemals wieder reinzukommen. Das habe ich bei einigen Kollegen selbst gesehen. Aber daß es mich nun selbst erwischt? Ich kann es immer noch nicht fassen. Schließlich bin ich doch nur meinem Gerechtigkeitssinn gefolgt.

Und das kam so: Die Weltmeisterschaft in Argentinien ist ein Politikum. Das Land verkommen zur Militärdiktatur, beherrscht von einem skrupellosen Diktator, dem General Jorge Rafael Videla. Im Vorfeld des Turniers haben die Zeitungen in Deutschland groß über Menschenrechtsverletzungen berichtet, über spurlos verschwundene Regimekritiker, sogar über verschleppte und offensichtlich von der Junta getötete Deutsche. Wie also umgehen mit einer WM in so einem Land, vor allem mit der Eröffnungsfeier? Denn gerade die wird ja der Diktator für Propagandazwecke nutzen: Zeigt zwei Stunden lang den Millionen Zuschauern in aller Welt die fröhlichen, ausgelassenen Seiten Argentiniens. Und eröffnet dann höchstpersönlich das prestigeträchtige Turnier, bei dem die eigene Mannschaft auch noch zu den Favoriten zählt. So hat das schon Adolf Hitler 1936 bei den Olympischen Spielen in Berlin gemacht: den Sport für Propagandazwecke skrupellos mißbraucht.

Im Vorfeld der Weltmeisterschaft hatten die ARD-Gewaltigen natürlich überlegt: Wie kriegen wir Sport und Politik zusammen? Man entschied sich schließlich für eine Trennung. Die Politik soll Sache der Berichterstattung in der Tagesschau und in den Magazinsendungen sein; in den Sportsendungen wird es nur um Fußball gehen. Die Politik soll der Südamerika-Korrespondent der ARD, Rolf Pflücke, im Auge behalten; wir würden da völlig außen vor bleiben. Einziges Problem: die Eröffnungsfeier. Sie ist ja immer beides zugleich, Selbstdarstellung eines Landes (also Politik), und mit dem anschließenden Eröffnungsspiel ein Sportereignis. Dafür fand die ARD einen ihrer typischen Kompromisse: Es kommentieren ein Sportreporter und ein Politikjournalist. Der Mann am Ball ist Fritz Klein, mein Chef beim Norddeutschen Rundfunk. Für die Landeskunde zuständig: Thomas Reimer, festangestellter politischer Redakteur beim Südwestfunk. Und so nimmt das Unglück, das am Ende meines werden soll, seinen Lauf.

Ich erlebe die Eröffnungsfeier nicht im Stadion, sondern im ARD-Studio in Buenos Aires. Fritz Klein versucht, trotz der im Vorfeld politisch angeheizten Stimmung ganz sachlich, das bevorstehende Sportereignis zu würdigen und zu analysieren. Thomas Reimer aber verfolgt an seiner Seite ganz andere Interessen: Er hat die Verhältnisse im Land zu schildern, und das tut er ausgiebig. Geißelt die fehlende Demokratie, die Korruption, die Verbrechen der Militärregierung:»In den Straßen von Buenos Aires fließt das Blut.«

Und dazu zeigt das deutsche Fernsehen zwangsläufig jene Bilder, die Argentiniens einzige TV-Station anbietet: fröhliche Menschen, die Fahnen schwenken, tanzen, singen. Nicht nur deshalb sind die Kommentare von Reimer ziemlich gewagt. Ich bilde mir zwar nicht ein, daß ich bei meinem Aufenthalt in Buenos Aires auch nur annähernd ein vollständiges Bild von den argentinischen Verhältnissen gewinnen kann. Dafür bin ich zu oft im Studio oder in der MAZ. Aber daß in den Straßen das Blut fließt – nein, das hat niemand von uns gesehen. Was ja nicht heißt, daß General Videla nicht ein blutiges Regiment führt. Aber so offensichtlich, wie der Kollege das gerne hätte, ist die politische Repression nun wirklich nicht.

Sonst würde in so einem Land auch kaum eine Weltmeisterschaft stattfinden können.

Bei der ARD-Zentrale in Deutschland laufen die Telefone heiß. Tausende von Fernsehzuschauern machen ihrem Unmut Luft:»Laßt die Politik aus dem Spiel! Wir wollen jetzt zwei Stunden lang eine unbeschwerte Eröffnungsfeier sehen. Die politischen Zusammenhänge könnt ihr doch danach in der Tagesschau erklären!«

Die Zuschauer in Deutschland haben ein zusätzliches Problem. Da es noch keine Fernsehsatelliten gibt, wird die ganze Veranstaltung via Kabel von Südamerika nach Europa übertragen. Dabei werden die Stimmen der beiden Kommentatoren so stark verzerrt, daß sie fast nicht mehr zu unterscheiden sind. Wir im Studio in Buenos Aires hören noch klar und deutlich: Hier spricht Fritz Klein, dort Thomas Reimer. Aber in Deutschlands guten Stuben klingt der eine wie der andere. Und da die Sportfans vor den Geräten Dr. Thomas Reimer gar nicht kennen, sondern nur den Sportschau-Moderator Fritz Klein, wundern sie sich natürlich:»Warum redet der Klein so viel über Politik, von der er doch sowieso nix versteht?! Der soll sich auf den Sport konzentrieren und uns mit der ewigen Systemkritik in Ruhe lassen!«

Ich finde zwar schon, daß die Kritik an den Zuständen in Argentinien auf einen prominenten Sendeplatz gehört. Aber ich verstehe auch die Zuschauer, die bei der Eröffnung einer Fußball-WM von Politik wenig hören wollen.

Jedenfalls bricht über Fritz Klein, der im Grunde gar nichts dafür kann, ein großes Donnerwetter herein. Und ich denke mir:»Kann ich ihm nicht irgendwie helfen?«Schließlich verdanke ich es ihm allein, daß ich überhaupt dabeisein darf. Das ARD-Team für so eine Veranstaltung wird ja nach einem ganz merkwürdigen Verfahren zusammengestellt. Eine der damals neun ARD-Anstalten hat immer die Federführung. Im Vorfeld des Turniers gibt es dann eine Sitzung aller Sportchefs, bei der der Boß des Leitsenders einen Zettel aus der Tasche zieht und einfach sagt:»Ich habe mir gedacht, daß folgende Kollegen der ARD bei der Fußball-WM als Berichterstatter, Kommentatoren, Redakteure dabei sind.«

Auf dieser ominösen Sitzung hat Fritz Klein den Finger gehoben und gesagt:»Ich schlage vor, daß auch der Jörg Wontorra mitfährt nach Argentinien.« Das war alles andere als selbstverständlich. Fritz Klein hielt mich zwar für durchaus talentiert, aber ich galt bei meinem Eintritt in seine Redaktion als ausgewiesener Linker. Er dagegen stand im Ruf, politisch konservativ zu sein. Deshalb haben wir uns zunächst ein bißchen belauert. Aber dann hat ihn einfach meine Arbeit überzeugt. Ich war zu der Zeit noch gar kein Fußballexperte, berichtete eher über Kleinkram und Randsportarten, über Volksläufe und Badminton-Turniere. Dabei habe ich mich zum Spezialisten für bunte Beiträge entwickelt, und Fritz Klein glaubt eben, daß ich solche eher feuilletonistischen Filme auch über Fußball machen kann. Dafür nimmt er mich mit nach Argentinien: Ich bin der Mann für die Storys am Rande.

Mit den internationalen Fußballgrößen komme ich also bei meiner ersten WM gar nicht in Kontakt, nur mit Fans, dem Land, seinen Leuten. Aber weil ich neugierig bin ohne Ende, vermisse ich auch gar nichts, im Gegenteil. Die deutsche Mannschaft ist ohnehin jott-wee-dee untergebracht, janz weit draußen in einem Kaff mit dem bezeichnenden Namen Ascochinga: toter Hund. Da mach' ich doch lieber die sogenannte »grüne« Berichterstattung und komme viel herum. Außerdem bin ich froh, mit so großen Kollegen wie Ernst Huberty oder Werner Zimmer in einem Team zu sein und von Koryphäen wie Dieter Kürten oder Harry Valérien auf dem Flur kollegial gegrüßt zu werden. Und das alles verdanke ich Fritz Klein, der nun in der Öffentlichkeit demontiert wird, obwohl er nur seine Pflicht getan hat.

Wie kann ich ihm helfen? Vor der WM habe ich mit meiner Heimatzeitung, den »Lübecker Nachrichten«, einen kleinen Deal gemacht. Bei dem Blatt habe ich volontiert, und nun

biete ich ihnen an, das ein oder andere kleine Feuilleton aus
Argentinien zu schreiben. Fritz Klein hat mir die Nebentätig-
keit genehmigt. Warum also nicht dieses Forum nutzen? Am
2. Juni, dem Tag nach der verkorksten Öffnungsfeier, schreibe ich also, wie es wirklich war: der halbgare Kompromiß
der ARD-Gewaltigen, die Trennung von Sport und Politik, die
schlechte Tonqualität, die nicht gerade subtilen Kommentare
von Thomas Reimer.
FAX-Geräte gibt's noch nicht, also telefoniere ich den Artikel
nach Lübeck durch. Gegenlesen kann ich die fertige Geschichte dann auch nicht mehr. Aber wozu auch? Ich hab' ja
nur geschrieben, was aufmerksame Zuschauer – oder besser:
Zuhörer – ohnehin bemerkt hatten: daß die unglücklichen
politischen Äußerungen nicht von Fritz Klein kamen.
Ich bin mir keiner Schuld bewußt, gehe der täglichen Arbeit
nach. Zusammen mit meinem Kollegen Helmut G. Müller soll
ich als »grüner Reporter« den Trubel rings um das Spiel Brasilien gegen Peru beobachten. Wir fahren mit den brasilianischen Fans im Zug von Buenos Aires nach Mendoza ganz im
Westen Argentiniens. Schon auf der Fahrt ist die Stimmung
unbeschreiblich. Während des Spiels wird sie noch besser.
Brasilien gewinnt am Ende 3:0, und wer weiß, wie die süd-
amerikanischen Fans allein schon den Versuch eines Tor-
schusses frenetisch bejubeln, der kann sich denken, was bei
der Partie los war.
Und so fahre ich mit dem Kollegen guter Dinge wieder zurück: diese tolle Stimmung, dazu drei Tore, was bei einer WM
ja nicht selbstverständlich ist – das wird ein toller Bericht.
Nichts ahnend vom Unglück, das sich schon über mir zusam-
mengebraut hat, betrete ich das Gebäude, in dem alle TV-Sen-
der – vom brasilianischen TV-Globo bis zu den Kollegen aus
Schweden – ihr Studio haben. Auf dem Flur treffe ich als ersten Peter Jensen, den Stellvertreter von Fritz Klein. Noch
ganz unter dem Eindruck der aufregenden Reise frage ich ihn:
»Na, Petschi, alles in Ordnung?« »Ja«, antwortet er, »alles

klar.« So gehe ich – immer noch bester Dinge – die 50 Schritte zur Redaktion den Flur hinunter – und laufe direkt in mein Verderben.

Rudi Michel paßt mich ab. »Kommen Sie mal in mein Zimmer.« Kaum ist die Tür zu, faltet er mich fürchterlich zusammen: Ich hätte Interna ausgeplaudert, das Redaktionsgeheimnis und damit meinen Vertrag verletzt. Selbst wenn ich Fritz Klein nur helfen wollte, sei es total unkollegial gegenüber Thomas Reimer gewesen. »Und da der ein Kollege von meinem Sender ist, kann ich Sie unmöglich in meinem WM-Team lassen.«

Zack. Das war's. Ein Fußtritt, ein Ticket, auf Wiedersehen. Totaler Frust macht sich breit. Da willst du einfach nur die Wahrheit erzählen – und wirst dafür rausgeschmissen. Daß es da noch eine andere Betrachtungsweise gibt, merke ich erst viel später. Ich habe eben gegen ein ungeschriebenes Branchengesetz verstoßen, das da heißt: Gib keine Interna heraus, und wenn doch, dann tue es nie unter deinem Namen. Rudi Michel sagt mir das an diesem Tag ziemlich ungeschminkt ins Gesicht. Da ist auch die versuchte Ehrenrettung für einen Kollegen kein brauchbares Gegenargument. Illoyal bin ich gewesen, und darum muß ich nach Hause.

Mit unglaublicher Wut, aber auch Verzweiflung im Bauch mache ich noch den Bericht über die Fans aus Brasilien und Peru fertig, dann fahre ich ins Hotel, setze mich an die Bar und will mich vollaufen lassen. Was soll jetzt meine Familie denken, meine Kollegen in Deutschland: Wontorra – geschaßt wegen Illoyalität! Plötzlich sehe ich Fritz Klein, der spät am Abend ins Hotel zurückkommt. Jetzt hab' ich nur noch diese eine Chance und sage: »Fritz, ich muß mit Ihnen reden.«

In den nächsten zehn Minuten erzähle ich ihm, wie die ganze Sache wirklich gelaufen ist. Fritz Klein hört aufmerksam zu, schließlich dreht sich die Sache im Kern ja um ihn. Er weiß, daß mein Artikel in den Lübecker Nachrichten einer der wenigen war, in denen er nicht ans Messer geliefert wurde. Im

Gegenteil: Ich hatte nachgewiesen, daß er an der ganzen Misere eigentlich keine Schuld trug. Als ich fertig bin, sagt er nur: »Ich rede mit Rudi Michel.«

Jetzt gibt es also doch wieder eine kleine Hoffnung für mich. Denn Fritz Klein und Rudi Michel sind nicht nur seit langem Kollegen, Michel ist sogar der Trauzeuge von meinem Boß. Also sagt er ihm am nächsten Morgen unter vier Augen: »Rudi, das kannst du nicht machen. Der Wontorra wollte mich eigentlich schützen.« »Das seh' ich ja ein«, antwortet Rudi Michel, »aber ich muß dem Sender gegenüber loyal sein. Unser Haus kann Wontorras Eskapaden nicht gut finden. Ich muß da konsequent sein.«

Glücklicherweise läßt Fritz Klein nicht locker. Zwei Stunden vor meiner geplanten Abreise werde ich noch mal ins Büro von Rudi Michel bestellt. Der sagt mir dann: »Ich kann es gegenüber meinem Südwestfunk nicht verantworten, daß Sie hier den Kollegen Thomas Reimer in die Pfanne gehauen haben und dann weiter aktiv an dieser Weltmeisterschaft teilnehmen. Es geht nicht, daß man Ihren Namen, Ihre Stimme hört und beides mit dem hier federführenden Sender in Verbindung bringt. Aber weil Fritz Klein sich so für Sie eingesetzt hat, haben wir einen Kompromiß geschlossen. Sie fahren nicht nach Hause, aber Sie kommen nicht mehr auf den Schirm. Sie gehen in die MAZ.«

Gerettet – und doch auch gedemütigt. Ich bin dazu verurteilt, bis zum Ende der WM nicht mehr selbst journalistisch zu arbeiten, soll nur noch für die Kollegen Berichte zusammenschneiden. Man hat mich zu einem reinen Techniker degradiert. Immerhin bleibt mir die Blamage zu Hause erspart. Da stelle ich mich doch lieber ganz hinten an in der Hackordnung des Teams und bleibe wenigstens am Ort des Geschehens.

Ein paar Tage später sitzen wir wie üblich in der Redaktionskonferenz zusammen. Hier wird eingeteilt, hier wird bestimmt, wer Berichte macht, wer kommentiert. Und wie wir da so sitzen, denke ich mir: Was soll's, mehr als nein sagen können sie nicht. Wenn etwas aufgerufen wird, wo ich wieder als Journalist arbeiten könnte, melde ich mich einfach. Als nächstes wird der kleine Bericht für die Tagesschau feilgeboten: gerade mal 80 Sekunden lang. Den will eigentlich keiner gerne machen, wesentlich begehrter sind die größeren Stücke von fünf und sechs Minuten. Das ist meine Chance. Ich hebe das Händchen und sage: »Ich hätte noch Zeit, ich könnte das machen.« Rudi Michel sagt erst mal gar nichts. Und Volker Kottkamp, der Chef vom Dienst (und später übrigens Nachfolger von Rudi Michel) meint einfach: »Okay, mach' mal!« Also gehe ich in den Schneideraum – und bin wieder drin im aktiven Geschäft.

Am nächsten Tag sagt der Chef vom Dienst der Tagesschau bei der Manöverkritik, daß ihm mein Beitrag sehr viel Spaß gemacht habe. Ich hatte mir natürlich auch besondere Mühe gegeben, hatte die übliche Fußballarie ein bißchen gegen den Strich gebürstet, in Wortwahl und Akzentuierung den Bericht speziell auf die Tagesschau zugeschnitten. Das sehen die Kollegen von der Mutter aller TV-Nachrichten natürlich gerne. Mein kleiner Beitrag hat ein wenig aus der Masse herausgeragt – und ich bin wieder im Boot bei dieser Weltmeisterschaft. Weiter geht's mit meinen »grünen Berichten«: über die Preisexplosion beim argentinischen Rinderfilet, das wegen der Weltmeisterschaft doppelt so teuer ist wie sonst. Oder über die Nachwuchskicker am Strand, die technisch schon als Zwölfjährige mehr drauf haben als so mancher gestandene Bundesligaprofi.

Dieser Beitrag beschert mir später noch eine schöne Genugtuung: ARD-intern wird er mit einem Preis ausgezeichnet, und als einziger »bunter« Beitrag zur WM 1978 im großen Sportjahresrückblick noch einmal ausgestrahlt.

So ist zuletzt eigentlich alles gut ausgegangen. Ich könnte mich nicht beklagen, wenn – ja wenn nicht manche Menschen ein Elefantengedächtnis hätten. Rudi Michel ist so einer. Volle vier Jahre später – mittlerweile bin ich schon Sportchef bei Radio Bremen – kommt seine Retourkutsche. Und die hat es in sich. Rudi Michel hat zwar diesmal nicht die Federführung, aber er ist mit all seiner Erfahrung und seinem Renommee natürlich ein wichtiger Mann. Und er macht seinen Einfluß geltend, um mich auszubooten. Er sagt dem WM-Teamchef der ARD, der diesmal vom Hessischen Rundfunk kommt:»Wontorra ist nicht teamfähig, das hab' ich in Argentinien erlebt. Laß' den mal schön zu Hause.« Obwohl ich innerhalb der ARD schon ein kleiner Boß bin, darf ich also bei der Weltmeisterschaft in Spanien nicht dabeisein.

Statt nach Spanien fliege ich nach Frankfurt, wo die Basisredaktion ihren Sitz hat, und erledige den Kleinkram in der Heimat. Was tun? Soll ich rumtoben? Rudi Michel anschwärzen? Ach was. Da hilft nur eins: Augen zu und durch. Und durch Leistung überzeugen. Wenn die vier Wochen gut laufen, wenn die Zusammenarbeit mit der Redaktion klappt und die Beiträge ordentlich sind, wird sich das irgendwann auszahlen. Dann bin ich beim nächsten Großereignis sicher dabei.

Und ich behalte recht. Die deutsche Mannschaft kommt zwar bis ins Finale, aber ihre Leistungen sind alles andere als berauschend. Und das färbt wohl auch auf das ARD-Team ab. Jedenfalls gerät auch dessen Einsatz vor Ort in die Kritik. Nach der Niederlage gegen Italien im Finale bleibt bei den ARD-Bossen der Eindruck zurück: Am Ort des Geschehens lief nicht alles astrein. Aber wenigstens in der Heimatredaktion hat es prima geklappt.

Zwischen Rudi Michel und mir steht es damit quasi eins zu eins. Später normalisiert sich unser Verhältnis. Vielleicht hatte Michel ursprünglich ein Problem damit, daß ich als sehr viel jüngerer Kollege einen Durchmarsch durch die ARD-Instanzen angetreten hatte und schon sehr früh Sportchef wurde, wenn auch nur beim kleinsten Sender. Schließlich aber verlagern sich seine Aversionen. Er entdeckt einen neuen Gegenspieler: Heribert Faßbender. Das Verhältnis der beiden kann man bestenfalls als neutral bezeichnen. Faßbender ist als Sportchef der größten Sendeanstalt, des WDR, für den ebenso erfahrenen wie erfolgreichen Rudi Michel ein rotes Tuch. Zu forsch hatte er sich bei der Übernahme des Amtes von Ernst Huberty in der ARD-Sportchefsitzung eingeführt. Bei dieser Konfrontation der Giganten gerate ich im Laufe der Zeit völlig in den Hintergrund. Zuletzt schließe ich sogar doch noch Frieden mit Rudi Michel – und er mit mir. Bei der Weltmeisterschaft 1986 hat wieder der Südwestfunk die Federführung; das Turnier wird Rudi Michels letzter großer Einsatz. Und so wie er mich 1982 ausgebootet hat, setzt er sich nun für mich ein und sorgt dafür, daß ich mit nach Mexiko darf. Er macht mich sogar zum Lagerberichterstatter, und die WM-Magazine darf ich auch kommentieren. Vier Jahre nach der Demütigung besorgt mir Rudi Michel also zwei der begehrtesten Jobs bei einer WM. Das hätte ich mir damals auf dem Flur des Fernsehstudios in Buenos Aires, als meine junge Karriere beinahe schon zu Ende gewesen wäre, wirklich nicht träumen lassen.

3

Jupp, Franz und Berti
Das Psychogramm
dreier Bundestrainer

○ ○ ○ ○ ○ ○ ○ Vier Uhr nachts. Ein Hotel vor den Toren von Paris. Im Hotel: die deutsche Fußballnationalmannschaft. Davor: zwei Dutzend Journalisten auf der Suche nach einem Bundestrainer. Wie ein Späher umkreise ich mit meinen Kollegen und einer Kamera die Unterkunft der deutschen Kicker. Nur eine Frage treibt uns an zu immer neuen Runden ums Hotel: Wo ist Jupp Derwall?

Eine Nacht der langen Messer. Was war geschehen? Europameisterschaft in Frankreich, 1984. Letztes Vorrundenspiel der deutschen Mannschaft, des Titelverteidigers und Vizeweltmeisters. Es geht gegen Spanien. Ein Unentschieden reicht, dann wären die Deutschen zwar nur Zweiter ihrer Gruppe, kämen aber immerhin weiter. Lange, lange geht alles nach Plan; das Spiel treibt bei 0:0 so dahin. Bis zur 89. Minute. Da taucht plötzlich der spanische Libero Maceda im deutschen Strafraum auf und köpft den Ball in das Tor von Toni Schumacher. 1:0 für Spanien. Und die deutsche Mannschaft, einer der Top-Favoriten, scheidet aus.

Wir alle – Journalisten, Fans und Spieler – sind völlig fertig. Nur vier Jahre nach dem grandiosen Titelgewinn in Rom gegen Belgien dieser Tiefpunkt. Vergessen die glorreiche Mannschaft um Bernd Schuster und Horst Hrubesch, das Kopfballungeheuer. Zum ersten Mal bin ich als Journalist bei einem so wichtigen Turnier ganz nah dran an der deutschen Mannschaft – als, wie es so schön heißt, Lagerberichterstatter für die ARD. Und dann so was. Das K.o., völlig überraschend. Also rennen wir nächtens wie die Bekloppten um das Hotel auf der Suche nach Stimmungsbildern und Stellungnahmen. Noch ist es nicht üblich, das Quartier wie ein militärisches Sperrgebiet abzuriegeln. Ran kommen wir, wenn auch nicht rein. Aber so weit wir die Kamera auch schleppen, so lange wir auch ausharren (es ist halb fünf Uhr früh und dämmert schon): Der Bundestrainer bleibt unauffindbar.

Sechs Jahre ist Jupp Derwall zu diesem Zeitpunkt schon im Amt. In seiner aktiven Zeit hatte er bei Fortuna Düsseldorf gespielt, in der Oberliga, damals die höchste deutsche Spielklasse. Kein Beckenbauer der frühen Nachkriegszeit, aber immerhin. Danach beginnt er eine dieser typischen DFB-Karrieren. Nicht als Trainer bei einer Vereinsmannschaft, das ist er nie gewesen. Er wird ein Fußballbeamter. Jobs beim DFB, schließlich Assistent vom Mann mit der Mütze, von Helmut Schön. An seiner Seite wird Derwall 1974 Weltmeister. Und erlebt vier Jahre später die Schlappe bei der WM in Argentinien mit, die Schmach von Cordoba. 2:3 verliert Deutschland am 21. Juni in der zweiten Finalrunde ausgerechnet gegen Österreich; Krankls Tor in der 88. Minute und die verbalen Veitstänze meines Kollegen Edi Finger werde ich nie vergessen: »Krankl! Krankl!! Tor! Tor!! I werd' narrisch!«

So geht die Ära von Helmut Schön unrühmlich zu Ende. Jupp Derwall beerbt ihn einfach. Das ist beim DFB und seinem Präsidenten Hermann Neuberger so Sitte. Es herrscht die alte Assistentenmentalität: Auf Jahre, ach was, auf Jahrzehnte ist absehbar, wer der Nachfolger eines scheidenden Bundestrainers werden wird. Schon auf Sepp Herberger war ja dessen Assistent Schön gefolgt, also folgt jetzt auf Helmut Schön dessen

Assistent Jupp Derwall. Und der hat Glück: Er bekommt eine Mannschaft zusammen, um die er sich keine großen Sorgen machen muß. Das Team um Bernd Schuster, den blonden Engel, stellt sich quasi von alleine auf. Bei Leuten wie Klaus Allofs, Uli Stielike und Horst Hrubesch bedarf es keines großen Strategen, um ein starkes Team zu formen. Ein paar der Schuldigen von Cordoba aussortieren: Manni Kaltz oder Rolf Rüssmann, den Gegenspieler von Krankl. Solche Spieler in den wohlverdienten Ruhestand versetzen, den Rest regeln die Jungs fast von alleine.

Denn machen wir uns nichts vor: Jupp Derwall ist ein guter Übungsleiter – ein großer Trainer ist er nicht. Schon als Assistent von Schön hat er gute Basisarbeit geleistet, die Spieler richtig bewegt. Aber im taktischen Bereich sind seine Defizite nicht zu übersehen; es gelingt ihm während der ganzen sechs Jahre als Bundestrainer nicht, sich wirklich zu profilieren, einer Mannschaft unverwechselbar seine Handschrift zu geben. Vor allem im psychologischen Bereich, der beim Profi-Fußball seit Ende der 70er Jahre immer wichtiger wird, fehlt ihm die Raffinesse. Er arbeitet auch zwei Jahrzehnte nach Herbergers großer Zeit noch mit dem Spruch: »Elf Freunde müßt ihr sein.« Das mag die Stimmung heben – eine gute Mannschaft schafft man damit allein noch nicht. Schließlich wird der Fußball immer professioneller, werden die Spieler immer berechnender. In dieser knallharten Profifußballwelt wirkt Jupp Derwall wie ein Fremder. Der »gute Mensch von Dudweiler« ist einfach lieb. Eine schöne Eigenschaft – aber für dieses Gewerbe tödlich.

Die meisten Spieler merken sofort, wenn man ihnen die lange Leine läßt, und nützen es aus. Wenn einer da nicht wie Franz Beckenbauer ein Erleuchteter in Sachen Fußball ist oder ein gnadenlos harter Hund wie Ernst Happel – dann wird es schwer, die Leine wieder kurz zu nehmen. Jupp Derwall wählt, so habe ich es jedenfalls in all den Jahren seiner Amtszeit erlebt, nie den direkten Weg. Er geht Konflikten möglichst aus dem Weg. Seine Lebensmaxime ist der Kompromiß. Wahrscheinlich kennt er seine Grenzen sehr genau, weiß um sein geringes Durchsetzungsvermögen. Also arrangiert er sich: mit den Spielern, mit der Presse. Und agiert dabei, den ohne großes eigenes Verdienst gewonnenen Europameistertitel im Rükken, gar nicht ungeschickt.

Er kommt zum Beispiel meinen Kollegen von den Boulevardzeitungen, insbesondere denen vom Blatt mit den vier Buchstaben, ein Stückchen entgegen. Hier und da ein paar kleine Exklusivgeschichten – schon feuern sie bei der nächsten Krise nicht unbedingt die dickste Balkenüberschrift ab. Vielleicht ist bei diesem Arrangement sogar Geld im Spiel: eine kleine Aufwandsentschädigung für den Bundestrainer, der den einen oder anderen exklusiven Kommentar liefert. Aber darauf kommt es nicht an, jedenfalls nicht in erster Linie. Derwall will nicht etwas für sein Konto, sondern für sein Image tun. Und das hat er dringend nötig.

Denn schon bald nach der EM 1980 werden Stimmen laut, die sagen:»Ein netter Kerl, aber er hat eindeutig zu wenig Fachwissen.« Oder:»Mit seinen altväterlichen Methoden kann man diese jungen Burschen nicht führen.« Alles durchaus wahr – doch die Boulevardpresse breitet auch gelegentlich verabredungsgemäß den schützenden Mantel des Schweigens über Häuptling Silberlocke, der im blaßblauen Trainingsanzug immer ein wenig aussieht wie der ältliche Lateinlehrer, den man während der Bundesjugendspiele zum Messen beim Schlagballweitwurf abkommandiert hat.

Bei der WM 1982 in Spanien übertüncht der Einzug ins Endspiel noch die Schwächen von Trainer und Mannschaft. Selbst das peinliche 1:2 gegen Algerien im ersten Gruppenspiel wird kommentarlos zu den Akten gelegt. Dabei hat sich gerade in der Vorbereitung auf dieses Spiel Derwalls Führungsschwäche gezeigt:»Die Spieler lachen mich doch aus, wenn ich ihnen einen Film über Algerien vorführe«, sagte der Trainer vor dem Spiel. Es folgt noch das unrühmliche »Paarlaufen« gegen

Jupp Derwall: »Zu gut für die Profiwelt?«
(Foto: Ullstein – Ferdi Hartung)

Österreich – Deutschlands schon nach 11 Minuten feststehender 1:0-Sieg bringt beide Mannschaften weiter; der vermeintliche Underdog Algerien fällt der Absprache zum Opfer. Nach dem Spiel schwört der fröhliche Rheinländer Jupp Stein und Bein, daß es kein preußisch-österreichisches Waffenstillstandsabkommen gegeben habe. Allein, den Augenzeugen dieser Partie fehlt so recht der Glaube an die Aufrichtigkeit von Derwalls Worten. Und Paul Breitner, der beim Verweigerungsspiel dabei war, wird noch Jahre später bedeutungsvoll sagen: »Wie es wirklich war, werde ich nicht mal auf dem Sterbebett erzählen.«

Nur im denkwürdigen Halbfinale gegen Frankreich zeigt Derwalls Truppe Klasse; im Endspiel gegen Italien aber ist sie ohne Chance. Derwalls Kollege Dietrich Weise macht danach seinem Namen alle Ehre und konstatiert: »Lassen wir uns von den Erfolgen im Endstadium nicht blenden: Sie waren auch das Abfallprodukt aus der Dummheit anderer.«

Aber kann man, soll man sich von einem Trainer trennen, der gerade Vizeweltmeister geworden ist? Wohl kaum. Also geht alles weiter wie gehabt – bis zur EM 1984, die in besagter Nacht der langen Messer endet. Nun lassen sich die Schwächen des Bundestrainers Jupp Derwall nicht mehr übersehen. Unsicher darüber, wie seine Taktik aussehen und welchen Nationalspieler er auf eine bestimmte Position bringen soll, gerät er mit seiner Strategie der Konfliktvermeidung in absurde Situationen.

Da ist zum Beispiel der Fall des Norbert Meier. die Bremer Nummer zehn, Spielmacher bei Werder, ist für die Mannschaft von der Weser so wichtig wie einst Günter Netzer für Borussia Mönchengladbach. Ein großer Techniker, der ein Spiel lesen und lenken kann. Nur: In Bremen spielt er, mit einem starken linken Fuß ausgestattet, auf halblinks. Und auf dieser Position gibt es in der 84er Nationalelf bereits einen 23jährigen Heißsporn, dem eine der größten Karrieren im deutschen Fußball bevorsteht: Lothar Matthäus.

Derwall will Meier unbedingt in der Mannschaft haben, traut sich aber nicht, Matthäus herauszunehmen. Was macht also der gute Mensch von Dudweiler? Er geht bei einem Training in Paris zu seinem Liebling Norbert Meier und fragt:»Sag mal, Norbert, kannst du eigentlich auch halbrechts spielen?« Der Chef fragt doch tatsächlich den Untergebenen, ob ihm ein leichter Klima- sprich Seitenwechsel genehm wäre. Norbert Meiers Antwort kommt wie aus der Pistole geschossen:»Klar kann ich auf halbrechts spielen.« Er will natürlich vor allen Dingen überhaupt mit dabei sein, aktiver Teilnehmer einer Europameisterschaft und nicht bloß Tourist oder Edelreservist. Und Jupp Derwall nimmt ihn beim Wort:»Okay, dann spielst du morgen.«

Das Ende vom Lied ist klar: Mit einem linken Fuß auf halbrechts kann man nicht groß was werden, selbst dann nicht, wenn man so talentiert ist wie Norbert Meier. Er kommt im Spiel überhaupt nicht zurecht. Und so führt Derwalls Unfähigkeit, sich gegen Widerstände zu behaupten und auch mal einem guten Spieler weh tun zu müssen, zu einer taktischen Fehlleistung.

Dabei ist Meier noch der pflegeleichteste Fall bei der EM 84. Zwischen dem Titelgewinn 1980 und der EM in Frankreich sind einige starke Persönlichkeiten ins Team gekommen, Harald »Toni« Schumacher und Hansi Müller etwa oder Karl-Heinz Rummenigge. Große Namen und dennoch kein Team. Als Solisten verbreiten sie Glanz, als Ensemble versagen sie. Derwalls Pech: Ihm gelang es nicht, die versammelten Fußballkünstler zu einem Ganzen zusammenzufügen. Das kann nicht gutgehen – und gegen Spanien bekommt Derwall fast zwangsläufig die Quittung.

Deshalb also sausen wir jetzt ums Hotel. An Derwall ist kein Rankommen. Nur die BILD-Kollegen profitieren jetzt von ihrer Liaison mit dem gerade gescheiterten Bundestrainer: Irgendwie, keine Ahnung wo und wann, bekommen sie ein Statement vom Bundestrainer und können damit am übernächsten Tag aufmachen. Ich erwische schließlich Karl-Heinz Förster, den Vorstopper. Aber der hält sich äußerst bedeckt. Keiner will jetzt ein falsches Wort sagen. Schließlich haben sie alle auf dem Platz gestanden und verloren. Also versuche ich, an meine Bremer Spezeln heranzukommen; vielleicht lassen die ja aus lokaler Verbundenheit ein bißchen mehr heraus. Ich rede mit Norbert Meier, aber auch der steht loyal zum Bundestrainer – kein Wunder, schließlich verdankt er es dessen merkwürdiger Aufstellungspolitik, daß er überhaupt gespielt hat. Schließlich läuft mir Johnny Otten über den Weg, noch einer von »meinen« Bremern. Aber auch der will vor der Kamera nichts sagen. Erst als wir abschalten, gibt er mir einen kleinen Hinweis: »Die Stimmung ist unheimlich schlecht, und es wird alles noch ganz dramatisch werden. Wir glauben alle nicht, daß es in dieser Konstellation weitergehen kann.« Schade, daß er so etwas nicht vor laufender Kamera sagt. Aber immerhin weiß ich jetzt – der Morgen graut schon – wohin der Hase läuft. So kann ich in meinem Bericht für den nächsten Abend ein paar persönliche Einschätzungen geben – und die sollen sich denn auch nur zwei Wochen später bewahrheiten.

Eins ist mir zu dem Zeitpunkt klar: Der deutsche Fußball braucht nach dieser Erfahrung, diesem Einbruch dringend neue Impulse. Nicht, daß ich mit Derwall Probleme hätte. Unsere Zusammenarbeit ist professionell und angenehm. Zum Nationalmannschaftstroß gehören damals ohnehin nur 15, 20 Journalisten; da ergibt sich schnell ein relativ persönliches Verhältnis. Gelegentlich kann man sogar noch abends gemeinsam an der Bar stehen und das Spiel noch einmal Revue passieren lassen. Auch für TV-Interviews steht Derwall meist geduldig zur Verfügung; einfacher könnte ich, der ich ja zum ersten Mal bei einem großen Turnier ganz dicht dabei sein darf, es gar nicht haben. Aber als Fußballkenner sehe ich auch: Die Impulse, die die Nationalmannschaft jetzt braucht, können nicht mehr von Jupp Derwall kommen.

Das wissen natürlich auch die hohen Herren vom DFB, aber sie wollen einen sauberen Übergang, wollen auch nicht unfair sein, schließlich haben sie Derwall vor sechs Jahren in das Amt berufen. Einen Trainer einfach abschießen – das hat es in der deutschen Nationalmannschaft noch nie gegeben. Die Folge: Derwall fährt zunächst einmal als Bundestrainer nach Hause. Dann legt ihm Hermann Neuberger nahe, daß er seinen Job wohl besser aufgeben solle. Inzwischen hat man in Frankfurt Vorsorge für Derwalls Zukunft getroffen und über die guten Kontakte des DFB in die Türkei einen Posten als Sportdirektor am Bosporus aufgetan.

Im Prinzip schanzt ihm der DFB damit eine Art Rente zu. Eigentlich ein netter Zug, schließlich kommt Derwall so unbeschadet aus der EM-Pleite heraus. Er wird nicht von heute auf morgen auf Null reduziert, stürzt keineswegs ins sportliche Nichts. Das wäre grausam: als Bundestrainer gleich nach der Schlappe in Pension geschickt zu werden. Aber mit der Perspektive Türkei und langen internen Gesprächen haben sie Derwall endlich überzeugt, daß er von sich aus sagt: »Ich gehe.«

Nicht als gebrochener Mann tritt er ab, sondern mit erhobenem Silberschopf und sogar ein bißchen dankbar, daß man ihm einen ehrenvollen Abgang ermöglicht. Er fällt in ein weiches, ordentlich gemachtes Bett. Und zuletzt wendet sich alles zum Besten: Der gescheiterte Bundestrainer wird mit Galatasaray Istanbul Meister und avanciert in der Türkei zum Volkshelden. Er, der immer ein bißchen linkisch und steif wirkt, auf den Schultern entfesselter Fans – was für ein glorreiches und unerwartetes Ende für den lieben Jupp!

Bleibt die Frage, die sich schon in der 89. Minute jenes Vorrundenspiels stellte, als Maceda das 1:0 schoß: Wer wird Nachfolger von Jupp Derwall? Und noch bevor die DFB-Gewaltigen erneut an eine Assistentenlösung denken können, hat die BILD ihren Kandidaten für Deutschland ausgemacht: Franz Beckenbauer. Immer wieder nennen die Kollegen diesen Namen und versuchen, den Kaiser in das neue Amt hineinzuschreiben. Ein Mann mit 103 Länderspielen und einer schillernden Vita, der einzige deutsche Fußballweltstar – so ein Bundestrainer würde auf Jahre hinaus die Kollegen vom Boulevard mit Futter versorgen. Für den DFB freilich ist diese Lösung zunächst undenkbar: Der Mann hat ja gar keinen Trainerschein!

Aber da bin ich mir mit meinen Fachkollegen einig: Das kann kein Hinderungsgrund sein. Einer, der so viel Erfahrung mitbringt, der so viele Europapokale gewonnen hat, der Weltmeister geworden ist – so einer kann die deutsche Mannschaft am ehesten aus der Lethargie reißen. Zu meinen Kollegen in der ARD sage ich:»Was soll der einen Trainerschein haben? Der hat so ordentlich Fußball gespielt, der wird das schon richten.«

Bald glaubt ganz Fußballdeutschland, daß nur Beckenbauer die Nationalmannschaft retten kann. Bleibt ein Problem: Zunächst will der Kaiser gar nicht. Schließlich ist er total unabhängig: finanziell, sportlich, menschlich. Da kann er sich ein viel ruhigeres, netteres Leben vorstellen als den Dauerstreß als Bundestrainer. Nie hat er in seiner ganzen Karriere ein Amt für sich reklamiert. Aber das habe ich immer wieder bei ihm erlebt: Wenn man ihm etwas oft genug nahelegt, dann glaubt er schließlich selbst, daß er es tun sollte. So auch jetzt. Nach dem Trommelfeuer der Medien sagt Hermann Neuberger irgendwann zu ihm:»Franz, du mußt es machen.« Und Franz macht es.

Natürlich kennt er die Motive des Präsidenten. Er weiß um die Verzweiflung, die an der Otto-Fleck-Schneise nach der Pleite bei der Europameisterschaft herrscht. Der DFB insgesamt ist angeschlagen und braucht einen schnellen Erfolg. Das Präsidium überlegt:»Wenn wir den Beckenbauer berufen, dann haben wir erstens eine Innovation im deutschen Fußball. Es wird zum erstenmal keinen Bundestrainer, sondern einen Teamchef geben. Das kann eigentlich nur positive Schlagzeilen bringen. Und zum zweiten traut sich an Beckenbauer keiner ran. Damit haben wir erst mal für die nächsten Jahre Ruhe. Mit so einer Lichtgestalt bleibt das Amt mindestens bis zum nächsten großen Turnier, der Weltmeisterschaft in Mexiko, positiv besetzt.«

Und so kommt es auch. Beckenbauer verläßt sich vollkommen auf seinen Instinkt, verzichtet auf die reine Trainingslehre (von der er ja zunächst ohnehin wenig versteht) und entscheidet allein aus dem Bauch heraus über Training, Taktik, Aufstellung. Er sagt sich und mir:»Ich hab' das als Spieler so gemacht, und so werde ich es auch als Teamchef machen.« Beckenbauer orientiert sich auch nicht an der Arbeit der Trainer, unter denen er selbst noch gespielt hat. Dem Kaiser hat kein Trainer der Welt wirklich etwas beigebracht. Er konnte immer schon alles. In seiner Zeit als Aktiver war er einfach begnadet. Heute mag das Spiel schneller, mögen einige Spieler technisch beschlagener sein. Aber in den 70er Jahren war Bekkenbauer unerreicht: ein Naturtalent. Die Trainer haben ihm allenfalls ein bißchen mehr Kondition eingebleut oder zur Not auch mal gesagt:»Franz, paß mal auf, wenn du hinten drinstehst als Libero, kannst du dich ja in Gottes Namen auch dreimal pro Spiel in den Angriff einschalten.« Aber mehr brauchte man ihm nicht beizubringen. Vielleicht konnte ihn ein Udo Lattek besser motivieren als ein Pal Czernai. Doch Beckenbauer war und ist ein Instinkt-Fußballer, weshalb er auch nie einen Trainer als sein Vorbild genannt hat.

Natürlich bildet er sich nach seiner Berufung zum Teamchef weiter. Er lernt von seinem Assistenten Holger Osieck. Den sucht er sich zwar nicht selbst aus, sondern bekommt ihn vom DFB verordnet. Aber der Mann versteht was von Trainingslehre und ist dem Kaiser treu ergeben – so treu, daß er ihn nach der Teamchef-Ära sogar bis nach Marseille begleitet. Osieck ist der Mann für die Übungseinheiten, für Aufwärmen, Dehnübungen und Freistöße. Beckenbauer ist zuständig für Intuition und Motivation. Und offen für die Vorschläge von anderen DFB-Trainern, allen voran von Berti Vogts. Franz läßt sich anstecken vom Eifer, vom Fachwissen des Terriers, der die U-21-Nationalmannschaft trainiert. Ein Handwerker, der vom Fußball so viel versteht wie kaum ein anderer. Und ein besessener Arbeiter, der sich weiterbildet, Lehrbücher studiert, Videos anschaut, Taktiken durchspielt. An ihm erkennt Beckenbauer, daß mit Instinkt allein keine Mannschaft zu führen ist.

»Geht's raus und spuit's Fußball« – mit dieser simplen Botschaft soll Beckenbauer seine Mannschaften häufig auf den Platz schicken. Behaupten jedenfalls die Legenden. Und für den oberflächlichen Betrachter klingt das so, als habe Beckenbauer die Leichtigkeit des Seins gepachtet und Arbeit nicht nötig. Doch so einfach macht es sich auch eine Lichtgestalt nicht. Er ist zwar der Sonnenkönig. Aber Sonnenkönig bleibt nur, wer auch bereit ist zu malochen. Beckenbauer mußte sich in seinem Leben zwar nur weniges hart erarbeiten, hat aber dennoch immer geschuftet. So führt auch der Kaiser natürlich lange vor einem Spiel strategische Besprechungen durch, studiert den Gegner, legt die Taktik fest, ordnet Gegenspieler zu. Aus seiner Erfahrung als Spieler weiß er aber, daß zehn Minuten vor dem Anpfiff Schluß ist mit den hohen Weisheiten der Fußballkunst. Da denkt jeder nur noch daran, daß draußen 60 000 Menschen warten und der Rasen grün ist. Wer die Taktik bis dahin nicht begriffen hat, wird sie jetzt auch nicht mehr lernen. Und darum sagt Franz Beckenbauer in diesem Moment nur den einen Satz: »Geht's raus und spuit's Fußball.«

Das Kalkül des DFB, mit Beckenbauer als Teamchef aller Kritik enthoben zu sein, geht auf. Dabei hat der neue Boß der Nationalmannschaft gleich zu Beginn seines neuen Jobs eine ganze Reihe von Aussetzern. Die ersten Spiele unter seiner Regie sind alles andere als berauschend, und bei seiner ersten großen Bewährungsprobe, der Weltmeisterschaft in Mexiko, tritt Beckenbauer in beinahe jeden Fettnapf, der irgendwo herumsteht. Von den Irrungen und Wirrungen eines solch großen Turniers hat er keinen Schimmer. Später gibt er mir gegenüber zu: »Ich habe so ziemlich alle Fehler gemacht, die man nur machen kann.« Zum Beispiel läßt er die Journalisten im gleichen Hotel wie die Mannschaft wohnen. Die Spielerfrauen müssen draußen bleiben, aber die Berichterstatter dürfen rein. So gelangen Dinge in die Öffentlichkeit, von denen sonst niemand etwas erführe. Jeder Sprung in den Hotelpool wird fotografiert. Jede heimlich gerauchte Zigarette wird in die heimischen Redaktionen übermittelt. Jede Kartenspielrunde taugt für einen Aufmacher im Sportteil. Die Journalisten stehen buchstäblich hinter den Hecken und spionieren den Spielern nach, die auf ein Bier losziehen. So können sie Geschichten am Fließband liefern. Oder auch die Spieler selbst: Wenn sie abends an der Bar sitzen, sind sie natürlich redseliger als in den ritualisierten Pressekonferenzen.

Aber damit ist auch der Unfrieden programmiert. Denn umgekehrt fühlt sich jeder beobachtet, und es ist nicht möglich, im kleinen Kreis mal so richtig die Sau rauszulassen. Dabei ist auch das gerade bei einem so langen Turnier notwendig. Ich hab' das als Sportler ja selbst erlebt: Nach einer Niederlage oder einer schwachen Vorstellung ist es am schönsten, miteinander einen zu saufen, das Spiel schönzureden und daraus für den nächsten Auftritt neue Stärke zu gewinnen. Das schweißt zusammen. Eine gute Mannschaft kann es nur dann geben, wenn Gelegenheiten da sind, sich gegenseitig ordentlich den Kopf zu waschen oder einfach auch mal betrunken hinterm Tresen zu hängen. Jeder Mensch ist irgendwann betrunken. Doch bei Leistungssportlern, bei WM-Helden gar steht es am nächsten Tag riesengroß in der Zeitung. Das ist Schwachsinn. Wenn es nicht am Vorabend eines Spiels vorkommt – was soll's? Im Suff steckt ja mitunter auch Wahrheit. Nach drei Bieren sagt man sich eher die Meinung als auf nüchternen Magen.

Aber genau dieser heilsame Absturz bleibt der WM-Mannschaft von 1986 verwehrt – weil sie unter Dauerbeobachtung steht. Das ist Franz' erster Fehler. Weitere kommen hinzu: Noch im Vorbereitungsquartier in Morelia beschimpft er die Bundesliga als »Schrotthaufen«. Und als ein mexikanischer Journalist im Laufe des Turniers etwas Kritisches über die deutsche Mannschaft schreibt, sagt Franz in seiner Wut ganz öffentlich: »Dem muß man eigentlich den Hals umdrehen.« Eine Katastrophe nach der anderen also, aber es ist wie ein Wunder: Franz Beckenbauer bleibt unversehrt. Jeder andere Bundestrainer würde für einen Generalangriff auf die Bundesliga attackiert ohne Ende und vielleicht noch während der WM suspendiert. Franz wird dafür gefeiert; ihm glaubt man jedes Wort. Die üble Beleidigung des mexikanischen Kollegen fegt er mit zwei entschuldigenden Bemerkungen beiseite und man verzeiht ihm. Es ist immer wieder faszinierend: Keiner kann Franz böse sein. Wenn er unkontrolliert lospoltert, gilt das als niedlich. Und wenn er ernsthaft Kritik übt, haben seine Worte so viel Gewicht wie die zehn Gebote.

Und was fast das Wichtigste ist: Auch seine Spieler glauben bedingungslos an ihn. Als Trainer ist er nicht ausgewiesen, besitzt er keinerlei Erfahrung. Aber für die Kicker ist er einfach die Lichtgestalt. »Wow«, sagen sie voller Bewunderung, »der hat 103 Länderspiele, das ist einmalig.« Oder: »Der hat einen so gepflegten Fußball gespielt, wie wir das auch mal gerne können würden.« Selbst wenn der Teamchef Beckenbauer sich fachlich als eine Null erweisen sollte, würden die Spieler an ihn glauben – einfach nur, weil er Franz Beckenbauer ist.

Hinzu kommt etwas Banales: daß Beckenbauer nämlich im Training einem Großteil seiner Jungs spielerisch immer noch manches voraus hat. Ball stoppen, mal einen auf der Fläche einer Telefonzelle ausspielen – das festigt die Autorität mehr als alle Derwallsche Trainingslehre.

Alle akzeptieren ihn bedingungslos, nur einer nicht: Uli Stein. Dabei ist es Beckenbauer, der seinen ehemaligen HSV-Teamgefährten in die Nationalmannschaft zurückholt. Zunächst ist ihr Verhältnis entspannt. Man hatte sogar mal Geschäfte miteinander gemacht: Als Beckenbauer nach Kitzbühel zog, kaufte ihm Uli Stein seine altenglische Wohnzimmereinrichtung ab. Während der Vorbereitung auf die WM 1986 in Mexiko, bei den Lehrgängen in Malente und Kaiserau, erkenne ich deutlich, daß Uli Stein besser in Form ist als sein Kontrahent Toni Schumacher, bis dahin die unumstrittene Nummer eins im deutschen Tor. Das sieht auch Franz Beckenbauer. Er sagt es Uli sogar persönlich:»Ich weiß, daß du in der Form deines Lebens bist. Es gibt überhaupt keinen besseren Torhüter bei dieser WM.« Doch im Auftaktspiel gegen Uruguay steht Toni Schumacher zwischen den Pfosten.

Für einen so ehrgeizigen Spieler wie Uli Stein ist das zuviel. Er hatte gehofft, den gleichen Weg wie Wolfgang Fahrian bei der WM 1962 in Chile gehen zu können. Damals war Hans Tilkowski die Nummer eins, aber Herberger brachte im ersten Spiel Fahrian. Und der spielte so bravourös, daß er bis zum Aus der deutschen Mannschaft im Viertelfinale durchspielte. Davon träumt Uli Stein. Als sein Traum platzt, macht er seinem Ärger Luft. Schon vor Beginn der WM hatte er gesagt: »Ich habe nicht das Gefühl, daß es in der Nationalmannschaft nur nach Leistung geht.« Im Quartier der deutschen Mannschaft in Mexiko legt er nach:»Jetzt trainiere ich seit vier Wochen wie ein Wilder. Ich habe die Schnauze gestrichen voll. Wir werden behandelt wie kleine Kinder. Für jedes Mittagessen außerhalb des Camps mußt du dir eine Genehmigung holen, wie bei der Bundeswehr. Wenn mir einer ein Ticket beschafft, fliege ich nach Hause.«

Stein glaubt, daß er nur deshalb nicht spielt, weil Schumacher einen exklusiven Vertrag mit adidas hat, dem Hauptsponsor der deutschen Mannschaft. Stein vermutet ein abgekartetes Spiel – mit Toni als»wandelnder Litfaßsäule« im deutschen Tor. Ich glaube eher, daß Schumacher die größere Presselobby hinter sich hat und daß Franz diesmal den Weg des geringsten

Widerstandes geht. Er mag sich gesagt haben:»Wir haben ja mit Schumacher keinen schlechten Torwart. Damit kann ich leben. Was soll ich mir Ärger aufhalsen?«
Jedenfalls erklärt Uli Stein unter vier Augen Beckenbauer seinen Rücktritt aus der Nationalmannschaft. Daraufhin rückt Eike Immel im nächsten Spiel auf die Bank, Stein sitzt nur noch auf der Tribüne. Einige Tage scheint Ruhe eingekehrt, doch als Stein dann zusammen mit Dieter Hoeneß, Dietmar Jakobs und Klaus Augenthaler erst nachts um zwei Uhr von einem Ausflug zurückkommt und auch noch bekannt wird, daß er Beckenbauer spaßeshalber als »Suppenkasper« bezeichnet hat, ist die Geduld der DFB-Gewaltigen erschöpft. Schatzmeister und Delegationsleiter Egidius Braun händigt Stein ein Rückflugticket aus; damit ist der widerborstige Torwart der erste deutsche Spieler überhaupt, der wegen Unbotmäßigkeit von einer WM vorzeitig nach Hause geschickt wird.

Und Beckenbauer? Letztlich war der Rausschmiß nicht seine Entscheidung. Er hätte Stein wohl einfach die restlichen Spiele auf der Tribüne sitzen lassen. So sagt er dem Geschaßten zum Abschied:»Es tut mir leid. Ich konnte nichts mehr machen. Das kam alles von ganz oben. Wenn ich zu bestimmen gehabt hätte, wäre die Entscheidung anders ausgefallen.« Und fügt auch noch hinzu:»Überleg' dir die Sache mit dem Rücktritt gründlich, bei mir ist immer eine Hintertür für dich offen.«

In der Öffentlichkeit stellt sich Egidius Braun schützend vor Beckenbauer; innerhalb der Mannschaft braucht der Teamchef trotz der ganzen Turbulenzen solchen Schutz nicht. Die Spieler wissen, daß sie ohne Beckenbauer nur halb so viel wert sind. Und letztlich sind sie froh, daß der Streithansel Stein weg ist und sie endlich mal in Ruhe ihre Suppe schlürfen dürfen, ohne daß gleich ein neuer Skandal über sie hereinbricht.

Und diese Allianz hat Erfolg: Deutschland wird mit seinem Teamchef Beckenbauer Vizeweltmeister, verliert das Endspiel gegen Argentinien mit 2:3. Und das mit einer Mannschaft, der das niemand zugetraut hatte, auch ich nicht. Mit Spielern wie

»Stand-Pauke« – Fußball-Weltmeisterschaft, Mexiko 1986 – ... Franz Beckenbauer pflegt
den Umgang mit den Journalisten. Dankbar für jedes Wort hängen sie an seinen Lippen –
und einiges hat er ja schon gesagt (Foto: Sven Simon)

Dietmar Jakobs, Wolfgang Rolff, Dieter Hoeneß oder Norbert
Eder (der – bis auf ein Vorbereitungsspiel – alle Länderspiele
seiner Karriere nur bei dieser WM absolvierte) Vizeweltmeister zu werden, ist eine grandiose Leistung. Letztlich macht
die deutsche Mannschaft nur ein wirklich gutes Spiel: das
Halbfinale gegen die starken Franzosen um Superstar Michel
Platini. Die Deutschen gewinnen mit 2:0. Aber wer denkt
noch an all die schrecklichen Partien zuvor, die Niederlage
gegen Dänemark im letzten Gruppenspiel, das mühsame 1:0
gegen Marokko im Achtelfinale, dem Viertelfinalsieg im Elfmeterschießen gegen Mexiko?
Doch gerade nach solchen Katastrophenspielen zeigt sich, wie
gut das DFB-Kalkül aufgeht, Beckenbauer zum Teamchef zu
machen. Trotz aller Gurkereien steht der Kaiser und mit ihm
seine Mannschaft über aller Kritik. Weil jeder, der etwas von
Fußball versteht, gesehen hat, daß Franz mit dieser Mann-

schaft Überirdisches geleistet hat. Normalerweise hätten sie nicht mal die Vorrunde überstehen dürfen. Bei all den Streitereien von Uli Stein. Wenn man an den Kleinkrieg denkt zwischen Rummenigge und Schumacher oder an die Tatsache, daß Beckenbauer in seiner Verzweiflung sogar einen verletzten Spieler wie Rudi Völler aufgestellt hat. Aber Franz weiß im nachhinein selbst sehr genau, wie viel Dusel er gehabt hat. Wohl auch deshalb fällt sein Urteil über diese WM so euphorisch aus: »Ich stelle den Erfolg von Mexiko noch über meinen Titelgewinn 1974 in Deutschland als Spieler. Damals war der Titel programmiert, diesmal haben wir alle überrascht.«

Weil ihm Glück und Erfolg auch in unerwarteten Momenten hold sind, ist meine Zusammenarbeit mit Franz Beckenbauer immer sehr einfach. Jupp Derwall hat sich immer große Mühe gegeben, aber Franz war und ist ganz einfach noch zugänglicher. Wenn's drauf ankommt, kann man sich sogar in äußerst kritischen Situationen als Journalist auf Franz Beckenbauer verlassen.

Ich erlebe das bei der Europameisterschaft 1988 in Deutschland. Beckenbauer ist noch immer Teamchef; nach der WM '86 und all ihren Pannen hat es keinerlei Kampagnen gegen ihn gegeben. Im EM-Halbfinale trifft die deutsche Mannschaft auf die Niederlande – eine Parallele zum WM-Finale von 1974. Und diese Entsprechung geht in umgekehrter Weise noch weiter: 1974 führte Holland, Deutschland glich durch einen Elfmeter aus und gewann durch ein Tor von Gerd Müller, dem Bomber der Nation, mit 2:1. 14 Jahre später führt unsere Mannschaft zunächst, die Niederlande gleichen durch einen Elfmeter aus und gewinnen durch ein Tor von Marco van Basten, der ja so etwas ist wie der holländische Gerd Müller, kurz vor Schluß mit 2:1. Ich moderiere die Sendung nach Spielende aus den Katakomben des Hamburger Volksparkstadions, sage Interviews mit Spielern an, leite über zu den Analysen der Kollegen. Aber im Prinzip warte ich nur auf einen Mann: auf Franz Beckenbauer.

Aber der ist eine halbe Stunde lang wie vom Erdboden verschluckt, verschollen in den Katakomben. Wie ich später erfahre, ist er bei seinen Spielern, spendet Trost, richtet sie wieder auf. Und verkriecht sich auch ein bißchen vor uns und unseren Kameras. Zur offiziellen Pressekonferenz muß er natürlich wieder auftauchen, das schreibt die UEFA so vor. Aber niemand zwingt ihn, mit der Niederlage in den Knochen gleich vor eine Kamera zu treten. Und so hangel ich mich durch die Sendung und hoffe bis zuletzt, daß wir ihn doch noch erwischen. Schließlich bin ich schon bei meiner Schlußmoderation, als ich plötzlich hinter mir Stimmen höre. Franz Beckenbauer kommt mit dem DFB-Pressesprecher Rainer Holzschuh und einem weiteren Begleiter aus der Kabine und will sich hinter mir vorbeischleichen zur Pressekonferenz. Gerade hatte ich den Zuschauern gesagt: »Franz Beckenbauer kommt wohl nicht mehr.« Und jetzt seh' ich ihn. Ich zögere keine Sekunde und rufe nach hinten: »Herr Beckenbauer, Herr Beckenbauer, wir sind gerade live auf Sendung für die ARD! Wenn Sie kurz zu einem Statement bereit wären ...«

Jetzt kann der Kaiser eigentlich nicht mehr entkommen, jetzt muß er sich stellen. Immerhin sitzen weit über zehn Millionen Zuschauer vor dem Bildschirm und haben meine Bitte gehört. Und dann passiert mir ein Mißgeschick: Das Kabel meines Mikrophons ist zu kurz. Drahtlose Mikros gibt's noch nicht, und so ist acht Meter vor dem Kaiser für mich Schluß. Was mach' ich jetzt bloß? Ich bin ja noch ein ziemlich junger Reporter, und der befiehlt nicht einfach einen Franz Beckenbauer ans Mikrophon. Nein, da bewegt man sich gefälligst selbst hin. Aber ich kann ja nicht, wegen des verdammten Kabels. Also nehme ich meinen ganzen Mut zusammen und rufe – live auf Sendung – hinüber: »Franz, es tut mir leid, mein Kabel reicht nicht. Wenn Sie freundlicherweise mal herkommen würden ...«

Eine Gratwanderung. Wenn er jetzt nicht kommt, bin ich vor Millionen Fernsehzuschauern düpiert: Ach, guck mal, den

Wontorra nimmt er auch nicht ernst. Aber er kommt. Läuft die acht Schritte rüber zu mir und gibt mir ein Interview. Und nicht irgendeins, sondern ein richtig gutes. Ganz offen redet er über die Niederlage, die Ursachen, die Folgen. Über meinen Kopfhörer höre ich:»Wontorra, weitermachen! Die Tagesthemen können warten! Mach weiter, so lange du willst!« Sieben oder acht Minuten reden wir schließlich; die internationale Pressekonferenz kann nicht anfangen, weil Beckenbauer noch bei mir ist. Und die Tagesthemen, Allerheiligstes der ARD, beginnen erst um 22.36 Uhr, mit sechs Minuten Verspätung. Hinterher kam ich schweißgebadet zum Ü-Wagen und durfte Komplimente entgegennehmen – dank Franz Bekkenbauer. Er ist halt in der Zusammenarbeit mit uns Journalisten ein absoluter Profi und einfach auch ein netter Mensch. Er hat in dem Moment erkannt, daß ich etwas riskiere, einen unkonventionellen Weg gehe. Und das honoriert er. Ich glaube, daß er die Grundschule für solchen Umgang mit den Medien während seiner Jahre bei Cosmos New York durchlaufen hat. Eben dieses souveräne Auftreten in der Öffentlichkeit unterscheidet ihn grundlegend von seinem Vorgänger.
Souverän versieht er sein Amt als Teamchef auch weiterhin. Traumwandlerisch sicher balanciert er zwischen Hyänen der Boulevardzeitungen hindurch. Mal macht er einen kleinen Deal mit den Kollegen, mal läßt er sie außen vor. Nie wird er wie sein Vorgänger zum Spielball der Presse. Es ist wie während seiner aktiven Laufbahn: Wohin der Ball als nächstes kommt, entscheidet er allein. Und noch, als er auf allen Hochzeiten gleichzeitig tanzt, als Bayern-Präsident bei BILD Kolumnen schreibt, bei Premiere die Bundesliga kommentiert und für RTL die Spiele der Champions League analysiert – selbst in dieser Allgegenwärtigkeit bleibt er unantastbar. Unbeschadet wandelt er auf Pfaden, die eigentlich unbegehbar sind. Und das nicht aus Berechnung, sondern allein aus seinem untrüglichen Instinkt heraus.
Und zunächst ist er ja noch Teamchef der Nationalmann-

schaft und hat da ein großes Ziel vor Augen: die Weltmeisterschaft 1990 in Italien als krönender Abschluß seiner Ära. Das
stellt Beckenbauer lange vor dem Beginn des Turniers klar. Er
sagt:»Das soll's dann gewesen sein. Ich mache diese WM
noch. Und ich bin sicher: Mit dieser Mannschaft kann ich
auch Weltmeister werden.« Anders als viele andere Trainer
steht Beckenbauer zum Potential seiner Mannschaft. Er redet
nicht wie die Daums und Löws und Hitzfelds in manchen Situationen um die wahren Ansprüche herum, er sagt einfach:
»Wir können Weltmeister werden.« Und vermittelt gerade damit der Mannschaft die nötige Stärke.
Die 90er-WM-Mannschaft ist total abhängig von ihrem Teamchef. Kein anderer Trainer könnte aus diesen Spielern so viel
herausholen wie Franz Beckenbauer, nicht mal ein Berti
Vogts, erst recht kein Jupp Derwall. Die Mannschaft spielt für
Franz. Alle Spieler kennen und bewundern seine großen Leistungen aus den 70er Jahren. Und neben dem eigenen Erfolg
und der schönen Prämie, die natürlich alle anstreben, haben
die Nationalspieler auch den Gedanken im Hinterkopf: Dem
Franz schenken wir jetzt bei seinem letzten großen Turnier
die Doppelweltmeisterschaft. Damit er als Spieler und als
Trainer den Titel geholt hat. So was hat schließlich keiner je
geschafft, außer dem Brasilianer Zagallo.
Und Beckenbauer hat aus seinen großen Fehlern bei der vori-
gen WM gelernt. Zum ersten Mal bei einem solchen Turnier
bleibt die Presse im Mannschaftsquartier außen vor. Bloß
nicht wieder dieses Theater wie in Mexiko! Als Journalist bedaure ich das natürlich sehr. Jetzt wird es viel schwieriger, an
gute Geschichten heranzukommen. Aber als Fußballfan begrüße ich Beckenbauers Entscheidung. So hat die Mannschaft
Ruhe und kann die inneren Konflikte, die bei so einem langen
Turnier zwangsläufig auftreten, auf ihre Art und unbeobach-
tet lösen. Zudem hat Beckenbauer bei dieser WM mit Wolfgang Niersbach einen DFB-Pressesprecher an seiner Seite, den
er ernst nimmt (was man von dessen Vorgänger nicht unbe-

dingt behaupten kann) und der ihm im Gegenzug vieles vom Hals schafft. In kritischen Situationen wirft er sich für den Kaiser in der Öffentlichkeit in die Bresche und trägt so dazu bei, daß der ganze Troß reibungslos funktioniert. Man kann die Bedeutung dieses Postens und dieses Mannes gar nicht hoch genug einschätzen. Denn so bekommt der Trainer den Kopf frei für das eigentliche Ziel: Weltmeister zu werden.

Und dann tut Beckenbauer noch einen entscheidenden Schritt: Er überträgt einem Spieler nahezu die alleinige Verantwortung für Erfolg oder Niederlage bei diesem Turnier. Und dieser Mann heißt Lothar Matthäus. Kein Herberger-Spruch »Elf Freunde müßt ihr sein«, auch keine Berti-Vogts-Sentenz »Der Star ist die Mannschaft«. Beckenbauer sagt klipp und klar: »Lothar Matthäus ist mein wichtigster Mann.« Damit fordert er den Münchner Star zu ungeahnter Stärke heraus. Das bedeutsame erste Spiel gegen Jugoslawien gewinnt Matthäus mit seiner unglaublichen Dynamik und seinen beiden Toren fast im Alleingang. Und danach schwimmt die Mannschaft auf einer Welle der Euphorie ungefährdet bis ins Endspiel und zum Titel.

Manch einer macht sich über Matthäus' Rolle als Adjutant des Kaisers auch lustig. Mit von Verantwortung stolz geschwellter Brust marschiert lothar zu jedem Mikrophon und redet drauf-los, macht seinem Ruf als Plappermäulchen alle Ehre. Irgend jemand verpaßt ihm sogar den Spitznamen »Kaiserlein«. Aber genau darin spiegelt sich auch der Unterschied zwischen dem Rekordnationalspieler Beckenbauer und demjenigen, der ihn schließlich in der Anzahl der Länderspiele noch überflügelt. Beckenbauer bleibt auch gegenüber Matthäus die unangefochtene Autorität. Er redet viel, aber seine Worte haben Gehalt. Sein »Schau'n mer mal« ist als Ausdruck einer ganzen Lebenseinstellung zum geflügelten Wort geworden. Auf ein geflügeltes Wort von seinem damaligen Kapitän wartet die Welt immer noch. Bis heute hält der Kaiser seine schützende Hand über den Ziehsohn; auch, um ihn öfter mal wieder in die Spur zu bringen. Die beiden mögen sich trotz ihrer verbalen Anderswertigkeit: Lothar redet, Franz sagt.

Im Verlaufe des Turniers kitzelt Beckenbauer auf seine unnachahmliche Weise auch aus anderen Spielern ungeahnte Leistungssteigerungen heraus. Aus Jürgen Klinsmann zum Beispiel. Der ist ja noch gar nicht der große Superstar. Aber er wird es bei diesem Turnier. Im Achtelfinale gegen die Niederlande. Dank Franz Beckenbauer. Nach 21 Minuten geraten Rudi Völler und Frank Rijkaard aneinander, wie auf dem Schulhof wird da an den Ohren gezogen und gespuckt. Das »Drama Lama« nimmt seinen Lauf. Als der Schiedsrichter beide zum Duschen schickt, bleibt Klinsmann alleine in der Sturmspitze zurück. Da sagt Beckenbauer zu ihm:»Paß mal auf, jetzt mußt du das Ding reißen. Du allein kannst das schaffen. Du mußt es machen.«

Und Klinsmann macht. In der 51. Minute schießt er das vorentscheidende 1:0. Als er nach 79 Minuten vollkommen erschöpft gegen Riedle ausgewechselt wird, hat Deutschland einen neuen Fußballhelden. Starkgeredet von seinem Trainer. Der kann aber auch, was ich bei ihm immer wieder erlebe, durch lautstarkes Mosern seine Leute motivieren. Wie beim 1:0 im Viertelfinale gegen die Tschechen. Schon während des Spiels schimpft Beckenbauer wie ein Rohrspatz. Und auch nach dem Sieg kann er sich gar nicht beruhigen. Weil er findet, die Mannschaft habe schlecht und überheblich gespielt; letztlich hat sie nur durch ein Elfmetertor überhaupt gewonnen. So rüttelt er die Spieler wach, und nur so gewinnen sie zum dritten Mal einen Weltmeistertitel für Deutschland.

Als dann mit dem Sieg in Rom die Ära Beckenbauer zu Ende geht, will der Kaiser noch ein letztes Mal jemanden starkreden: Berti Vogts, der ja als sein Nachfolger schon feststeht. Doch diesmal geht der Schuß nach hinten los. Auf der Pressekonferenz nach dem Endspiel, wir sind alle noch ganz aufgewühlt, stellt ein Kollege die einfache Frage:»Herr Beckenbauer, wie schätzen Sie denn die Zukunft dieser Mannschaft ein?« Und Beckenbauer antwortet:»Diese Mannschaft wird auf Jahre hinaus unbesiegbar sein.«

Au weia, denke ich, was für ein chauvinistischer, nationalistischer Satz. Das ganze Land befindet sich im Wiedervereinigungstaumel, demnächst kommen die Nationalspieler aus dem Osten dazu, und dann marschiert Großfußballdeutschland unaufhaltsam.

Später sagt mir Franz, daß er an so etwas überhaupt nicht gedacht hat. Die Sammers, Thoms, Kirstens und Genossen sind ihm erst mal ziemlich egal. Das ist Sache seines Nachfolgers, er hat sein Ding mit seinen 22 Leuten durchgezogen. Aber er ist nach dem Endspiel auch noch ziemlich durcheinander. Nach dem Schlußpfiff war er minutenlang, die Hände in den Taschen seiner sandfarbenen Hose vergraben, gedankenverloren über den Platz geschlendert. Allein mit sich und der Welt. Da wurde ihm wohl erst so richtig bewußt, was er da erreicht hatte: als Spieler wie als Trainer Weltmeister zu werden. Und daß er damit ein Stückchen Unsterblichkeit erreicht hatte, zumindest im Fußball. Unter dem Druck solch großer Gefühle sagt man dann auch schon mal etwas Unüberlegtes auf einer Pressekonferenz.

»Dieser Satz von der Unbesiegbarkeit war jedenfalls totaler Quatsch, aber ich hab's zu spät gemerkt«, gibt Beckenbauer irgendwann hinterher mir gegenüber zu. Aus dem Starkreden, das er so meisterhaft beherrscht, wird plötzlich eine gewaltige Hypothek für den Mann, den er so sehr schätzt und der ihm gerade bei dieser WM zahllose wichtige Tips gegeben hat. Berti Vogts erzählt im internen Kreis gerne, daß er schon bei dieser WM 1990 einigen Einfluß auf die Mannschaftsaufstellungen genommen hat. Aber letztlich wird aus Beckenbauers Abgang, mit dem er es seinem Nachfolger leicht machen will, eine unglaubliche Bürde.

»O Gott«, denke ich,»das wird fatal für Berti.« Schon vor der WM fand ich die Entscheidung für Vogts als Nachfolger nicht ganz richtig. Nicht, weil ich an Bertis fachlicher Qualifikation zweifeln würde, nein. Aber ich dachte schon damals: »Das ist das Schwerste, was sie einem Berti Vogts antun können. Weil es selbst der souveränste und selbstbewußteste Trainer der Welt nach Franz Beckenbauer unheimlich schwer haben wird.« Es ist letztlich dasselbe, was sich später in meiner Heimat Bremen abspielen soll: Jeder Trainer nach Otto Rehhagel hatte es schwer, ob nun Aad de Mos oder Dixie Dörner. Wenn einer wie Beckenbauer oder Rehhagel mit solch gewaltigen Folgen aufhört, sind die Nachfolger immer die ärmsten Schweine.

Ich frage mich natürlich bei Beckenbauers Abgang auch: Hätte es ein im knallharten Bundesligastreß gestählter Trainer jetzt nicht leichter als der DFB-Trainer Berti Vogts? Eben jener Otto Rehhagel zum Beispiel. Er hat sich ja durchaus Hoffnungen gemacht, denn das ist sein großes Lebensziel gewesen: Bundestrainer zu werden. Aber wahrscheinlich hätte es auch ein so ausgebuffter Routinier nicht leichter. Und Berti legt ja einen Start hin, mit dem er sich keineswegs hinter demjenigen Beckenbauers verstecken muß. Seine Länderspielbilanz kann sich sehen lassen. Und bei seinem ersten großen Turnier, der Europameisterschaft 1992 in Schweden, wird er wie Franz bei der WM '86 gleich Zweiter. Schließlich führt auch er eine Mannschaft, der die Experten einen solchen Erfolg nicht zutrauen.

Klar, er übernimmt nahezu komplett eine Nationalmannschaft, die soeben Weltmeister geworden ist. Aber gerade diese erfolgreichen Spieler sehen sich ihren neuen Boß ganz genau an. Viele sagen sich insgeheim: »Bislang hatten wir den Franz Beckenbauer, den großen, sonnenumkränzten, mit einem Heiligenschein versehenen Typ. Dem konnte man alles glauben. Schließlich hat er uns zu Weltmeistern gemacht. Und jetzt kommt da so ein Handwerker ...«

Aber das ist zugleich die einzige Chance, die Berti Vogts hat: als Handwerker zu überzeugen. Mit seinen kurzen, kräftigen Beinen steht der Nachfolger des Konzertpianisten Beckenbauer im Trainingsanzug auf dem Platz und beeindruckt die erfolgsverwöhnten Kicker mit seinem Fachwissen. Noch als Beckenbauer Teamchef war und Vogts Trainer der U-21-Nationalmannschaft, reiste der Terrier für die »große«, die richtige Nationalmannschaft herum, beobachtete die nächsten Gegner und gab dem Kaiser Tips für Aufstellung und Taktik, die der auch immer bereitwillig angenommen hat. Und jetzt wird er von den Spielern geschätzt, weil er der Bundestrainer mit der meisten fußballerischen Ahnung ist. Er kann jedem einzelnen klar und deutlich erklären, warum er nur noch mit einem und nicht mehr mit zwei Manndeckern spielt. Warum er es riskiert, zwei Spielmacher nebeneinander zu bringen.

Aber all sein Fachwissen schützt Berti Vogts bei seinem ersten Großereignis nicht vor Fehlern. Vielleicht will er aus Beckenbauers Schnitzern von 1986 lernen, vielleicht ist er einfach nur unsicher – jedenfalls wählt Berti Vogts bei der Europameisterschaft in Schweden für seine Mannschaft den Weg der totalen Abschottung von jeder Art von Öffentlichkeit. Die Mannschaft wohnt in Advidaberg, 70 Kilometer vom Spielort Norrköping entfernt, in einem alten Pferdestall, der zu einem vornehmen Hotel umgebaut wurde. Das Pressezentrum ist in einer Turnhalle neben dem Quartier untergebracht, aber gebraucht wird es eigentlich nicht – weil es nichts zu berichten gibt.

Die Mannschaft verläßt das Haus nur selten; den großen Garten hinter dem Hotel hat Berti Vogts vor neugierigen Blicken schützen lassen: Grüne Planen am Zaun versperren die Sicht auf die Fußballtennisspielchen der Profis. Verzweifelt warten wir in der Einöde auf irgendein Ereignis. Die schreibenden Kollegen schnappen sich eine Parkbank, schleppen sie an den Zaun und spähen hinüber wie Pennäler auf den FKK-Strand. Zum Training auf dem benachbarten Fußballplatz kommen bisweilen nur die Ersatzspieler, und zuletzt filmen wir sogar die Tasche mit den gelben Leibchen zum Überziehen – weil wir vermuten, daß die Spieler in Gelb vielleicht beim nächsten Spiel eine Chance bekommen.

Sehnsüchtig warten wir auf die offiziellen Pressestunden, in denen Berti Vogts einige Spieler vor den Stall schickt und diese dann uns frustrierte Berichterstatter mit kleinen Witzchen bei Laune halten. Wir sind so ausgehungert noch nach den belanglosesten Neuigkeiten, daß wir sogar Andreas Brehmes leicht zotige Witzchen über das Nachtleben im Pferdestall dankbar belachen. Berti glaubt halt, so die Truppe voll unter Kontrolle zu haben. Dafür sind sie aber nicht wirklich locker, und so spielen sie dann auch. Mit viel Glück und Häßlers genialen Freistößen kommt man zwar über die Runden und sogar bis ins Endspiel. Dort aber zeigen die locker aus dem Urlaub angereisten Dänen den deutschen Perfektionisten, daß guter Fußball auch etwas mit Spaß zu tun hat. Berti Vogts ergeht es wie jedem Trainer beim ersten großen Turnier: Da muß man Federn lassen und Fehler machen. Es ist letztlich wie in jedem anderen Beruf auch – Erfahrung ist durch nichts zu ersetzen. Mit dem Wissen von 1996 wäre Vogts Team wohl auch 1992 Europameister geworden.

Aber auch nach der unerwarteten Vize-Europameisterschaft tut sich Vogts in seinem neuen Job schwer. Er ist ja kein geborener Redner und Selbstdarsteller. Anfangs mag er nicht einsehen, daß gute Arbeit allein noch keine gute Presse bedeutet. Da ist zum Beispiel das an sich belanglose Testspiel gegen Ghana in Bochum. Jeder weiß, daß der afrikanische Fußball sich mächtig entwickelt hat; der Ghanaer Tony Yeboah zum Beispiel wird Torschützenkönig der Bundesliga. Aber die bundesdeutsche Fußballöffentlichkeit erwartet ein munteres Scheibenschießen gegen den vermeintlichen Zwerg. Als es zur Pause im Ruhrstadion nur 1:1 steht, werden die Mannschaft und ihr Trainer gnadenlos ausgepfiffen. Und da sehe ich, wie Berti Vogts leidet. Wie ein Hund leidet er unter diesen Pfiffen. Er versteht die Leute einfach nicht. Er macht doch alles nach bestem Wissen und Gewissen, läßt nicht bewußt mauern, glaubt noch an das Wahre, Lautere, Aufrichtige im Fußball – und dann dieses Geschrei. Am Ende gewinnt seine Mannschaft doch noch 6:1, aber die Pfiffe klingen in Berti lange nach.

Bei seiner Präsentation in der Öffentlichkeit wird Berti Vogts auch ein Stück weit Opfer seines ausgeprägten Gerechtigkeitssinns. So hat er zu Beginn seiner Amtszeit festgelegt: Keine Zeitung, kein Fernsehsender wird von mir bevorzugt behandelt. Gleiches Recht für alle. Exklusiv-Geschichten, wie sie seine Vorgänger zum Beispiel mit BILD gemacht haben, wird es bei ihm nicht geben. Und da sagen die Kollegen vom Boulevard dann schon mal ganz hart:»Okay, wenn er nicht will, dann kriegt er die Peitsche von uns.« Kein Artenschutz wie für den guten Menschen von Dudweiler, sondern immer hart ran an den Terrier.

Dafür fehlt Berti Vogts jedes Verständnis. Er sagt mir einmal: »Das kann doch nicht wahr sein! Ob die Welt oder ich gut oder schlecht sind – das kann doch nicht bloß von einem Tor abhängen!« Weil er diese Engstirnigkeit einfach nicht begreift, findet er schließlich die Kraft, sie auszuhalten. Im Laufe seiner Amtszeit wird er seinem Freund Helmut Kohl immer ähnlicher: Auch Vogts versteht es meisterhaft, Dinge auszusitzen. Nach allen Krisen sagt er einfach:»Und ich bin immer noch da.« Irgendwann schlägt der Ärger über soviel Sturheit sogar bei vielen Kritikern in Bewunderung um.

Solange ich den Bundestrainer Berti Vogts kenne, hat er es abgelehnt, sich zu verkaufen. Das ist es eigentlich, was ich an ihm am meisten bewundere. Weil ich weiß, wie schwer es ist, in diesem Zirkus der Sensationen, der deutscher Fußball heißt, sich selbst treu zu bleiben. Berti Vogts sagt immer, auch nach Mißerfolgen:»Ich werde es noch allen zeigen.« Und am Ende soll er recht behalten.

Aber zuvor ist er noch einer großen, wohl seiner schwersten Prüfung ausgesetzt: der Weltmeisterschaft 1994 in den Vereinigten Staaten. Vogts hat aus den Fehlern bei der Europameisterschaft zwar gelernt – aber nicht genug. Noch immer sind einige der Weltmeister von 1990 im Team, Brehme zum Beispiel und Lothar Matthäus. Und die kochen in den USA ihr eigenes Süppchen. Vom späteren Erfolgsrezept des Berti Vogts – »Der Star ist die Mannschaft« – ist in Chicago nichts zu spüren. Im Gegenteil: Es gibt eine ausgeprägte Cliquenwirtschaft, die zum Teil von ehrgeizigen Spielerfrauen noch gefördert wird, etwa von Bianca Illgner oder Martina Effenberg. Die Frauen wohnen zwar, wie gehabt, nicht im gleichen Hotel wie ihre kickenden Männer, aber diesmal gleich nebenan. Zwischen den Spielen sitzt man dann in Grüppchen und Familienclans zusammen auf dem Balkon, grillt, redet über die alles andere als berauschenden Spiele gegen Bolivien und Südkorea, mosert über den Trainer, der mit einem jungen, ehrgeizigen Feuerkopf wie Stefan Effenberg keine gemeinsame Gesprächsebene findet.

Und so kommt es in der Hitze von Chicago zur berühmten Entgleisung des Blondschopfs. Nach schwacher Leistung und Buhrufen aus dem Publikum zeigt er den aufgebrachten, wütend pfeifenden Fans den Mittelfinger, den Stinkefinger. Letztendlich beendet dieser Fingerzeig Effenbergs Nationalmannschaftskarriere. Vogts, moralisch unterstützt vom DFB-Präsidenten Egidius Braun, suspendiert Effenberg. Der verkriecht sich in einem Motel. Von Polizisten abgeschirmt, pokert er mit der klatschsüchtigen Presse um den Preis für das erste exklusive Interview nach dem Rauswurf. Schließlich kriegt er 50 000 Mark – die er später an ein Kinderheim spendet, das muß man zu seiner Ehrenrettung sagen.

Was wirklich zu der ganzen Eskalation führt, bleibt im Dunkeln. Wie in Beckenbauers Affäre mit Uli Stein durfte da einiges zusammengekommen sein. Ich kann mir einfach nicht vorstellen, daß allein die Beleidigung der Fans so schwer wiegt. Das hat's ja immer gegeben – Ausraster auf dem Spielfeld oder am Rand. Die Fans sind schließlich auch nicht zimperlich, wenn sie ihren Idolen einmal die Zuneigung entziehen. Ich erinnere nur daran, wie einige schwarze Spieler erst gefeiert und später mit Bananen beworfen wurden. Oder wie verletzt am

Boden liegende Akteure verhöhnt werden: »Schauspieler! Tritt noch mal zu, der zuckt ja noch!« In der Hitze solcher Gefechte hilft den Spielern auch ein hohes Gehalt nicht immer, die Wut, den Ärger herunterzuschlucken. So wäre auch Effenbergs Entgleisung zu entschuldigen. Aber es muß hinter den Kulissen noch mehr vorgefallen sein. Die zotige Geste war sicher nur der Tropfen, der das Faß zum Überlaufen brachte. Vogts statuierte an Effenberg ein Exempel. Um einen Rest von Disziplin zu retten. Über die wahren Gründe aber bewahren beide Stillschweigen – bis heute übrigens. Da halten die Streithähne zusammen wie Pech und Schwefel.

Vogts' Versuch, mit Effenbergs Rauswurf zu retten, was noch zu retten ist, schlägt fehl. Die Mannschaft von 1994 beherrscht nicht, was so viele deutsche Turniermannschaften zuvor ausgezeichnet hat: Sie schafft es nicht, sich zusammenzuraufen. Die Quittung bekommt sie im Viertelfinale gegen Bulgarien. Yordan Letchkovs Kopfballtor zum 2:1 für die Mannschaft vom Balkan bedeutet das Aus. In Deutschland wird daraufhin die größte Krise des deutschen Fußballs herbeigeschrieben. BILD druckt ein Rücktrittsgesuch und setzt in riesigen Lettern daneben: »Herr Vogts, unterschreiben Sie hier!«

Der Bundestrainer ist fast völlig isoliert. Am Abend nach dem Aus sitzt er vor dem Essen ganz allein an einem riesigen Tisch und starrt auf seine verkrampft gefalteten Hände. Ein Bild mit Symbolcharakter, das um die Welt geht. Daß nicht er, sondern die allzu erfolgsverwöhnten »Wohlstandsjünglinge« das Spiel vergeigt haben, interessiert niemanden mehr. Wieder einmal versteht Vogts, der ehrliche Arbeiter und gute Katholik, die Welt nicht mehr. Ein Fehler in einer Hintermannschaft – und die Arbeit von Jahren soll für die Katz sein. Nicht mit ihm. Er will aufhören. Doch dann kommt Egidius Braun, sein Präsident, der gute Pater Braun. Auf seine joviale, nette, aber auch zupackende Art redet er auf Vogts ein, überzeugt ihn, besser: überredet ihn, weiterzumachen. Berti Vogts sagt mir später:

»Ohne Egidius Braun würde es den Bundestrainer Berti Vogts nicht mehr geben.«
Was noch treibt den Terrier an, trotz aller Kritik durchzuhalten? Der Zuspruch seines Chefs allein kann es nicht sein. Ich glaube, und dafür kenne ich Berti Vogts gut genug, seine Motivation kommt aus der Vergangenheit. Berti hat eine Jugend hinter sich, die ich meinem ärgsten Feind nicht wünschen würde. Er ist ohne Vater aufgewachsen, hat erst in Hennes Weisweiler eine Art Ersatzautorität gefunden. Vogts bekam nie etwas geschenkt wie Franz Beckenbauer, ihm wurde kein überragendes Talent in die Wiege gelegt. Er mußte sich vielmehr, wollte er im Leben was erreichen, alles erarbeiten und erkämpfen. So wurde aus ihm der Terrier. Und so findet er jetzt die Kraft, um nicht hinzuschmeißen. Egidius Braun sagt:»Berti, Sie machen das weiter, und ich stehe dafür, daß Sie weitermachen!« Und in diesem Augenblick beginnt Berti wieder zu kämpfen.

Er zieht die Konsequenzen aus den Fehlern der verkorksten WM und verbannt diejenigen aus dem Kader, die zuerst an sich und erst in zweiter Linie an die Mannschaft denken. Vogts hat gelernt, daß bei einem großen Turnier nicht allein gute Fußballer zählen, sondern daß die Gemeinschaft über vier bis sechs Wochen hin funktionieren muß. Und da kann ein Spieler, der einen Tick schlechter ist als sein Konkurrent, für das Team wesentlich wertvoller sein. Ein guter Individualist macht vielleicht mal ein sensationelles Spiel. Aber bei einer Europameisterschaft, und die wird Vogts' nächstes Ziel, muß man sechs-, siebenmal hintereinander vielleicht nicht unbedingt jedesmal überragend, aber immer gut sein, kämpferisch, zuweilen selbstlos. Und wer in Vogts' Augen dafür nicht steht, wird aussortiert oder gar nicht erst berufen.

Prominentestes Opfer dieser neuen Haltung ist Lothar Matthäus, der lautstark und über alle seine Pressekontakte versucht, sich nach seiner schweren Verletzung für die Mannschaft zu empfehlen. Aber Vogts schaltet einfach auf Durchzug und bleibt stur. So lange, bis selbst Matthäus die Demütigung spürt und freiwillig seinen Verzicht erklärt. Beim Rest der Mannschaft, insbesondere bei den Jüngeren, verschafft sich Vogts mit diesem Schritt den nötigen Respekt.

Er erläutert mir seine diesbezügliche Taktik ausführlich am Beispiel von Thomas Berthold. 1995 spielt Deutschland in Kaiserslautern gegen Albanien. Im Vorfeld des Spiels gibt Berthold dem SPIEGEL ein kritisches Interview. Er ist ja bekannt für seine große Klappe, und hier zieht er wieder mal los: über die Nationalmannschaft, über Berti Vogts. Alle denken schon: »Au weia, wenn er sich da mal nicht in die Nesseln gesetzt hat.« Vogts' Teamgeist-Politik ist schließlich längst allgemein bekannt.

Aber zunächst geht alles glatt. Ich berichte für SAT.1 unmittelbar nach dem Interview von diesem Länderspiel. Berthold ist nominiert und spielt auch. Was er nicht weiß, was ich nicht wissen kann, was niemand ahnt: Es wird sein letztes Länderspiel sein. Er wird zwar nicht rausgeschmissen, er tritt auch nicht zurück. Aber er wird von Berti Vogts einfach nicht mehr nominiert.

Wenige Wochen später ist Berti in Hamburg mein Studiogast bei »ranissimo«. Nach der Sendung gehen wir noch in die »Schwarzwaldstuben« zum Essen und trinken einen gepflegten Rotwein miteinander, ganz so, wie Berti es liebt. Bei der Gelegenheit bietet er mir das Du an, was ich natürlich gerne akzeptiere. Schließlich haben wir all die Jahre, bei allen Höhen und Tiefen seiner Trainerlaufbahn, sehr gut und offen miteinander gearbeitet. Und nicht zuletzt ist Berti Vogts einfach ein äußerst aufrichtiger, netter Kerl.

Nachdem wir also per Du sind, kann ich ihn ganz offen auch die unangenehmeren Dinge fragen. »Sag mal, Berti, wie war das nun damals mit dem Thomas Berthold. Warum hast du nicht sofort nach dem Eklat reagiert?« Und Vogts antwortet ganz offen: »Warum soll ich so jemanden rauswerfen? Das steht dann riesengroß in allen Zeitungen und verpaßt einem

Unser Bundestrainer (1992)
(Foto: Ullstein – Ferdi Hartung)

solchen Spieler auf ewig ein schlechtes Image. Der Berthold ist ja auch schon ein bißchen älter. Und wenn zwei die gleiche Leistung bringen, entscheide ich mich immer für den Jüngeren. Der Thomas, der wird nie mehr in der Nationalmannschaft spielen. Aber die Schlagzeile, daß er rausgeworfen wurde, habe ich ihm und mir erspart.« Ich finde das eine tolle Haltung von Berti Vogts. Er hätte ja auch gleich nach dem SPIEGEL-Interview sagen können: »Berthold hat sich negativ geäußert über die Mannschaft, ihr Umfeld, über mich. Er will also offensichtlich nichts mehr mit uns zu tun haben. Deshalb kann er gehen.« Hat er aber nicht gemacht, weil er als verantwortungsbewußter Mensch und Trainer an die Folgen denkt. Klar, man könnte das auch für konfliktscheu halten: einen Spieler, der nur mal den Mund zu weit aufreißt, durch die kalte Küche ohne großes Aufsehen abzuservieren. Aber das glaube ich nicht. Nach dem Desaster der WM '94 war Vogts klar, daß man Konflikte aushalten muß.

Im Fall Matthäus konnte er beweisen, daß er das kann. Er hat ja nie ein Hehl daraus gemacht, daß er Lothar nicht mehr haben will. Und bei Berthold wäre es sicher anders gelaufen, wenn der 21, 22 Jahre alt und ein aufstrebender Star gewesen wäre. Aber Berthold ist zu diesem Zeitpunkt schon über 30, hat als Nationalspieler seine beste Zeit hinter sich, und so klingt die Karriere einfach aus, ohne Paukenschlag, ohne Skandal. Nicht zuletzt deshalb kann Thomas Berthold heute noch eine wichtige Rolle in seinem Verein, dem VFB Stuttgart, spielen.

Der Erfolg gibt Berti Vogts und seinen Maßnahmen ohnehin recht. Bei der Europameisterschaft 1996 in England erntet er endlich die Früchte seines jahrelangen Kampfes. Seine Mannschaft, der er Teamgeist um jeden Preis eingehämmert hat, wird entgegen allen Erwartungen Europameister. Und mit dem Erfolg erkämpft sich Berti Vogts endlich auch ein Stück von der Leichtigkeit des Seins, die Franz Beckenbauer immer

schon genoß. So war Vogts schon als Spieler: Erst mit den Ti-
telgewinnen von Borussia Mönchengladbach, der deutschen
Meisterschaft, später auch dem UEFA-Pokal – erst mit solchen
Triumphen wurde Vogts lockerer. Sicher, es ist eine Binsen-
weisheit: Nichts macht selbstbewußter als der Erfolg. Aber bei
kaum jemandem läßt sich das so deutlich beobachten wie bei
Berti Vogts.
Im rhetorischen Bereich hat er immer noch Defizite, ist nicht
zum begnadeten Redner geworden. Aber seit dem großen Erfolg im Mutterland des Fußballs leidet er darunter nicht mehr.
Er glaubte immer fest daran, mit seinen ureigenen Möglichkeiten Erfolg haben zu können. Nun hat er den Beweis er-
bracht. Der Sieg in Wembley, das Golden Goal von Oliver
Bierhoff, macht aus Vogts einen anderen Menschen. Bis dahin
war undenkbar, daß er sich vor dem Publikum verneigt. Jetzt,
in der Stunde seines größten Triumphes, zelebriert er die großen Gesten vor Millionen Menschen wie selbstverständlich.
Als der Bundeskanzler ihn beim Überreichen des Pokals
umarmt, ist sein Glück perfekt.
Daß ein einziger Schuß, ein Sekundenbruchteil eines Spiels,
über Wohl und Weh eines Trainerschicksals entscheidet –
wirklich verstanden hat Vogts das wohl immer noch nicht.
Aber mittlerweile hat er seinen Frieden mit dieser gnadenlosen
Regel gemacht. Was wäre zum Beispiel gewesen, wenn der Eng-
länder Stuart Pierce im Elfmeterschießen des Halbfinales seinen Elfer versenkt hätte? Dann hielte man Berti Vogts für einen
Looser. Er hätte sich auf den Kopf stellen können, sich selbst
einwechseln können – nichts hätte diese Elfmeterlotterie be-
einflußt. Ein Glücksschuß. Und der legt den Grundstein für das
Denkmal, das man dem Europameistertrainer Berti Vogts der-
einst errichten wird, wenn er als Bundestrainer abtritt.
Seit dem Titelgewinn ist Vogts auch bei vermeintlichen Mißerfolgen nicht mehr so verbiestert. Ein 1:1 bei einem Länderspiel vor und nach der EM 96 – das sind zwei Welten. Heute
steht Vogts schon mal über den Dingen, ist also auch in dieser

Hinsicht seinem anfangs so übermächtigen Vorgänger eben-
bürtig geworden.

Eins freilich hat sich nicht geändert: Berti Vogts hat sich der
Nationalmannschaft – und nur ihr – mit Haut und Haaren
verschrieben. Das geht so weit, daß er strikt trennt zwischen
Bundesliga und Nationalmannschaft. Auch diese Zweiteilung
erklärt mir Berti einmal ausführlich. Wir sind beide zu Gast
bei der Tagung einer Firma, für die der Bundestrainer Werbung macht. Ich moderiere die Veranstaltung, Vogts ist der
Stargast. Im Anschluß daran frage ich ihn:»Berti, warum bist
du eigentlich nicht zum Fuxx 96 gekommen?« Fuxx – das ist
die Fußballgala von Sat.1 und der Bundesliga am Ende eines
spektakulären Fußballjahres. Alle Nationalspieler waren dabei und wurden geehrt. Nur ihr Trainer, der Vater des Erfolgs,
fehlte.»Wenn die Bundesliga ein Fest macht, ist das Sache der
Bundesliga«, antwortet Berti.»Ich muß da nicht hingehen. Ich
möchte einfach nicht, daß meine Nationalmannschaft mit
der Bundesliga gemein gemacht wird. Ich bin Bundestrainer
und nicht Bundesligatrainer.«

In der Öffentlichkeit hat er andere Gründe vorgeschoben,
etwa:»Nächste Woche ist ein Länderspiel. Da muß ich am Wochenende zu Hause sein und am Telefon auf die Zu- und Absagen der Nationalspieler warten.« Das ist natürlich Quatsch,
schließlich hätte er sie auf dem Fest alle persönlich treffen
können. Aber diese Trennung ist Prinzipsache.

Ich hab' das nicht so ernst genommen und wollte Vogts zu»ranissimo«am Tag nach dem Fuxx einladen. Schon beim Sender
fanden das die Kollegen nicht so glücklich: Erst nicht zu unserer Gala kommen, und dann deine Sendung am nächsten Tag
zur Selbstdarstellung nutzen. Aber das merkt auch Berti Vogts
und sagt zu mir:»Du, paß mal auf, danke für die Einladung, alles prima. Aber für ein Live-Gespräch stehe ich an dem Abend
nicht zur Verfügung.« Daran erkenne ich, wieviel Gespür und
Sensibilität im Umgang mit der Öffentlichkeit Berti Vogts in
seinen Jahren als Bundestrainer entwickelt hat.

Im Hinblick auf die Zusammenarbeit mit den Bundesliga-Vereinen kann er allerdings ungeheuer stur sein. So streitet er ständig mit der Liga wegen der Terminpläne. Jetzt, als Europameister, verschafft er sich dabei mehr Gehör als früher. Und die will er ausnutzen. So wird die Winterpause 97/98 verkürzt, um genügend Zeit für die Vorbereitung auf die Weltmeisterschaft in Frankreich zu gewinnen. Dafür haben die Bundesligamanager Berti Vogts scharf kritisiert, allen voran Rudi Assauer von Schalke 04. Aber der Bundestrainer ist selbstbewußt genug, zu sagen: »Die Bundesliga kann machen, was sie will. Ich brauche meine Nationalspieler für eine gewisse Zeit in der Saison, um sie auf Länderspiele vorzubereiten. Und ich möchte im Rahmenterminkalender des DFB meine Mannschaft und ihre Spiele endlich einmal besser gewürdigt sehen.«

So ist er, der Berti: Völlig fixiert auf »seine« Nationalmannschaft. Und diese Trennung vom Vereinsfußball ist alles andere als albern. Schließlich profitiert der ganze deutsche Fußball – jeder einzelne Spieler, jeder Manager und jeder Vereinspräsident – von den Erfolgen der Nationalmannschaft. Und die gibt es im internationalen Geschäft nur noch nach intensiver Vorbereitung.

Drei Bundestrainer habe ich in meiner journalistischen Karriere bisher kennengelernt, drei grundverschiedene Typen: Jupp Derwall, den Fußballbeamten, der beweisen wollte, daß man auch als regelbeförderter Assistent Leistung bringen kann. Franz Beckenbauer, der das Amt zunächst gar nicht wollte, dann aber Blut leckte und mit einer Mischung aus Talent, Ehrgeiz und Eifer den höchsten Gipfel erstürmte. Und schließlich Berti Vogts, der sich und der Welt beweisen möchte, daß man alles erreichen kann, wenn man nur will. Daß man sogar unter ungünstigsten Voraussetzungen etwas gewinnen kann.

Jupp Derwall ist mir von diesen dreien am fernsten. Und die anderen beiden, mit denen man schon auch mal privatisieren kann? Berti ist ein ganz harter Arbeiter. Das bewundere ich. Franz dagegen versteht es, intensive Arbeitsphasen und Abschnitte ohne jedes berufliches Engagement geschickt abwechseln zu lassen. Ich möchte es mal so sagen: Franz arbeitet, um zu leben, Berti lebt, um zu arbeiten. Ich habe viel Respekt vor der Philosophie von Berti. Aber die Philosophie von Franz liegt mir eben doch mehr.

4

Eine unmoralische Affäre
Otto Rehhagel
und die Arbeitsverweigerung

○ ○ ○ ○ ○ ○ ○ Weiße, schmucklose Wände, ein einfaches Bett-
gestell und der Nachttisch fürs Gröbste: so sehen die Räumlichkeiten in deutschen Krankenhäusern nun mal aus – ich
konnte froh sein, daß sie mir wenigstens noch ein Einzelzimmer gegeben hatten. Denn nach Gesellschaft war mir überhaupt nicht zumute in diesen Januartagen des Jahres 1988.
Ich lag im 1. Stock des St.-Jürgen-Krankenhauses in Bremen
und war gerade aus der Narkose erwacht.
Magengeschwüre! Zum ersten Mal im Leben hatte es mich
heftiger erwischt, und irgendwie konnte ich es nicht recht
glauben. »Mit 39 muß das noch nicht sein«, schoß es mir immer wieder durch den Kopf, zudem: Warum ausgerechnet
jetzt? Das Sechstagerennen, die sportliche Kultveranstaltung
der Stadt, stand bevor. Leute treffen, Spaß haben, die Dinge
des Lebens besprechen und vor allem: sechs aufwendige Fern-
sehsendungen machen. Wenn die Six-Days in Bremen laufen,
wird man nicht krank!
Ich wollte raus aus diesem sterilen 10-Quadratmeter-Raum,
weil ich den Grund für den Zwangsaufenthalt nicht akzeptieren mochte. Genauso versuchte ich es dann auch, dem Chef-

arzt bei der Visite klarzumachen: »Ich stehe mitten im Leben, ich falle nicht um. Die paar Geschwüre können Sie als Betriebsunfall buchen«, sagte ich. »Geben Sie mir ein paar Tabletten, dann gehe ich wieder meinen Arbeiten nach.«
Der Mann am Bettrand schaute eher finster drein, nachdem er mein Begehren gehört hatte. »Jede Krankheit hat ihre Gründe«, fing er an, »und Magengeschwüre sind häufig psychosomatisch bedingt. Ich empfehle Ihnen, erst einmal über die Auslöser nachzudenken, und nachdenken können Sie am besten in einem Einzelzimmer. Sie bleiben!«
Es gibt Situationen im Leben, da ist jede Gegenrede zwecklos. Dies war so eine Situation.
»Wissen Sie was«, fuhr der Chefarzt fort, »ich habe jetzt noch ein bißchen zu tun, aber wenn Sie mögen, komme ich heute nach dem Abendessen noch auf ein Stündchen vorbei, und dann erzählen Sie mir die Geschichte von Rehhagel und Werder Bremen. Einverstanden?«
Rehhagel? Werder? Der Knatsch um das verlorene Spiel gegen die norwegischen Amateure im Europapokal? Der immer noch andauernde Interview-Boykott? Können das Ursachen sein für die Entstehung von Magengeschwüren?
»Einverstanden«, antwortete ich, »bis heute abend.«
Den Tag in Zimmer 131 verbrachte ich durchaus unruhig. Zwischen Haferschleim und Höflichkeitsbesuchen rief ich mir immer wieder die vergangenen vier Monate in Erinnerung. Es war schon ein wahnsinniger Druck, dem ich da ausgesetzt war. Werder Bremen, die wichtigste sportliche Größe der Stadt, fuhr totalen Konfrontationskurs. Keine Informationen mehr für Radio Bremen, keine Spieler mehr als Studiogäste, dazu das Verbot, die Räume des Vereins zu betreten. Es war eine mittlere Katastrophe für unsere kleine Sportredaktion, denn die Berichterstattung über den Club macht im Sportprogramm des Senders weit über 50 Prozent aus. Sendungen ohne Werder Bremen reduzierten sich in dieser nicht gerade traditionsbeladenen Sportstadt auf die Analyse von Boßeltur-

nieren oder Windhundrennen. Und: Die Lage blieb weiter hochgradig verworren. Die Vereinsbosse strebten eine Ausgrenzung mit allen Mitteln an, besonders Otto Rehhagel, der erfolgreiche, aber auch nachtragende Trainer, schien unversöhnlich – obwohl ich nicht mehr als nur die Wahrheit gesagt hatte …

Dabei hatte alles eigentlich ganz harmlos begonnen. An einem schönen Septembertag stand das UEFA-Pokal-Spiel von Werder Bremen im norwegischen Mjöndalen an. Das versprach eine nette Dienstreise, eine schöne Live-Übertragung im 3. Programm und wenig Streß. Denn die Norddeutschen galten als klare Favoriten, und die Partie war eigentlich als Freundschaftsbegegnung abzubuchen. Wie erwartet, so geschehen: Rehhagels Truppe gewann locker-leicht mit 5:0, der Ausflug ins Land der Fjorde hatte vornehmlich touristische Qualitäten, und er diente überdies der Kontaktpflege. Journalisten und Mannschaften reisten gemeinsam im Charter-Jet, da kam man sich auch mal persönlich näher, und die durchaus vorhandenen Hemmschwellen wurden zumindest stückweise abgebaut.

Bei diesen Auslandseinsätzen zeigte auch der Trainer sein zweites Gesicht. Rehhagel, im Dunstkreis der Bundesliga stets auf der Suche nach Fallenstellern, wurde mit einem Schlag zur Frohnatur. Der Mann mutierte zum Entertainer, besonders bei der »Blauen Stunde«, dem Pressegespräch, das den Europapokalspielen vorgeschaltet war. Diese Veranstaltung geriet zum Kult – nicht etwa, weil sie hohen Nachrichtenfluß brachte. Im Gegenteil: Otto bewegte sich mit seinen Botschaften eher in einer informationsfreien Zone. Aber die »Blaue Stunde« hatte stattlichsten Unterhaltungswert – dafür war sie weithin berühmt. Otto als Entertainer! Selbst Namensvetter Waalkes hätte da nur eingeschränkt konkurrieren können.

Zu Beginn versorgte das Bundesliga-Urgestein den versammelten kleinen Kreis – meistens nur sechs oder sieben Journalisten – mit seinen Standards: »Fußball ist kein Computerspiel«, erfuhren wir da immer wieder gerne, oder – auf die

Länge seiner Dienstzeit in Bremen angesprochen: »Es geht, so lange es geht.« Dagegen verblaßten selbst die Weisheiten eines Sepp Herberger, denn der hatte schließlich nur erkannt, daß der Ball rund ist und ein Spiel 90 Minuten dauert. Nach einer gewissen Aufwärmphase kam Otto dann auf Touren. Vermeintlich inkompetenten Fußballfragen pflegte er nach Art des Hauses zu begegnen. Hart, aber herzlich. »Herr Wontorra!« Wenn er bei der Anrede das Ausrufezeichen schon mitsprach, wußte jeder, jetzt wurde abgekanzelt. »Herr Wontorra! Sie sind doch auch Trainer. Handballtrainer. Eine schöne Sportart. Warum bleiben Sie ihr nicht treu?« Gelungener Spruch, und Rehhagel hatte die Lacher dann auch stets auf seiner Seite.

In solchen Augenblicken war er in seinem Element, da kehrte er den Kumpel aus dem Ruhrpott raus – herzensgut und mit einem herben Charme ausgestattet. Ottos Stunde schlug, wenn jemand Defizite bei seiner Mannschaft ausgemacht hatte: »Jetzt erkläre ich Ihnen mal Fußball, meine Herren.« Dieser Satz signalisierte, daß er jetzt herabzusteigen gedachte aus dem Olymp. Und dann folgte eine Lehrstunde ohne jede Zwischenfrage. Der Meister dozierte, und mit seiner simplen, aber wirkungsvollen Rhetorik verstand er es, die Zuhörer in seinen Bann zu ziehen. Otto erklärte seine Fußballphilosophie: »Sehen Sie, wir wollen am liebsten jedes Spiel gewinnen. Das wollen die Gegner aber auch. Und schon haben wir einen Konflikt. Die Gegner lassen uns nämlich nicht machen, wie wir möchten. Die nehmen uns sogar noch den Ball weg. Wenn ich aber keinen Ball habe, kann ich auch kein Tor schießen. Und darum ist es nicht möglich, jedes Spiel zu gewinnen. So einfach ist Fußball, meine Herren.«

Wer konnte sich dieser einfachen Logik schon entziehen? So richtig wollte es sogar niemand. Rehhagels Soloauftritte vor Europapokalspielen des SV Werder waren einfach nur Kino ohne Geld, und den Butterkuchen zahlte auch noch der Verein …

Als wir aus Mjöndalen in die Heimat zurückkehrten, hatte Ottos »Blaue Stunde« auch gerade wieder ein gerüttelt Maß an Heiterkeit bei den mitgereisten Journalisten entfacht. Dazu der hohe Auswärtssieg, das Rückspiel war nur noch Formsache, die Werder-Welt präsentierte sich also in hellem Glanz. Ganze 14 Tage später aber folgte die Kehrtwendung um 180 Grad: Rückspiel im Weser-Stadion, die Amateure aus Norwegen gewinnen sensationell mit 1:0. Bremen ist zwar durch den hohen Erfolg im ersten Spiel in die nächste Runde eingezogen, hat sich aber bis auf die Knochen blamiert. Schon zur Halbzeitpause beim Stand von 0:0 schicken 12 000 Zuschauer ihr Team mit einem gellenden Pfeifkonzert in die Kabine. Nachdem die Niederlage perfekt ist, weitet es sich aus zum Orkan. Die Spieler schleichen sich wie geprügelte Hunde vom Platz. Sie haben mit Sicherheit nicht bewußt verloren, aber sie haben sich in Anbetracht des hohen Hinspielsieges zumindest zurückgehalten – geschont für den sicherlich härteren Bundesligaalltag.

Am nächsten Abend würdige ich den Minusauftritt des SV Werder mit einem kritischen Kommentar in der Regionalsendung »Buten un Binnen« – zu sehen nur in Bremen und der näheren Umgebung. Ein Kommentar also für einen sehr begrenzten Kreis von Fernsehkonsumenten, vielleicht 150 000 Menschen. Ich spreche von »Arbeitsverweigerung« der Spieler und von »Betrug am Zuschauer«. Damit löse ich eine Lawine aus. Zunächst erreicht den Sender hohe Zustimmung aus dem Publikum. »Sie haben uns aus der Seele gesprochen«, höre ich immer wieder am Telefon. Dann aber erreicht mich der Anruf von Willi Lemke: »Diesmal hast du überzogen«, sagt er. »Wir sind keine Betrüger, richte dich in aller Freundschaft darauf ein, daß die Sache nicht so schnell ausgestanden ist.« Womit der Manager von Werder Bremen heftigst untertrieben haben sollte.

Einen Tag später erhält der Intendant von Radio Bremen einen knallharten Beschwerdebrief, in dem der Vorstand des

Vereins auch gleich Konsequenzen androht:»Wenn Herr Wontorra sich nicht öffentlich entschuldigt, werden wir die Zusammenarbeit mit Ihrem Sender einstellen.« Kollektivstrafe drohte also, aus Sicht des SV Werder ein adäquates Mittel, um eine Korrektur meines Kommentars zu erzwingen. Aber Karl-Heinz Klostermeier, mein Intendant, wollte so schnell nicht klein beigeben.

»Wir laden Herrn Rehhagel gern ins Studio ein – zu einem Live-Interview mit Herrn Wontorra«, schlägt der oberste Dienstherr von Radio Bremen dem Vereinsvorstand vor. »Der Trainer bekommt eine faire Chance, die Kritik zu entkräften, und die Sache ist wieder im Lot.«

Die Herren des SV Werder fordern Bedenkzeit, um die Angelegenheit im Vorstandskreis zusammen mit Otto Rehhagel zu besprechen. Am folgenden Samstag hat der Club ohnehin ein Auswärtsspiel beim FC Homburg, die Berichterstattung liegt bei den Kollegen vom Saarländischen Rundfunk, also keine Eile geboten. Man trennt sich 1:1, der Bundesligaalltag hat den Club wieder erfaßt, und in der Redaktion rechnen wir damit, daß sich die Sache am Montag in Wohlgefallen auflösen wird.

Wir haben nicht mit Otto gerechnet. Otto bleibt unversöhnlich. »Keine Interviews mehr mit Radio Bremen«, läßt er über Manager Lemke meinem Intendanten ausrichten. »Nicht mit dem Trainer und auch nicht mit der Mannschaft. Es sei denn, Wontorra entschuldigt sich öffentlich in der nächsten Sendung für seinen Kommentar.«

Jetzt zeigt Intendant Klostermeier Rückgrat. Eine Entschuldigung kommt für ihn nicht in Frage, weil er die Freiheit des journalistischen Kommentars schützen will und zudem der Meinung ist, daß die Kritik an der Spielweise der Mannschaft den Kern getroffen hat. Starre Fronten also, keine Partei ist bereit, auch nur einen Deut von ihrer Position abzuweichen. In der Stadt weitet sich der Interviewboykott mittlerweile zum Politikum aus. Die Zeitungen haben von der Entscheidung des Präsidiums erfahren und in großer Aufmachung berichtet. Werder Bremen erhält von den Kollegen der schreibenden Zunft prompt einige Breitseiten – nicht, weil Journalisten in solchen Situationen eine Große Koalition zu bilden pflegen, sondern weil ihnen die Haltung des Vereins einfach kleinkariert vorkommt. Das Wort von der Provinzposse macht die Runde.

In der Woche vor dem nächsten Heimspiel verschärft der SV Werder die Sanktionen. »Sie wollen dir Stadionverbot erteilen.« Diese Botschaft dringt zu mir durch, weil ich als Handballtrainer des Vereins natürlich gewachsene Kontakte zu Clubinsidern habe, die mir hinter vorgehaltener Hand die neueste Nachrichtenlage aus dem Präsidium weiterreichen. So ganz beunruhigt bin ich nach dieser Ankündigung nicht. Denn das Stadion gehört der Stadt, und nur das Sportamt Bremen könnte so ein Stadionverbot aussprechen. Das Sportamt aber hat kein Interesse, in den öffentlichen Streit hineingezogen zu werden.

Die Spiele des SV Werder kann ich also weiter kommentieren, aber der Club unternimmt trotzdem alles, um mich auszugrenzen. Als nächstes wird in Erwägung gezogen, mir den Zutritt zu allen Räumlichkeiten des Vereins zu verbieten. Geht auch nicht, denn als Handballtrainer der Damenmannschaft würde ich dann nur noch bei Auswärtsspielen auf der Bank sitzen können, und mein Team peilt gerade den dritten Aufstieg in Folge an. Idee verworfen, es folgt weiteres intensives Nachdenken über Sanktionen, bis einer der Vorstandsherren den Notausgang für Helden findet: »Wir erteilen dem Wontorra VIP-Raum-Verbot.« So wird es dann beschlossen und verkündet, und ich muß mir meine Bratwurst im Stadion wieder selbst kaufen.

Am Samstag das erste Heimspiel nach dem Eklat. Ich treffe bewußt früh ein, um die Stimmung zu erspüren. Wie werden z.B. die Fans auf mich reagieren? Würden sie sauer sein, oder würden sie sich einen Teufel scheren um die Fehde zwischen

Radio Bremen und Werder Bremen? Als ich die Arena betrete, sehe ich, wie Transparente aufgehängt werden – es ist rund zwei Stunden vor dem Spiel, und noch kein normaler Zuschauer im weiten Rund. »Wontorra raus«, lese ich, als die Transparente ausgerollt sind. Seitdem kann ich sehr gut verstehen, wie sich Trainer oder Spieler fühlen, wenn sie während der Verrichtung ihrer Arbeit noch viel heftigere Parolen über sich lesen müssen.

Am Abend nach der Partie – man trifft sich mit jenen Menschen, die Zugang zur Entscheidungsebene des SV Werder haben und in aller Freundschaft auch mal eine Information weitergeben –, an jenem Abend also erfahre ich, daß die Transparente gegen mich von einem Vorstandsmitglied des SV Werder bewußt in Auftrag gegeben worden sein sollen. Ich will es nicht glauben und verdränge den Gedanken.

Zwei Wochen später, der Interviewboykott gegen die Mitarbeiter von Bremen hält an. Meine Kollegen, die vor Ort die tägliche Trainingsarbeit beobachten, holen sich von den Spielern einen Korb nach dem anderen ab. Die Profis sind gebrieft, sie dürfen nichts in unsere Kameras sagen, selbst wenn sie wollten. Loyalität zum Arbeitgeber ist oberstes Gebot. In diese Phase platzt die neueste Ausgabe der monatlich erscheinenden Vereinspostille »Werder-Magazin«. Präsident Franz Böhmert nimmt in seinem Vorwort noch einmal Stellung zu der schwachen Vorstellung der Mannschaft gegen IF Mjöndalen. Und da steht es schwarz auf weiß, der erste Meinungsbildner des Clubs schreibt doch tatsächlich: »Ich kann nach dieser Leistung gut verstehen, daß die Zuschauer sich betrogen fühlten.«

Ich wollte meinen Augen nicht trauen. Hatte ich nicht genau das gleiche in meinem Kommentar gesagt wie die ehrliche Haut Franz Böhmert? Wo also, bitteschön, lag dann das Problem? Der Werder-Boß lag mit mir auf einer Linie, da hatte sich doch der Streß von selbst erledigt. Dachte ich …

Voller Euphorie rief ich Willi Lemke an, die Versöhnungsgespräche konnten beginnen. Dem Manager waren nach dem Artikel seines Vorstandsvorsitzenden offensichtlich auch die Argumente ausgegangen, er wirkte zugänglich am Telefon. Wir verabredeten uns für den nächsten Tag, und ich bedeutete meiner Redaktion:»Die Lage entspannt sich zusehends.« Der Rückschlag folgte genau die verabredeten 24 Stunden später. Rückantwort von Werder Bremen: Da sei doch ein großer Unterschied zwischen den Worten des Präsidenten und meinem Kommentar. Franz Böhmert habe nur den Eindruck gehabt, der Stadionbesucher könne sich nach so einem schlechten Spiel der Mannschaft betrogen fühlen. Dies sei lediglich eine persönliche Einschätzung gewesen, die mit einem feststehenden Begriff innerhalb der deutschen Sprache plastisch dargestellt werden sollte. Ich dagegen habe von Betrug gesprochen, also von einem Straftatbestand. Und genau darum sei eine Annäherung in dem Konflikt nicht möglich, denn beim SV Werder Bremen würden keine Straftäter beschäftigt sein. Haarspaltereien in Ottoland, die Sache nahm groteske Formen an. Mein Chefredakteur hieß damals Ulrich Kienzle, ein Mann mit Profil – nicht erst seit er zusammen mit Bodo Hauser bundesweite Prominenz erlangte. Und dieser Ulrich Kienzle befand:»Das ist geistiger Dünnpfiff. Einfach ignorieren, zum Training fahren, und wenn ihr keine Interviews bekommt, zeigt einfach, was bei Werder los ist. Die Filmarbeiten beim Training können sie euch nicht verbieten.« Gesagt, getan. Doch der Club war inzwischen auch nicht untätig. Er hatte eine schwere Kette um das Tor zum Trainingsplatz legen lassen – Zutritt unmöglich. Dummerweise traf der Bannstrahl nicht nur uns, sondern auch das gute Dutzend Rentner, das sich Rehhagels Alltagsarbeit im Normalfall nicht entgehen lassen wollte. Nun standen also auch die alten Haudegen draußen und schimpften wie die Rohrspatzen über die urplötzliche Aussperrung. Natürlich ein gefundenes Fressen für Fernsehkameras, denn die Herren mit dem in Jahrzehnten durch permanentes Kiebitzen erworbenen Fachwissen legten los: »Ein Unding, so mit uns umzugehen. Schließlich sind wir doch diejenigen, die die Spieler mit unseren Eintrittsgeldern finanzieren.« Volkes Seele kochte, und je mehr es brodelte, desto polemischer wurde die direkte Rede.

Drinnen, auf dem Trainingsplatz, nahm Otto Rehhagel natürlich Notiz vom Aufstand der Rentner. Und unter den Protestierenden machte der Bremer Trainer dann auch noch einen »speziellen Freund« aus – den Mann, der schon direkt nach der Schlappe gegen Mjöndalen interviewt wurde und den Profis Arbeitsverweigerung vorgeworfen hatte. Auf Ottos Elefantengedächtnis war eben wieder mal Verlaß. Der Kritiker – auf Anhieb identifiziert – erhielt die Empfehlung, doch lieber nach Hause zu gehen und seiner Frau beim Blumengießen zu helfen.

Kaum gesagt, tat Rehhagel der Satz auch schon wieder leid. Aber der Originalton war gespeichert – von unserer Kamera, die hinter dem zugeketteten Tor stand. Was also tun? Otto zeigte Größe, besorgte sich die Adresse des so Zurechtgewiesenen und lieferte höchstpersönlich einen Blumenstrauß ab – verbunden mit einem längeren Gespräch von Fachmann zu Fachmann. Auch das ist Rehhagel: Im Laufe seines Trainerlebens wuchs er in eine andere Welt hinein, er pflegte Freundschaften zu Schöngeistern wie Hanns Joachim Friedrichs oder Jürgen Flimm, doch bis heute hat er nicht vergessen, wo seine Wurzeln waren. Die Nähe zur Basis ist ihm erhalten geblieben.

Sein kurzzeitiger Auftritt als Rentnerschreck indes brachte völlig unerwartet die erste Annäherung zwischen Werder Bremen und Radio Bremen. Zwei Stunden vor der Sendung meldete sich Willi Lemke und erklärte sich bereit zu einem Live-Interview. Thema: Der Umgang mit Fans auf dem Trainingsplatz. Ich hörte die Nachtigall trapsen, ließ mich aber auf den Handel ein. Zum ersten Mal seit dem Knatsch wieder ein Werder-Offizieller im Studio – das brach den Bann. Denn bei diesem einen Kontakt konnte es der Club nicht belassen, das würde selbst bei den eingefleischten Anhängern als Zick-Zack-Kurs ausgelegt werden. Der Manager erschien und erklärte nach dem Interview, daß er fortan das offizielle Sprachrohr des Vereins gegenüber dem Sender sei. Politik der kleinen Schritte, aber immerhin – die Fronten weichten auf.

Mittlerweile waren zwei Monate ins Land gegangen, und immer nur Lemke vor der Kamera – das machte die Sache auch nicht viel spannender: Nur: Mit Otto war weiterhin nicht zu reden, und ein Großteil der Spieler verfolgte den Kurs des Trainers. Dann gab es aber auch die mündigen Profis: Dieter Burdenski, Benno Möhlmann oder Wolfgang Sidka. Allesamt ausgeschlafene Jungs, zu denen die private Beziehung nie gelitten hatte. »Budde« traute sich als Erster. Wenn die Kamera nicht lief, versorgte er mich schon mal mit Informationen, die ein Journalist nun mal braucht. Keine Insider-Geschichten, sondern Tips über Taktik, strategische Überlegungen des Trainers oder den aktuellen Formstand der Kollegen. So war ich zumindest bei den Spielberichten, die ich abzuliefern hatte, immer auf Ballhöhe.

Im Dezember 1987 – nach drei Monaten Kollektivboykott – befahl der Club dann Marscherleichterung. Meine Kollegen in der Redaktion erhielten die ersten Interviews von Spielern. Mir allerdings mußten sie sich weiter verweigern – Anweisung von oben. Ich wollte es mir nicht eingestehen, doch erst damit traf mich der SV Werder so richtig ins Herz. Schön für Radio Bremen, schön für die Zuschauer, daß die prominentesten Söhne der Stadt wieder in ihrem Haussender auftauchten. Doch für mich geriet die Angelegenheit zur persönlichen Niederlage. Ich dachte darüber nach, Bremen zu verlassen – bis ein sehr guter Freund mich überzeugt hatte, nicht zu kapitulieren: »Dann hätten sie erreicht, was sie erreichen wollen.« Allerdings: Sonderlich gut geht es mir nicht in dieser sehr unruhigen Zeit. Kurz vor Weihnachten die ersten Schmerzen in der Magengegend, verbunden mit einer typischen Reaktion: Man tut es ab, man setzt sich mit den Warnsignalen sogar bewußt nicht auseinander. Anfang Januar wird der Druck so unerträglich, daß mir gar keine andere Wahl bleibt. Ab ins Krankenhaus. Der behandelnde Arzt stellt gleich drei Magengeschwüre auf einen Schlag fest, aber »wir kriegen das schon wieder hin, Herr Wontorra«. Vollnarkose, Schlauch in den Hals, Magenspiegelung.

Und nun liege ich also in meinem kalkweißen, sterilen Einbettzimmer, erzähle dem Professor die ganze unendliche Geschichte. »Sehen Sie«, sagt er, »jetzt wissen wir auch, warum Sie hier sind. Magengeschwüre kommen nicht von ungefähr. Der Knatsch mit Werder Bremen muß Ihnen extrem zugesetzt haben. Sie sollten versuchen, die Sache aus der Welt zu bringen.«

»Der hat gut reden«, dachte ich mir. Ein Happy-End war nicht in Sicht, außerdem: klein beigeben, das wollte ich bei der Lage der Dinge auch nicht.

»Wissen Sie übrigens, wer im Zimmer nebenan liegt?« fragte der Chefarzt plötzlich. Ich wurde neugierig. »Klaus-Dieter Fischer, der Vizepräsident von Werder Bremen, ist mit einem Magendurchbruch bei uns eingeliefert worden. Das war noch wesentlich enger als bei Ihnen.«

Der Vize. Mein unerbittlichster Gegner, der Hardliner in Sachen Boykott. Während der Rest des Vorstandes schon mal überlegt hatte einzulenken, war Fischer Seite an Seite mit Otto Rehhagel marschiert. Bloß auf Distanz bleiben, aushungern!

Der Professor übernahm die Initiative: »Auch an Herrn Fischer ist die Sache nicht so spurlos vorübergegangen. Aber er wollte es sich natürlich nicht eingestehen – genau wie Sie. Soll ich denn mal, wenn es Ihnen beiden ein bißchen bessergeht, einen Kontakt herstellen?«

Der Kontakt kam zustande. Zwei Tage später, die Besuchszeit war vorüber, klopfte es an der Tür: KDF, der heimliche Regent im Verein, erkundigt sich nach meinem Befinden. Eine gewisse Befangenheit machte sich breit am Anfang. Zwei Männer, die sich monatelang bekriegt hatten, saßen sich plötzlich in Bademänteln gegenüber – eine durchaus private Situation, die man selbst in Friedenszeiten vermieden hätte. Gott sei dank eint uns die gemeinsame Vorliebe für das Spiel der Spiele, die Vorliebe für Skat. So hatten wir also schnell unser erstes unverdächtiges Gesprächsthema und machten uns gedanklich auf die Suche nach dem dritten Mann. Vorschlag Fischer:»Willi Lemke, der kann dann ja auch gleich vermitteln.« Ein etwas unkonventioneller Weg, um auf den Punkt zu kommen, aber mit diesem Stichwort war die ultimative Aussprache eingeleitet. Zwei Stunden lang tauschten wir uns aus – sachlich, aber nicht ohne Emotionen. Wenn die Gefühle zu große Kapriolen schlugen, reichte allerdings der gegenseitige Hinweis auf die noch nicht wiederhergestellten Mägen, um auf den Boden der Tatsachen zurückzukehren. Es war schon verrückt: Da mußten also zwei erwachsene Menschen erst in eine Grenzsituation kommen, bis sie bereit waren, die weiße Flagge zu hissen.

Der Rest vollzog sich erneut schrittweise. Pünktlich zum Sechstagerennen wurde ich entlassen, aus gesundheitlichen Gründen überzogen mit einem strengen Alkoholverbot, und während dieser Mammutveranstaltung führte ich dann wie zufällig mein erstes Interview seit vier Monaten mit einem Spieler von Werder Bremen. Die Profis saßen wie immer in ihrer für den Verein bereitgestellten Loge, und ich ging einfach mit der Kamera auf sie zu. Nach der Magengeschädigten-Konferenz in Zimmer 131 war irgendwie klar, daß sich niemand mehr verweigern würde.

Nur der Trainer, der mochte noch nicht lassen von seiner Haltung. Otto Rehhagel sagte weitere zwei Monate lang alle Einladungen ins Studio ab. Dabei war unsere getrübte Beziehung schon zur politischen Chefsache geworden. Der Bürgermeister griff ein. Das ist wahrscheinlich auch nur in Bremen möglich, in einer Stadt, in der so vieles auf dem kleinen Dienstweg geregelt wird und in der der höchste Würdenträger sich schon aus Herzensgründen um die Geschichte des heimischen Fußballvereins sorgt. Klaus Wedemeier also versuchte zu vermitteln. Nicht, daß er direkt scheiterte. Otto Rehhagel hörte interessiert zu, und sein Panzer soll ein wenig weicher geworden sein. Doch umstimmen konnte den König von der Weser noch keiner.

Ein weiteres Vermittlungsgespräch nahm dann Radio-Bremen-Intendant Klostermeier auf. Zwischen den beiden Familien ist bis heute eine herzliche Freundschaft geblieben, man trifft sich öfter privat. Doch umstimmen konnte den König von der Weser immer noch keiner.

Bis Willi Lemke mir einen guten Rat gab:»Schreib dem Otto doch einfach mal«, sagte er.»Was drin steht, ist deine Sache, aber vielleicht kommt eine Reaktion.«

Es wurde ein handgeschriebener Brief. Ich versuchte, die Befindlichkeiten von Journalisten zu erklären, und ich versuchte mich in die Lage von Fußballtrainern in Extremsituationen zu versetzen. Ein sehr persönlicher Brief, der einfach um mehr gegenseitiges Verständnis warb.

Drei Tage später meldete sich der Bremer Manager am Telefon.»Herr Rehhagel nimmt die nächste Einladung ins Studio gern an.« Die Pressestelle des Hauses machte die Sache publik, und die Veröffentlichung hatte Folgen: Das erste Interview mit Rehhagel nach einer fast halbjährigen Sendepause verfolgten 46 Prozent aller Fernsehzuschauer in Bremen – ein Rekord für den kleinsten Sender der Republik, der bis heute Bestand hat.

Geblieben aber ist auch unsere fast undefinierbare Beziehung. Irgendwann, wenn wir beide mal als Rentner auf der Parkbank sitzen, werden wir sie ausführlich analysieren. Natürlich in Bremen, denn dort hat Otto sich schon einen Alterswohnsitz besorgt.

5

Ein »harter Hund«
offenbart Skrupel
Mit Udo Lattek vor roten Ampeln

○ ○ ○ ○ ○ ○ ○ Sommer 1988, Bremer Flughafen, unserem Restaurant mit Landebahn. Hier warte ich auf einen der ganz Großen des deutschen Fußballs: Udo Lattek. 14 Titel hat der Mann bisher gewonnen, mal Meister, mal Pokalsieger, dazu UEFA-Cup-Sieger mit Borussia Mönchengladbach. Als Reporter bei Radio Bremen habe ich ihn eingeladen, damit er ein bißchen das tut, was er in seiner Laufbahn immer wieder meisterhaft verstanden hat: Zwietracht säen, ein bißchen herumgiften.

Der Anlaß ist für uns als Bremer überaus erfreulich: Werder Bremen ist gerade Deutscher Fußballmeister der Saison 1987/88 geworden. Wir von Radio Bremen sollen für alle dritten Programme der ARD eine Übertragung der Meisterfeier machen: Corso durch die Stadt, Jubelarien auf dem Rathausbalkon, Eintragung ins Goldene Buch der Stadt, das ganze Drum und Dran – Friede, Freude, Eierkuchen an der Weser.

Aber so was war mir journalistisch immer schon ein bißchen zu fade. Ich möchte da Pfiff reinbringen, und dafür ist Udo Lattek gerade richtig. Er hat diese denkwürdige Saison ja in zweierlei Funktion erlebt. Zum einen ist er bis zum Februar technischer Direktor beim 1. FC Köln gewesen. Und die Kölner waren die härtesten Konkurrenten der Bremer im Kampf um den Titel – Rhein gegen Weser, bis ganz zum Schluß. Ein Vertreter des ärgsten Rivalen, des letztlich geschlagenen Gegners als Co-Kommentator bei der Meisterfeier – das hat schon was. Ich erwarte mir ein paar klare, wertende Worte von Udo Lattek. Denn der hat ja in dieser Saison noch seine zweite Funktion brillant erfüllt: die des Intimfeinds von Otto Rehhagel. Und der wird gleich dem Volk die Meisterschale zeigen. Aber da kommt Udo Lattek.»Schön, daß Sie mich abholen«, sagt er. Da merke ich schon: Zwei Longdrinks Minimum wird er im Flugzeug gehabt haben. Braucht er einen gewissen Pegel? Wir gehen zu meinem Auto.

Wie ist Lattek eigentlich in diese Doppelrolle als technischer Direktor und Rehhagel-Rivale hineingeraten? Wir stehen an der ersten Ampel, können uns schon ein bißchen auf die Übertragung vorbereiten. Wird er auf Rehhagel zugehen, ihm gratulieren? Woher rührt überhaupt seine tiefe Abneigung? Die Ampel springt auf Gelb, und Lattek sagt:»Ja, das ist eine ganz alte Sache zwischen uns. Da war ich noch Trainer bei Bayern München und Rehhagel bei den Offenbacher Kickers.« Ach so, denke ich: der Meistertrainer und der junge Wilde am Beginn seiner Laufbahn, der es dem Großen mal zeigen will. Und so war's wohl auch. Die Offenbacher, erzählt Lattek, schossen damals ein Tor gegen die großen Bayern. Da sprang Rehhagel herum wie ein Derwisch und sagte dem Konkurrenten an der Außenlinie:»Siehst du, du Idiot, jetzt weißt du endlich, wie Fußball gespielt wird!« Du Idiot – und das in so einer Situation. Es gibt nichts Schlimmeres in einem Trainerleben, als nach einem Gegentor, mit dem man ja sowieso schon gestraft genug ist, auch noch gedemütigt zu werden. Heute würde der Otto das genauso kritisch sehen. Aber damals, in seinen wilden Offenbacher Jahren, war er so verbissen. Nun ist das Ganze immerhin schon mehr als zehn Jahre her. Aber immer noch nicht vergessen, Herr Lattek? Nein, sagt er. Ein

sturer Ostpreuße eben, nachtragend, mit einem Elefantengedächtnis. Und Rehhagel ist ein ebenso sturer Westfale. Da
bleibt wenig Raum für eine harmonische Beziehung.
Lattek hat Otto Rehhagel den »Idioten« ja schon das ein oder
andere Mal heimgezahlt. Ich erinnere mich, wie Lattek zu Uli
Hoeneß gesagt hat: »Wenn du im Leben mal Zweiter werden
willst, lieber Uli, dann verpflichte den Otto.« Das war typisch
für den Udo Lattek, den ich bis dahin kannte: Konkurrenten
auch mal ganz bewußt richtig weh zu tun, Wunden zu schlagen, die nur schwer vernarben. Na, mir soll's recht sein, denke
ich. Das könnte die nötige Brisanz in die Sendung bringen.
Bis zum Parkhotel sind's nur noch zehn Minuten. Also schnell
die andere Frage: »Wie war das überhaupt mit Köln? Als technischer Direktor sind Sie da ja schon im Februar ausgestiegen.
Und jetzt schreiben Sie nur noch Kolumnen für Sport-BILD.
Wie halten Sie das überhaupt durch, aus der Praxis ganz raus
und nur noch Journalist, Beobachter zu sein? Irgendwann
greifen Sie doch bestimmt nach irgendeinem Strohhalm und
nehmen wieder ein Angebot an.«
Wir stehen schon wieder: »Rush-hour in Bremen, es geht einfach nicht voran. Zeit also, daß der Fußballweise Udo Lattek
mir Jungspund – ich bin ja 13 Jahre jünger als er – mal seine
Philosophie erklärt und wie es in der Branche so zugeht. »Was
wissen Sie schon vom Streß auf der Trainerbank?« fragt er
streng. Das fängt ja gut an, denke ich, jetzt sind wir in der Ab-
teilung: Junger Mann, hören Sie mir mal gut zu.
Aber dann wird Lattek ganz nachdenklich und sagt eher wie
zu sich selbst: »Es ist gar nicht so einfach, Samstag für Samstag jungen, ehrgeizigen Spielern sagen zu müssen: Heute
spielst du nicht, heute sitzt du auf der Bank. Früher hatte ich
damit überhaupt kein Problem. Da bin ich hin zu den Spielern, egal ob Talent oder alter Hase, und hab' gesagt: Pech für
dich, heute ist dein Platz auf der Bank. Jetzt, wo ich älter
werde, ein bißchen mehr Weisheit habe, tun die mir richtig
leid. Überlegen Sie mal: Über's Jahr nehme ich so einem Jun-

gen locker 100 000 Mark weg, indem ich ihn nicht spielen lasse. Und da habe ich zuletzt tatsächlich die eine oder andere schlaflose Nacht verbracht mit dem quälenden Gedanken: Wen lass' ich spielen? Als Trainer darfst du aber so nicht sein. Als Trainer mußt du ein harter Hund sein.«

Genau das war er doch all die Jahre, schießt es mir durch den Kopf, während ich den ersten Gang einlege und wir ein kleines Stück vorrücken. Harter Hund ist fast noch zu wenig. Giftzwerg wurde Udo Lattek in der ganzen Branche genannt. Und er hat wirklich eine Menge getan, um diesem Ruf gerecht zu werden. Am Beginn seiner ersten Amtszeit bei Bayern München, zu Anfang der 70er Jahre, war er vielleicht noch ein netter, aufrechter junger Trainer. Aber dann hat er seine Unschuld gründlich verloren. Lattek selbst formuliert es im Auto so: »Ich habe meine Seele verkauft an die knallharte Ellbogengesellschaft Bundesliga, bin da mit Haut und Haaren eingestiegen.« Erst hat er sich ein bißchen umgeschaut – und dann sofort angefangen, alle um ihn herum wegzudrängen, wegzubeißen. Motto: Arbeiten, arbeiten, arbeiten. Und: Friß oder stirb.

Training à la Lattek war immer eher einfallslos, stupide, langweilig. Seine Stärke liegt anderswo: Er kann motivieren. Darin ist er wirklich ein Weltmeister. Genau wie bei der psychologischen Beeinflussung der Spieler, im guten wie im schlechten. Er konnte einen hochloben und wenig später vernichten. Keiner wechselte so geschickt zwischen Zuckerbrot und Peitsche wie Udo Lattek. Nach einem Sieg hat er mal gesagt:»Auslaufen – das machen wir heute nicht. Nicht auslaufen, Meine Herren, aussaufen!« Und ab ging's in einen Münchner Biergarten. So etwas vergißt ein Spieler natürlich nicht. Aber im nächsten Moment konnte sein Umgang mit Spielern hart, ja geradezu brutal sein. Das hat Lattek nie Probleme bereitet. Mitunter hat er auch großen Spielern nicht mal gesagt, daß sie nicht aufgestellt sind. Hat einfach bei der letzten Besprechung vor einer Partie einen Zettel an die Tafel gehängt. Da stand's drauf – und das war's dann.

Klar, ein Trainer muß auch autoritär sein. Manch einer glaubt, Autorität sei gleichzusetzen mit Souveränität. Aber ich denke, da muß schon noch etwas dazukommen, um aus einem harten Trainer einen guten Trainer zu machen. Bei Lattek bin ich mir nie sicher, ob er dieses gewisse Etwas neben seiner Power und den notwendigen Ellbogen wirklich hatte. Seine Philosophie jedenfalls war ganz einfach:»Hier bestimme ich. Nur so können wir Erfolg haben. Ich bin der große Diktator – und muß es auch sein.« Bloß keine Sentimentalitäten! Seine zahllosen Erfolge haben ihm schließlich recht gegeben. Ausgerechnet dieser Mann, dieser Prototyp eines Schleifers, soll wegen irgendwelcher ganz alltäglicher Trainerentscheidungen nicht mehr schlafen können? Ungläubig schaue ich kurz nach rechts, ob das wirklich noch Udo Lattek ist, der da neben mir sitzt.

Wenn ich nur daran denke, wie wenig er sich zum Beispiel um bestehende Verträge gekümmert hat. Auch da war er skrupellos in all den Jahren. Zum Beispiel, als er das erste Mal bei den Bayern aufhörte. Er wollte zu Rot-Weiß Essen, die damals auch in der Bundesliga spielten. Den Vertrag hatte er bereits unterschrieben, als ein Angebot von Borussia Mönchengladbach kam. Da ist er von einen auf den anderen Tag in Essen ausgestiegen und nach Gladbach gegangen. Er hatte einfach ein Gespür dafür, welches das bessere Angebot war. Für sich selbst das Beste herauszuholen und dabei notfalls ein paar Leute vor den Kopf stoßen – darin machte ihm damals keiner was vor.

Später hat er es ja noch einmal ganz ähnlich gemacht: als Trainer in Dortmund. Da ist er mitten in der Saison aus dem Vertrag ausgestiegen und nach Barcelona gegangen, weil er dort doppelt soviel verdienen konnte. Wieder setzte er sich über bestehende Verträge hinweg, weil es woanders lukrativer war.

Als er die Dortmunder noch trainierte, erkrankte sein Sohn Dirk an Leukämie. Die Vereinsführung versicherte Lattek ihrer vollen Unterstützung. Ich weiß noch, daß der Präsident Reinhard Rauball damals sagte: »Lieber Herr Lattek, in so einer Situation gehören Sie ans Krankenbett Ihres Sohnes. Egal, ob wir am Wochenende verlieren oder gewinnen – ich werde hinter Ihnen stehen.«

Latteks Sohn ist noch im Verlauf der Saison gestorben, eine ganz tragische Geschichte. Der Vater hat weiter die Dortmunder trainiert, wohl auch, um sich abzulenken. Hat sich öffentlich für die Solidarität bedankt und gesagt, er sei diesem Verein und diesem Präsidenten, der so eine tolle Haltung bewiesen habe, etwas schuldig: »Ich bin jetzt allein schon moralisch verpflichtet, meinen Vertrag hier einzuhalten.« Und ein paar Wochen später steigt er dann doch einfach aus!

Da haben die Dortmunder natürlich ganz schön dumm aus der Wäsche geguckt. Erst tun sie alles für ihren Trainer – und dann so was! Der damalige Präsident Reinhard Rauball hat sich dazu in der Öffentlichkeit nicht geäußert. Er ist eben ein Ehrenmann. Aber die Spieler waren richtig fertig. Rolf Rüßmann zum Beispiel hat damals ganz offen verkündet, wie sehr ihn Lattek enttäuscht habe. Wieder war Lattek seinem Ruf gerecht geworden als harter Hund, der oft nur an sich dachte.

»Das war eine der ganz großen Fehlentscheidungen meines Lebens, daß ich damals in Dortmund abgehauen bin«, sagt plötzlich der Udo Lattek neben mir. Wir quälen uns immer noch voran, haben nach fast einer halben Stunde kaum ein Viertel der kurzen Strecke geschafft. Hat Lattek meine Gedanken erraten? »Als es mir wegen Dirk so dreckig ging, haben die in Dortmund wirklich hinter mir gestanden! Da hätte ich nicht aussteigen dürfen.« Ich bin total überrascht: Offensichtlich ist aus dem Zyniker ein nachdenklicher Zweifler geworden. Ist Lattek deshalb aus dem Trainerjob ausgestiegen? »Wissen Sie was«, antwortet er, »ich bin prinzipiell bereit, 24 Stunden am Tag zu arbeiten. Aber als Trainer mußt du immer entweder Seelen treten oder Seelen streicheln. Und das kannst du nur, solange deine Seele selbst nicht getreten wird. Wenn es dahin kommt, muß irgendwann auch das Privatleben mal wieder im Vordergrund stehen. Früher, wenn ich nach einer Niederlage nach Hause gekommen bin, hab' ich meine Kinder nicht gesehen. Wissen Sie warum? Die hatten Angst vor mir. So unausgeglichen, so aufgeladen war ich, daß sie vor mir davongelaufen sind.«

Drei Kinder hat Lattek: zwei Töchter, einen Sohn. Die älteste Tochter wohnt schon nicht mehr bei den Eltern; Dirk war 15 Jahre, als er starb. Im Jahr nach seinem Tod wurde Nadja geboren. Die muß jetzt, denke ich, während wir wieder an einer Ampel halten, fünf oder sechs Jahre alt sein. Ist das nicht ein Wahnsinn? Ein mißlungenes, ganz gewöhnliches Fußballspiel – und die ganze Familie leidet darunter. Bislang dachte ich immer: Klar, Niederlagen machen einem zu schaffen. Ich habe selbst genug Sport getrieben, Handball gespielt; da weiß ich, wie tief so etwas gehen kann. Aber eigentlich ist doch nach dem Duschen und einem gepflegten Bier alles vorbei. Und jetzt höre ich von Udo Lattek, wie groß der Druck doch ist, wenn man jeden Samstag von halb vier bis viertel nach fünf an einem Millionenrad dreht.

»Also, paß mal auf«, sagt Udo Lattek plötzlich, »wir duzen uns jetzt einfach.« Eine gute halbe Stunde sind wir schon unterwegs, und unser Gespräch ist so verlaufen, wie ich das nie und nimmer erwartet hätte. Von wegen Giftzwerg. Statt dessen viel Nachdenkliches, ganz Persönliches. Und das erzählt sich eben leichter, wenn man sich duzt. »Sag mal, Udo«, probiere ich die neue Anrede, »hältst du mit deinen Gefühlen nie hinterm Berg? Wenn du ein Spiel gewonnen hast, schon nach einem Tor hast du ja richtig die Freudentränen in den Augen. Man glaubt immer, gleich an deinem Gesicht zu sehen, was innen drin los ist.«

»Das sind keine Freudentränen«, sagt Lattek darauf. »Es sind Tränen der Trauer. Mitten im Spiel überfällt es mich. Denn nach Dirks Tod denke ich jedesmal bei einem Spiel: Was ist eigentlich dieser Sieg wert? Gar nichts! Ist es nicht unbegreiflich, daß ein Kind mit 15 Jahren schon sterben muß? In einem Alter, wo es noch gar nichts falsch gemacht haben kann, wird es einem schon genommen. Dieser unglaubliche Verlust, den kann ich nur zeitweilig verdrängen. Der taucht immer wieder auf, die Gedanken daran kreisen seit Jahren in meinem Kopf herum.«

Sein Leben, sein Glaube sei dadurch aus den Fugen geraten. »Weißt du, ich bin gut katholisch erzogen. Ich habe an Gott geglaubt. Aber seit Dirks Tod kann ich das nicht mehr.« Vielleicht spürt Lattek ja so etwas wie eine regional bedingte Seelenverwandtschaft, daß er mit mir im Auto über so persönliche Dinge redet. Ich komme wie er aus Ostpreußen, und obwohl ich schon im Westen geboren bin, haben meine Eltern immer daran gearbeitet, daß ich etwas vom ostpreußischen Familiengeist mitbekomme. Ich bin wie Lattek gut, aber streng katholisch erzogen worden. Daran muß ich jetzt denken, als er von seinem Gott spricht: Wie ich Meßdiener war, wie ich jeden Sonntag in die Kirche gegangen bin, und wie ich mich dann kritisch auseinandergesetzt habe mit meinem lieben Gott. Und mit meiner Kirche.

Hat der Udo nicht recht? Ist es mit der Kirche, dem Glauben nicht ein Kreuz? Ich erinnere mich an meinen Austritt vor ein paar Jahren. Zu viele Dinge haben mir einfach nicht mehr gepaßt in der Kirche. Lieber wäre ich dringeblieben und hätte etwas verändert. Aber das ist wohl unmöglich, weil in der katholischen Kirche einfach zu viele konservative Kräfte am Werk sind. Ich kann verstehen, daß Lattek da keinen Trost im Glauben mehr finden kann. »Ich hab oft mit meiner Frau Hildegard darüber gesprochen«, sagt Lattek, »über das Leben nach dem Tod. Sie glaubt fest daran. Sie hat immer versucht mich zu trösten: Es geht für den Dirk irgendwie weiter, auch wenn er uns so früh genommen wurde. Da ist etwas hinter'm Horizont. Dieses Nachdenken über ein ewiges Leben ist schön und gut; früher hab' ich ja auch daran geglaubt. Aber jetzt,

Udo Lattek, 1981 als Fußballtrainer beim FC Barcelona, mit dem damaligen Jungstar
Bernd Schuster (Foto: Ullstein – Lorenz Baader)

nachdem mir das mit Dirk passiert ist, zweifle ich daran. Ich hab' einfach meinen Gott nicht mehr.«

Wir stehen schon wieder. Ringsum erste Anzeichen von Werder-Seligkeit: Fans mit Fahnen, Schals, Mützen in Grünweiß bevölkern die Bürgersteige. Mitten in all dieser Euphorie sitzen wir nebeneinander und fragen uns nach dem Sinn des Lebens. Und ich frage mich natürlich darüber hinaus: Warum ist Udo Lattek aus der Tretmühle des Trainerjobs nicht sofort ausgestiegen, wenn ihm das doch alles fragwürdig geworden war? Warum hat er auf die alte Art weitergemacht, die Leute in Dortmund vor den Kopf gestoßen und das sicher noch anstrengendere Amt in Barcelona angetreten? Wahrscheinlich war das zunächst seine einzige Chance, sich vom Tod des Sohnes abzulenken, die einzige Möglichkeit, die er damals sah, um darüber hinwegzukommen. Er hat sich wohl gedacht:»Erfolg hilft über vieles hinweg.«

Und dann ist wohl einige Zeit vergangen, bis er mit sich im reinen war und erkannt hat: Im Vergleich mit so einem tragischen Ereignis bedeuten Siege und Ruhm gar nichts. Dazu kam die bittere Erkenntnis, daß er sich in der Zeit seiner Erfolge um seinen Sohn zu wenig gekümmert hat. Jeden Tag Training, neue Spieler beobachten und verpflichten, Pressekonferenzen – da ist Dirk immer zu kurz gekommen.

Das zu verarbeiten ist das eine; das andere, es vielleicht noch einmal wiedergutmachen zu können. Deshalb ist Lattek ein Jahr nach Dirks Tod auch noch mal Vater geworden. Sein drittes Kind Nadja wurde ganz bewußt in die Welt gesetzt. Für sie will er mehr Zeit haben, vieles besser machen, was er bei seinem Sohn glaubt versäumt zu haben. Aber es dauert doch eine ganze Weile, bis er die volle Konsequenz aus diesen Vorsätzen zieht, denn die heißt ja: aussteigen aus dem Job, zurücktreten aus der vordersten Front.

Lattek hat das etappenweise gemacht. Zunächst der Wechsel vom Trainer zum technischen Direktor. Beim 1. FC Köln. Das war ja schon ein erster Schritt raus aus dem größten Streß. Er blieb dem Fußball verbunden, die täglichen Aufregungen aber konnte er einem anderen überlassen: dem Trainer unter ihm, Christoph Daum. Diese Konstellation fand Lattek so ideal, daß er gleich einen langjährigen Vertrag unterschrieb. Ein Schreibtischjob, bei dem er vor allem Däumchen gedreht hat. Das war denn doch nicht so recht sein Ding. Aber dann hat er auch noch Prügel bezogen. Die Zeitungen haben ihm haarklein vorgehalten, daß er zwar früher mal ein großer Trainer war, aber jetzt alles falsch mache. Oder, genauso schlimm, gar nichts tue.

»Das hat mich natürlich sehr getroffen«, bekennt Udo Lattek. »Da ziehe ich mich schon ein Stück zurück, und es hilft überhaupt nichts. Aber das eine habe ich wirklich gelernt: Es ist verantwortungslos, weiterzumachen, wenn die Familie dabei in Mitleidenschaft gezogen wird. Und jetzt will ich dir mal was sagen: Du kriegst doch jetzt auch ein Kind, stand ja groß in der Zeitung. Stell dir mal vor, die ist so alt wie meine Nadja jetzt, kommt in die Schule, lernt lesen. Und dann steht in der Zeitung, was ihr Papa für'n Arschloch ist. Das möcht' ich meinem Kind ersparen. Genau deshalb will ich im Verein keinen Job mehr haben, egal welchen. Denn du kannst machen, was du willst: Sobald dein Verein nur 14. ist – bei Bayern reicht schon Platz sechs – und du in so einem Verein was zu sagen hast, bist du dran. Da schreibt immer irgend jemand, daß du Fehler gemacht hast ohne Ende und schuld bist. Genau deshalb bin ich jetzt nur noch Kolumnist bei der Sport-BILD: Da steht in keiner Zeit, was für 'ne beschissene Kolumne ich mal wieder geschrieben habe. Und genau das will ich: Daß meine Tochter meinen Namen nie mehr im Zusammenhang mit dem Wort Arschloch lesen muß.«

Aber vielleicht ist er sich seiner Sache auch gar nicht so sicher – und zieht mich genau deshalb ins Vertrauen. Wenn er mir, den er so gut wie gar nicht kennt, seine Motive offenlegt, setzt er sich selbst unter Druck, bei seinen Entscheidungen zu bleiben. Dann muß er zum Ausstieg aus dem Job stehen. Es ist ja beileibe nicht üblich, daß sich ein Großer der Fußballbranche gegenüber einem Journalisten so öffnet. Normal hat man ein rein professionelles Interesse aneinander, kein privates. Also diese Autofahrt, die glücklicherweise nicht zu Ende gehen will, hat schon was Außergewöhnliches.

»Ich hab' da in Holland so'n kleines Häuschen«, nimmt Udo Lattek den Faden wieder auf, »das gehört mir zusammen mit meinem Freund Erich Ribbeck. Da kann ich von Köln-Lövenich, wo ich wohne, immer mal wieder hinfahren. Und auch in Barcelona hab' ich noch ein Ferienhaus. Wenn ich jetzt nicht mehr als Trainer arbeite, hab' ich also genug Orte, wo ich mich fallenlassen kann. Mein Ententeich in Holland. Mein Ententeich in Barcelona. Das sind meine Oasen. Ich war viele Jahre einem so großen Druck ausgesetzt, da muß ich einfach mal meine Ruhe finden. Ich muß aussteigen, sonst gehe ich vor die Hunde. Finanziell brauch' ich den Job sowieso nicht mehr, ich muß nicht mehr arbeiten, damit bin ich durch. Mein neuer Lebensinhalt ist Nadja. Und ich hab' keine Lust mehr, den Clown zu spielen.«

Da fällt mir ein: Hängt nicht in seinem Haus in Köln ein Ölgemälde mit einem Clown drauf? Da wir immer noch nicht schneller vorankommen, frage ich Lattek danach. »Ja, das schau' ich mir jeden Morgen an, und da seh' ich mich dann jeden Morgen selbst. Der Clown Lattek und der Trainer Lattek – die sind beide eng miteinander verwandt. Nach außen spielt er immer den Kasper, und nach innen ist er traurig. Beim Spiel, da setz' ich meine Maske auf. Wenn die Fotografen kommen und die Bank belagern, zwinge ich mich zu lächeln.«

Und das, denke ich plötzlich instinktiv, geht natürlich leichter, wenn man sich betäubt. Mit Alkohol zum Beispiel. Das weiß jeder von Udo Lattek. Als er noch technischer Direktor beim 1. FC Köln war, haben die lokalen Boulevardzeitungen gnadenlos darüber geschrieben. Ich frage ihn also, nachdem wir persönlich so weit und mit dem Auto kaum vorangekommen sind, ganz offen:»Fällt das Tragen dieser Maske mit ein bißchen Alkohol leichter?« Er ist überhaupt nicht sauer, sondern antwortet ebenso offen:»Ich trinke, weil mich die Unsicherheit plagt. Wenn man 'n Glas getrunken hat, wird man einfach lockerer, freier. Zum Beispiel eben im Flugzeug: Da hab' ich zwei Bacardi-Cola getrunken.«

Also ich trinke ja auch ganz gerne nach der Sendung mal einen. Wenn ich zwei Stunden live im Studio hinter mir habe, können es auch mal vier Glas Wein werden, und ich lasse mich dann im Taxi nach Hause fahren. Da ist doch nix dabei, im Gegenteil. Es ist Ausdruck einer gewissen Befreiung nach der großen Anspannung.»Wenn ich was getrunken habe«, sagt Lattek,»ist bei mir einfach die Reizschwelle höher. Ich bin nicht mehr so angreifbar, rege mich nicht mehr so auf. Außerdem kann ich mein Trinken kontrollieren.«

Das hat er immer wieder, auch öffentlich, behauptet. Ich glaube ihm. Er ist bestimmt kein Alkoholiker. Eindeutig nicht. Klar, er hat das ein oder andere Bier getrunken zur Streßbewältigung. Aber das haben eine Menge anderer Trainer auch, Ernst Happel zum Beispiel. Ihrer Autorität und ihren Fähigkeiten als Trainer hat das keinen Abbruch getan. Die Spieler merken natürlich, wenn die Zunge des Chefs mal etwas schwer ist. So war das auch bei Udo Lattek. Aber er fiel nie aus der Rolle wie Branco Zebec etwa, der schon mal betrunken auf der Bank lag oder sogar daneben. So was ist Lattek nie passiert.

Ich frage ihn, ob er weiß, daß man ihn den»Harald Juhnke des Fußballs« nennt.»Weiß ich«, gibt er zurück.»Aber das stimmt nicht. Ich bin höchstens der Hans Albers der Bundesliga. Weil ich immer pünktlich zur Arbeit komme. Juhnke kommt manchmal nicht, Albers kam immer. Dienst ist Dienst – und Schnaps ist Schnaps. Ich stehe immer auf dem Platz, wenn es einen Termin gibt.« Und das stimmt. Selbst wenn es mal sechs Bier wurden – Termine hat er deshalb nie platzen lassen.

Überhaupt ist Alkohol in der Branche kaum ein Problem. Bei den Spielern sowieso nicht; sonst könnten sie ihre Leistung gar nicht bringen. Und selbst auf der Führungsebene, bei den

Präsidenten, Managern, Trainern, kenne ich keinen echten Alkoholiker, keinen, der sich so richtig zuschüttet.

Außerdem ist das schließlich Privatsache der Betroffenen. Solange es nicht öffentlich wird, sondern nur im stillen Kämmerlein passiert, haben wir Journalisten kein Recht, das ans Tageslicht und auf Seite eins zu zerren. Wenn's niemandem schadet, dem Verein nicht, dem Fußball insgesamt nicht – warum soll ich darüber berichten? Dafür brauche ich auch kein Stillhalteabkommen, wie es die Bonner Politjournalisten bei Alkoholproblemen diverser Volksvertreter geschlossen haben. Bei mir ist das einfach eine journalistische Grundentscheidung.

All das geht mir durch den Kopf, wenn ich an den großen Trainer neben mir im Auto denke. Ein Meister der Selbstinszenierung. Auch mit seinem Spruch über seine Trinkgewohnheiten – »Ich bin der Hans Albers der Bundesliga« – macht er aus einer vermeintlichen Schwäche noch einen großen Auftritt. Als ich ihm das sage, nickt er. »Ja, weißt du, so will ich es halten bis zum Schluß. Ich habe in meiner Zeit in Barcelona eine spanische Redensart kennengelernt: Salir por la porta grande, der Abgang durch das große Tor. Das hieß und heißt für mich: Wenn du schon einen Schauplatz verlassen mußt, dann muß es wenigstens ein paar Fanfarenstöße geben.«

Und die hat Udo Lattek schließlich auch bekommen. Als er seine aktive Laufbahn in Köln vorzeitig beendet und Kolumnist wird, hat er ein knappes dutzendmal hintereinander auf Seite eins der Boulevardzeitungen gestanden – ein wahrlich großer Abgang. Und ein kluger Schachzug, um ja nicht rückfällig zu werden: Wer mit soviel Tamtam den Hut nimmt, wird auch daran gemessen. So einem würde eine Rückkehr nicht so leicht verziehen.

Vor einer knappen Stunde sind wir losgefahren. Da wußte ich von Udo Lattek nur, daß er mal der skrupelloseste Trainer in ganz Deutschland war. Jetzt kommen wir am Parkhotel an, und ein ganz anderer Udo Lattek sitzt neben mir. »Mensch«,

sage ich zum Abschied, »war schön, mal richtig miteinander gesprochen zu haben.«»Siehste«, antwortet er beim Aussteigen, »jetzt hab' ich dir mein Leben ausgeschüttet. Aber du wirst schon sehen: Ich zieh' das durch.«
So ein intensives Gespräch haben wir danach nie wieder geführt. Klar, wir gehen heute anders aufeinander zu als früher, herzlicher, mit dem Gefühl, da eine Stunde miteinander verbracht zu haben, die nicht alltäglich gewesen ist. Aber so dicht wie damals im Auto wurde es nie wieder. Am nächsten Tag haben wir uns einfach ganz professionell auf unsere Übertragung vorbereitet. In der Sendung war Lattek dann sehr offen. Er hat in die Jubelarie hinein, die da stattfand, ein paar besinnliche und auch kritische Worte gesprochen. Zum Beispiel, daß dies wohl auf Jahre hinaus die letzte Meisterschaft für Bremen sein dürfte. Und damit hat er ja auch recht gehabt: Die nächste Bremer Meisterschaft gab es erst wieder 1993.

Wenn ich heute an diese seltsame Fahrt zurückdenke, wird mir klar, was ich alles von Udo Lattek gelernt habe. Ganz allgemein über den Trainerberuf, die unglaublichen Belastungen, aber auch über die Zerrissenheit vieler Trainer. Dieses Schwanken zwischen Show und Schwermut scheint mir heute geradezu ein Grundmuster vieler Trainerkarrieren zu sein, gerade der großen und lang andauernden.

Um so mehr bewundere ich den Udo Lattek heute noch dafür, daß er den Ausstieg wirklich geschafft hat. Alle Journalisten, ich eingeschlossen, haben damals gedacht: Laß den mal drei Monate Kolumnen bei Sport-BILD schreiben, dann kommt der wieder zurück. Er kann's nicht lassen, weil ihn die Droge Fußball doch zu sehr lockt. Er ist dann ja auch noch einmal kurz rückfällig geworden, in Schalke. Aber da hat er ganz schnell gemerkt, daß er dem Geschäft schon zu weit entfremdet war. Zunächst ganz praktisch, weil seine Trainingsmethodik überholt war. Dann aber auch, weil er die Spieler nicht mehr so beeinflussen, motivieren konnte wie in seiner glorreichen Zeit.

Den Ärger darüber hat er dann sicher zunächst runterzuspülen versucht. Ich erinnere mich noch gut an seine bizarren Auftritte bei der Pressekonferenz: Mit hochrotem Gesicht steckte er da im königsblauen Trainingsanzug, auf dem Kopf eine viel zu große Kappe des Sponsors. Da konnte er einem wirklich leid tun. Aber, und das ist das Großartige an ihm, er hat rechtzeitig wieder zu sich gefunden und sich gesagt:»Paß mal auf, Udo, jetzt geht's ganz den Bach runter, das läßt du nicht zu. Dann hör doch lieber auf.« Und so ist er nach einem halben Jahr Schalke auch wieder ausgestiegen, obwohl er das gut noch hätte bis zum Saisonende durchhalten können. Heute, neun Jahre nach unserer gemeinsamen Stunde im Stau, muß ich darum wirklich sagen: Hut ab vor Udo Lattek. Er ist seiner neuen Lebensphilosophie, die er mir damals erläutert hat, treu geblieben.

Da gibt es schließlich auch ganz andere. Die klagen immer über den Beruf und ziehen dann doch keine Konsequenzen. Ich erinnere mich noch ganz genau an Otto Rehhagels berühmtes Zitat: Diesen Job kannst du höchstens machen, bis du fünfzig bist, sonst landest du in der Klapsmühle. Rehhagel ist heute 59 – und immer noch Trainer. Udo Lattek aber hat diese Gratwanderung mit Bravour bestanden, mit phänomenalem Gefühl dafür, was er wann tun und lassen muß – auch wenn er es spät entwickelt hat, was seine Familie anbetrifft. Viele Trainer gehen ja kaputt unter dem unglaublichen Erfolgsdruck. Heinz Höher ist so einer. Der hat den 1. FC Nürnberg trainiert. Und dabei große Erfolge gehabt. Ich erinnere mich an diesen legendären Fall, daß der Verein sich auf Höhers Seite schlug und lieber sechs aufsässige Spieler rausgeschmissen hat, als den Trainer zu verlieren. Aber dann hat es ihn doch erwischt, von einem Tag auf den anderen. Acht, neun Jahre hat er anschließend nichts gemacht. Und dann bekommt er plötzlich wieder eine Chance: in der Zweiten Liga, beim VFB Lübeck. Und da setzt sich Heinz Höher unglaublich unter Druck, um diese letzte Chance auf keinen Fall zu vermasseln. Diesen Druck hält er nur mit Tabletten aus und mit Alkohol. Das kann natürlich nicht gutgehen. Gleich am ersten Tag, bei seiner Präsentation als Trainer in Lübeck, klappt er zusammen: ein Kollaps, er endet auf der Intensivstation. So brutal kann der Job in der Öffentlichkeit sein. Das hat mir als erster eben der Udo Lattek klar gemacht, damals auf dem Weg vom Flughafen zum Parkhotel.

Mittlerweile habe ich es auch am eigenen Leib erfahren. Als ich Journalist wurde, wußte ich natürlich nicht, was da alles auf mich zukommen würde. Ich wollte schon gerne Sendungen präsentieren und durchaus auch in der Öffentlichkeit stehen. Aber ich habe, genau wie die meisten Trainer, anfangs immer nur an die positiven Seiten des Berufs gedacht. Man beginnt ganz besoffen vor Euphorie, aber nach den ersten Krisen muß man sich halt auch fragen: Ist es das, was ich auch in Zukunft haben will? So mache ich auch in meinem Berufsleben ab und an eine Zäsur und überlege: Ist es wirklich das, was du willst? Was du dir und deiner Familie zumuten kannst?

So eine Denkpause habe ich zum Beispiel eingelegt nach der Vertretung für Margarete Schreinemakers in ihrer Talkshow. Ich fand das zunächst gar nicht weiter problematisch: ein bißchen kollegiale Hilfe, vertrittst du halt eine schwangere Kollegin. Aber dann habe ich von allen Seiten nur was auf die Nase bekommen. Springe da einfach nur ein und werde fertiggemacht. Wie so mancher Fußballtrainer: Die machen ja auch nichts bewußt falsch, sondern versuchen, alles nach bestem Wissen und Gewissen für den Verein zu regeln. Und kriegen dennoch ständig ihr Fett weg.

In dieser Situation habe ich, wie damals Udo Lattek für sich, die Entscheidung getroffen, mich einzuschränken. Weniger Job, mehr Lebensqualität. Nach der Schreinemakers-Geschichte habe ich mich auch wieder an das erinnert, was Udo mir damals im Auto gesagt hat: »Ich möchte nicht, daß meine Tochter mal meinen Namen im Zusammenhang mit dem

Wort Arschloch lesen muß.« In genau so eine Situation geriet ich ja auch hinein: Meine Tochter Laura war gerade in der ersten Klasse, als ich die Schreinemakers vertrat. Sie lernte also gerade lesen. Sollte sie vielleicht als erstes entziffern, daß ihr Vater ein Blödmann ist? Nein danke! Deshalb kann ich jeden verstehen, jeden Trainer, Spieler, Showstar, der sich nach einer gewissen Zeit der Öffentlichkeit entzieht. Bei vielen steht sogar der freiwillige Rückzug ins Schneckenhaus. Ich habe daraus meine Lehren gezogen. Früher habe ich viel mehr Sendungen und gelegentlich auch offensive Pressearbeit in eigener Sache gemacht. Ich dachte: Wir sind doch alle Kollegen, die Jungs von den Zeitungen und ich. Wenn die was von mir wollen – bitte schön, das ist ein berechtigter Wunsch jedes Journalisten. Ich hab' sogar gesagt:»Okay, ihr wollt eine private Story – einverstanden. Wir treffen uns in Bremen, zwar nicht in meinem Haus, aber in der Stadt, dann machen wir ein paar schöne Bilder und die Geschichte dazu.« Das hat sich mittlerweile geändert, man geht nach einschlägigen Erfahrungen automatisch in die Defensive.

Freilich: So ganz die Finger lassen kann man wohl nicht von seiner Rolle in der Öffentlichkeit, wenn man da einmal dringesteckt hat. Das gilt für mich genauso wie für Udo Lattek. Der macht ja heute noch einen Job beim Deutschen Sportfernsehen und läßt sich ganz gern weiter auf den Fußballplätzen der Republik sehen. Aus der Tretmühle ist er raus – aber ein bißchen Rampenlicht darf es schon noch sein.

6

Revanche fürs Kidnapping
Konkurrenzkampf
mit Kollege Töpperwien

○ ○ ○ ○ ○ ○ Herr Neuner pfeift Elfer – ein alter Witz unter
Fußballjournalisten, wenn Schiedsrichter Manfred Neuner die
Partie leitet. An einem Nachmittag im Jahr 1984 wird der Gag
mal wieder aktuell: Im ewigen Spitzenspiel zwischen den
Nord-und-Süd-Rivalen Werder Bremen und Bayern München
hat Herr Neuner im Weserstadion auf den ominösen Punkt
gezeigt. Wie so oft in solchen Spielen ist der Strafstoß umstritten. Da sind wir von der Sportschau natürlich gefordert. Die
Fans wollen Aufklärung: Elfmeter berechtigt oder nicht? Was
sagt der Gefoulte? Was sein Gegenspieler? Und was sagt Herr
Neuner, wenn er aus der Kabine kommt?
Im Vorfeld dieses Schlagerspiels hatte ich zu meinen Kollegen
bei der ARD gesagt: »Warum machen wir nicht mal die kom-
plette Sportschau aus dem Weserstadion statt immer diese
sterilen Studiosendungen!« Und so kommt es, daß ich eine
Dreiviertelstunde nach dem Abpfiff im VIP-Raum des Weserstadions stehe und die Sportschau moderiere. Für uns ist das
eine Riesen-Prestigesache. Sonst wird die Sportschau immer
vom großen WDR in Köln gesendet, dem größten Brummer
innerhalb der ARD. Jetzt sind endlich wir mal dran, die Drei-

Prozent-Winzlinge von Radio Bremen. Wir sind stolz und aufgeregt zugleich und wollen die beste aller möglichen Sendungen machen, mit spannenden Berichten und Interviews vor allem zum Spitzenspiel. Und dazu gehört natürlich ein Gespräch mit Herrn Neuner, dem Elfermann.

Gleich nach dem Schlußpfiff hatte ich ihn abgepaßt und gefragt:»Herr Neuner, würden Sie zu mir in meine Sendung oben in den VIP-Raum kommen? Ich möchte Sie zum Elfmeter befragen.« Der DFB sieht so etwas gar nicht gerne; es gilt noch als ungeschriebenes Gesetz, daß die Schiedsrichter in Interviews zwar die Regeln erläutern, aber keine persönlichen Einschätzungen einer bestimmten Spielsituation geben dürfen. Aber Manfred Neuner sieht das ganz gelassen, sagt zu und verschwindet in seiner Kabine.

18.03 Uhr. Ich habe die Sendung anmoderiert. Jetzt läuft – gleich als erstes, wie die Topmeldung in der Tagesschau – der Bericht über das Spiel Bremen gegen Bayern. Sofort im Anschluß will ich den Schiedsrichter befragen, schließlich hat er an diesem Nachmittag eine entscheidende Rolle gespielt. Aber verdammt: Herr Neuner ist nicht da.

18.08 Uhr. Noch acht Minuten, dann bin ich wieder auf Sendung. Vom Schiedsrichter immer noch keine Spur. Langsam werde ich nervös. Da ich mich im Inneren des Weserstadions sehr gut auskenne und alle Wege im Schlaf beherrsche, sage ich zu den Kollegen:»Okay, ich geh' ihn jetzt suchen.« Ein Wahnsinn eigentlich: Ich moderiere die Sendung, habe nur noch wenige Minuten bis zu meinem Auftritt – und verlasse das Studio.

Aber ich habe da so einen Verdacht. 18.09 Uhr. Ich laufe schnurstracks zum Ü-Wagen der Kollegen von ZDF. Die Tür ist verschlossen. Drinnen höre ich Getuschel. Jetzt weiß ich genau, wie der Hase läuft. Ich hämmere an den Wagen und rufe:»Töppi, rück' den Schiedsrichter raus!«

Denn wer sitzt im Wagen? Der Schiedsrichter Manfred Neuner, gleich nach Spielschluß quasi gekidnappt von meinem

Kollegen Rolf Töpperwien, in den Ü-Wagen verschleppt und dort mit den entscheidenden Spielszenen konfrontiert – natürlich hinter verriegelten Türen. Töppi ist ein schlauer Fuchs. Da er genau weiß, daß im ZDF-Sportstudio vier Stunden nach unserer Sendung der Spielbericht kaum noch eine Rolle spielt, muß er eine andere Geschichte parat haben. Darauf bereitet er sich immer sorgfältig vor, Samstag für Samstag. So auch diesmal. Schon am Mittag, lange vor Anpfiff, hat er mit dem Schiedsrichter vorsorglich ein Interview verabredet. Das macht er immer so. Denn: Passiert im Spiel nichts Spektakuläres inklusive Schiedsrichterbeteiligung, befragt er zwar brav nach Spielschluß den Referee, schmeißt das Interview aber ungesendet in den Mülleimer. Ist der Schiri aber umstritten, hat Töpperwien ein Interview, um das ihn jeder beneidet.

18.12 Uhr. Langsam wird's eng. Ich unternehme einen letzten Versuch. »Töppi, gib' den Schiedsrichter raus! Er hat mir auch ein Interview zugesagt!« Wieder höre ich Getuschel hinter der Tür. Manfred Neuner ist offensichtlich in einem fürchterlichen Zwiespalt. Ihm ist es ja egal, ob er nun ein oder zwei Interviews gibt. Aber daß er zwischen die Fronten von ARD und ZDF, von mir und Töpperwien gerät, ist ihm sehr unangenehm. Er möchte zu seinem Wort stehen, und ich habe den Eindruck, er will raus aus dem Ü-Wagen.

Aber Rolf Töpperwien bleibt hart. »Ich muß das Interview jetzt gleich machen. Es muß ja auch noch nach Mainz überspielt und dort geschnitten werden, da kann ich nicht warten, bis der Wontorra mit seiner Sportschau fertig ist.« Sagt's und spielt dem Schiedsrichter noch einmal die Szene vor dem Elfer vor, mit Zeitlupe und allem drum und dran. Ich weiß natürlich, was er im Schilde führt: auf Zeit spielen, um Neuner schließlich exklusiv zu haben. Das wäre ein Triumph für ihn: Ich moderiere eine ganze Sendung aus dem Weserstadion, aber den entscheidenden Mann gibt's nur bei ihm im ZDF.

18.14 Uhr. Ich gebe auf. Vielleicht schaffe ich es ja noch, Neuner irgendwann vor Ende der Sendung ins Studio zu holen. Ideal ist das nicht, denn ein solches Interview muß eigentlich unmittelbar nach dem Spielbericht gesendet werden. Aber den skeptischen Kollegen rufe ich noch zu, während ich wieder vor die Kamera eile: »Egal, Hauptsache, wir kriegen ihn überhaupt!«

Während die übrigen Spielberichte von der MAZ eingespielt werden, renne ich runter zum Ü-Wagen und versuche das Kidnapping zu beenden – vergeblich. Vor dem allerletzten Spiel, mittlerweile ist es schon 18.50 Uhr, platzt mir der Kragen. Wieder trommle ich an die Tür. »Töppi, wenn du den Herrn Neuner nicht bis zum Ende meiner Sendung rausläßt, dann passiert was. Dann wirst du nicht mehr auf vier Rädern nach Mainz kommen.« Und plötzlich geht die Tür auf.

Um 18.57 Uhr stehe ich mit Neuner vor der Kamera. Zwei Minuten bleiben uns bis zum Ende der Sendung – viel zu wenig, um den Streitfall im Sechzehnmeterraum analysieren zu können. Ich bin stinksauer; vier oder fünf spannende Minuten hat mir der Kollege Töpperwien versaut. Er dagegen hat am Abend einen Bericht mit Hand und Fuß – kein Wunder, hat er doch seinem »Entführungsopfer« gar keine andere Chance gelassen.

Ich kann mir schon vorstellen, wie der Kollege sich ins Fäustchen lacht: Mich auf meinem ureigensten Terrain so ausmanövriert zu haben! Töppi ist auch ein Experte in Sachen Werder Bremen; hier, bei der Arbeit rings um das Weserstadion, haben wir uns ja 1982 kennengelernt, als ich zu Radio Bremen kam. Wir waren gleich per Du miteinander, und in all den Jahren ist unser Verhältnis trotz einer gesunden Konkurrenz um die neuesten Nachrichten immer nett und kollegial gewesen. Klar, jeder versucht natürlich, schneller, besser zu sein als der Kollege vom anderen Kanal. Um einander in die Karten zu gucken, haben wir beide eine Menge Tricks auf Lager. Gelegentlich redet man auch ganz offen über den Bericht, den man machen möchte, oder verständigt sich über eine Spieleinschätzung. Es hilft ja keinem, wenn ich um 18 Uhr sage: »Meine Damen und Herrn, das war ein Gurkenspiel«, und Töpperwien ein paar Stunden später jubelt: »Liebe Fußballfans, das war das größte Spiel, das ich je gesehen habe.« So würden wir beide nur unglaubwürdig.

Manchmal recherchiert man aber auch hintenrum. Hat seine Spione, die wie zufällig bei den Kollegen vorbeischlendern und dabei die vorbereitenden Gespräche belauschen. Oder man schickt den eigenen Kameramann mal unverbindlich zur Konkurrenz für einen kleinen Plausch unter Kollegen, der dann anschließend ausgewertet wird unter dem Gesichtspunkt: »Was haben die wohl vor?« Oder, auch das ist ein beliebter Trick, man vertraut auf seine guten Drähte zu den Aktiven oder den Vereinsangehörigen. Ich hab' mich zum Beispiel mal der Hilfe von Willi Lemke, dem Werder-Manager, bedient. Der ging zu Rolf Töpperwien hin und fragte ganz harmlos: »Na, Töppi, was machste denn heute?« Und der sprudelte gleich alles aus. Lemke hat's mir dann wenig später weitergegeben. Nicht, daß ich dem Kollegen bewußt was wegnehmen wollte. Es geht ganz einfach um Wettbewerb; und da beleben solche Spielchen das Geschäft.

Aber der weggesperrte Schiedsrichter – das ist eine neue Dimension. Und die Schmach ist noch nicht zu Ende. Spät am Abend nach dieser ominösen Sendung will ich mit den Kollegen noch etwas trinken gehen, den Frust runterspülen. Eine halbe Stunde nach Mitternacht gehen wir in eine Bremer Bar, und wen treffen wir? Töppi. An diesem Tag ist es wie mit dem Hasen und dem Igel: Egal, wohin ich auch komme – Töppi ist schon da. Er sieht uns natürlich sofort, nimmt sich vom Diskjockey ein Mikrophon und sagt in seiner typischen burschikosen Art: »Und nun begrüße ich den Sportkameraden und Kollegen Wontorra, der heute nachmittag vergeblich versucht hat, ein Interview mit dem wichtigsten Mann des Spiels zu führen. Aber mach' dir nichts draus, Wonti, ich geb' einen aus.« Diese Schadenfreude in seiner Stimme! Ich bin eh schon kein guter Verlierer, und jetzt auch das noch!

Am Montagmorgen werden wir dann bei der großen Schaltkonferenz aller ARD-Anstalten noch mal zur Brust genommen: Wie es denn käme, daß wir den Schiedsrichter erst am Ende der Sendung und dann nur so kurz gehabt hätten? Der Kollege Töpperwien hätte schließlich gezeigt, wie es gehen kann, wenn auch leider in der falschen Sendung. In dem Moment weiß ich: Töppi, das war nicht unsere letzte Begegnung. Man trifft sich im Leben immer zweimal ...

Zwei Jahre später ist es soweit. Wir sind beide Berichterstatter aus dem Lager der deutschen Mannschaft bei der Fußballweltmeisterschaft in Mexiko. Der Zeitunterschied zu Europa gibt den Arbeitsrhythmus vor: Am Nachmittag und frühen Abend macht man seine Berichte fertig und überspielt sie nach Deutschland, anschließend geht es zum Abendessen. Das dauert dann meistens bis weit nach Mitternacht. An einem Abend komme ich mit meiner Crew schon relativ früh ins Hotel zurück, weil ich am nächsten Morgen sehr früh von Queretaro, wo die Mannschaft Quartier bezogen hat, nach Mexiko City fliegen muß, um dort aus der Zentrale eine ARD-Sendung zu moderieren.

Es ist 23.30 Uhr, als ich im Hotel »Mansion Galinda« eintreffe. Im Haus summt es wie in einem Bienenstock; die schreibenden Journalisten, unter denen von jeder Zeitung immer mindestens einer die Stellung im Hotel hält, sind in heller Aufregung. Was ist passiert? Offensichtlich ist der lange schwelende Streit zwischen Karl-Heinz Rummenigge und Toni Schumacher offen ausgebrochen. Jeder der beiden hat sich bei seinem Hofjournalisten über den anderen ausgelassen: Kalle bei der Münchener »Abendzeitung«, Toni beim Kölner »Express«. Egidius Braun, DFB-Schatzmeister, Delegationsleiter und späterer DFB-Präsident, will die Sache sofort aus der Welt schaffen und die Ruhe im Lager wiederherstellen. Deshalb beruft er in aller Eile und ohne Vorankündigung eine Pressekonferenz ein.

Ein großer Teil der Journalisten ist ausgeflogen, und auch mein Team und ich sind ja nur mit viel Glück rechtzeitig zur Stelle. Wir verfolgen die Pressekonferenz, anschließend mache ich noch Interviews mit Braun, Rummenigge, Schumacher – business as usual. Um Mitternacht ist der Spuk vorbei. Zehn Minuten später trudelt der Kollege Töpperwien im Quartier ein – zu spät. Er hat sich auf dem Rückweg vom Essen wohl in den Vierteln verirrt. Als er von der verpaßten Pressekonferenz erfährt, bricht ihm der Schweiß aus: Die ARD hat alles im Kasten, und er hat nichts! In ziemlicher Panik kommt er zu mir:»Wonti, kannst du mir nicht wenigstens den O-Ton von Egidius Braun geben?« Da weiß ich, daß die Stunde der Revanche geschlagen hat.

»Töppi, ich muß jetzt an diesem Bericht arbeiten«, sage ich achselzuckend.»Da brauche ich alles Material, der Film muß ja ordentlich komponiert werden. Das geht sicher noch bis um vier oder fünf Uhr früh. Und dann muß ich auch noch überspielen. Also da kann ich dir im Moment überhaupt nicht helfen.« Das ist natürlich nur die halbe Wahrheit. Ich könnte ihm eine Kopie ziehen. Will ich aber nicht. Rache ist süß. Und so kommt es, daß am nächsten Tag die Tagesschau um 20 Uhr den besseren Beitrag hatte als»heute« um 19 Uhr im ZDF. Gegenfeldzug abgeschlossen. Jetzt steht es 1:1 zwischen uns.

Die Medien stilisieren unsere Kabbeleien gerne hoch: Eine echte Feindschaft sei da entstanden; wir zwei Ehrgeizlinge würden dem anderen nicht die Butter auf dem Brot gönnen. Aber das ist Unsinn. Ich war mal sauer, dann hatte Töppi mal nichts zu lachen – aber Feindschaft? Nein. Nur kleine Sticheleien.

Zum Beispiel, als wir zufällig am gleichen Abend jeder eine Fußballgala moderieren. Töpperwien führt durch den Werder-Ball in Bremen, während ich zur gleichen Stunde in Karlsruhe die Jubiläumsfeier des Karlsruher SC leite. Für Töpperwien ist das ein Prestige-Erfolg, schließlich hat er mich, den vermeintlichen Bremer Platzhirsch, in seinem Revier wieder mal ausgestochen. Dabei ist es bei meinem seit der Rehhagel-Affäre gespannten Verhältnis zu Werder klar, daß ich dort niemals bei einer Vereinsveranstaltung als Moderator in Erscheinung treten würde. Mein Herz hängt zwar ein bißchen an Werder, aber ich bin nicht mal mehr Vereinsmitglied. Als ich aufgehört habe, die Damenhandballmannschaft zu trainieren, bin ich ausgetreten. Wie auch immer. Töpperwien kann sich einen Seitenhieb jedenfalls nicht verkneifen. »Schönen guten Abend, meine Damen und Herren, ich freue mich, daß ich hier bin«, beginnt er den Ball und lacht sich auch schon eins. »Ich moderiere diesen Ball für Sie natürlich umsonst – im Gegensatz zum Kollegen Wontorra, der gerade parallel zu uns auf der Gala des KSC ist und dafür 9000 Mark bekommt.« Purer Populismus, für den er einen Riesenapplaus abräumt.

Aber auch purer Unsinn. Ich weiß von Willi Lemke, daß Töppi den Ball natürlich nicht umsonst moderiert hat. Aber am Montag steht es halt in den Zeitungen – unter den vermischten Meldungen im Sportteil. Ich lese Töppis Satz im »kicker« und denke mir: Da könntest du eigentlich einen Gegenakzent setzen, aber bitteschön ohne Rechtfertigungsdrang. Also schreibe ich: »Schön für Werder Bremen, wenn der Kollege Töpperwien den Vereinsball umsonst moderiert. Allerdings: Viel mehr hätte er auch nicht verlangen dürfen.«

Die kleine Retourkutsche wird auf der Leserbriefseite des »kikker« gedruckt – und mit Interesse gelesen. Von den Kollegen bei BILD. Die machen aus so einer kleinen Randnotiz natürlich eine große Schlagzeile. So gelangen die eher harmlosen Scharmützel mit Töppi immer wieder in die Öffentlichkeit. Seine Sticheleien über meine Sparsamkeit – meine Bemerkungen über sein derbes Lachen.

Aber es gibt auch ganz entgegengesetzte Absprachen zwischen uns. Vor der Weltmeisterschaft 1990 in Italien zum Beispiel. Nach außen hin scheinen wir uns noch immer nicht grün zu sein; jedenfalls erwarten, ja hoffen die Kollegen auf

Konkurrenz belebt das Geschäft: der Sportjournalist Rolf Töpperwien (1989)
(Foto: Ullstein – Teutopress)

einen Kleinkrieg zwischen uns, damit sie genug Futter für ihre Splittermeldungen und die Durststrecken der spielfreien Tage haben. Wir ahnen beide, was da auf uns zukommt. Und am Rande jenes denkwürdigen Vorbereitungsspiels gegen Dänemark – die Partie, in der Franz Beckenbauer zehnmal auswechselt –, im Anschluß an diesen Unsinnskick sagt Töpperwien zu mir:»Paß mal auf, Wonti, wir dürfen alles machen, nur eins nicht: Wir dürfen den Kollegen von der Presse keinen Stoff liefern. Die sollen über die deutsche Mannschaft berichten, nicht über uns.«

Ich halte das für einen sehr guten Vorschlag: Wir bleiben natürlich Konkurrenten im Wettbewerb um die besten Beiträge. Aber wir sind nicht selbst die Nachricht. Wir besiegeln unseren Pakt gleich am ersten Tag im Trainingslager der deutschen Mannschaft in Kaltern, Südtirol. Am Abend setzen wir uns demonstrativ an einen Tisch und trinken Wein zusammen. Und wie erwartet kommt sofort ein Fotograf und macht ein Bild von uns beiden, friedlich vereint. Am nächsten Tag steht dann in der Zeitung, ganz wie von uns geplant:»Waffenstillstand und Versöhnung zwischen Töpperwien und Wontorra.«

Nachtragend ist Kollege Töpperwien überhaupt nicht. Das schätze ich sehr an ihm. Alle unsere Auseinandersetzungen nimmt er sportlich. Er selber kämpft mit allen Mitteln um den besten Bericht; er weiß aber auch, wenn er mal irgendwo zu spät kommt. Er ist im harten Wettbewerb immer aufrecht geblieben – in dieser Branche beileibe keine Selbstverständlichkeit. Da gibt es eine Menge falscher Kollegen, die für eine gute Geschichte wahrscheinlich ihre eigene Oma verkaufen würden. Töppi nicht.

Sicher, er hat meine Probleme mit Werder Bremen eiskalt ausgenutzt. Als Rehhagel gegen mich mobil macht, schmeichelt Töppi sich bei ihm ein. Er rückt ihm ganz dicht auf die Pelle, um es vornehm auszudrücken. Sein»Erfolg«: Töppi ist einer von insgesamt nur fünf Journalisten, mit denen sich Otto

Rehhagel duzt. Das bedeutet natürlich, daß er gelegentlich die besseren Informationen von und über Otto bekommt. In den 80ern, den erfolgreichen Werder-Jahren, hat er mit diesem Pfund mächtig gewuchert.

Töppi ist bei jedem Werder-Heimspiel im Weser-Stadion, und mit den Erfolgen der Mannschaft kommt auch er ganz nach oben. Das ist sein Prinzip: Wo die Spitze ist, da bin auch ich. Das ist sicher nicht der Inbegriff von kritischem Journalismus: statt guter Geschichten zunächst mal den Glanz des Ruhms zu suchen. Auch mit den Vereinsfarben nimmt es Töpperwien dabei nicht so genau: Seit Bremen nicht mehr die allererste Geige spielt im deutschen Fußball, setzt Töppi voll auf Dortmund. Ist ja keine schlechte Wahl: So kommt man nun mal bis ins Finale der Champions League.

Trotzdem: Bei Journalisten ist das mit der Begeisterung für einen Verein so ein Sache. Es gibt Kollegen, die diese Überidentifikation gar nicht gerne sehen und sie scharf kritisieren: »Da fehlt die nötige kritische Distanz.« Das muß Töpperwien bei der WM 94 leidvoll erfahren. Er macht einige Berichte, in denen er wie ein Kumpel der Spieler wirkt. Als dann die Kollegen sehen, wie er sich im Training mit den Spielern gemein macht – »Mensch, Jürgen«, sagt er zum Beispiel zu Kohler und haut ihm auf die Schulter, »haste aber 'n prima Spiel gemacht« –, wird ihm die Kumpelattitüde zum Verhängnis. BILD gibt ihm für seine Berichte die Note fünf – mangelhaft. Und auch andere Fernsehkritiker überziehen ihn mit Hohn und Spott.

Ich mag solche kumpelhafte Berichterstattung auch nicht. Ich halte es lieber mit meinem großen Vorbild Hanns Joachim Friedrichs. Der war ja lange vor seiner legendären Tagesthemenzeit auch mal Sportchef des ZDF. Noch in seinem letzten großen Interview hat er gesagt, man dürfe sich als Journalist nie mit seinen Gesprächspartnern gemein machen. Aber bei der WM 94 tut mir Rolf Töpperwien doch leid. Da gerät das einst geliebte und gehätschelte Fernsehkind plötzlich in die

Mühlen der Kollegen – für ihn eine ganz neue Situation, mit der er Mühe hat umzugehen. Er versucht zwar, seine Unsicherheit mit seinen üblichen polternden Auftritten zu überspielen. Aber ich merke doch, wie nahe ihm die Kritik geht. Deshalb nehme ich ihn eines Abends im Hotel zur Seite und sage ihm, daß ich die Medienschelte für überzogen halte. Damit ist unser Verhältnis endgültig auf einer anderen Ebene angelangt: Aus den Konkurrenten, die einst Wildwest gespielt haben, sind Weggefährten geworden, die im harten Wind eng zusammenrücken.

Das hat natürlich auch mit der veränderten Situation im Fußballgeschäft zu tun. Zum einen bin ich nicht mehr sein direkter Widersacher. Ich arbeite ja nicht mehr als sogenannter »Fieldreporter«, als heißer Hund, der einen Spieler für ein Statement zur Not bis auf die Toilette verfolgt. Zum anderen dominiert Sat.1 die Bundesligaberichterstattung so eindeutig, wie es die ARD zu besten Sportschau-Zeiten nicht konnte. Damals hatte Töppi immer noch die Chance, um 22 Uhr im Sportstudio ein Sahnehäubchen auf den Spieltag zu setzen. Sat.1 setzt aber heute so viele Kameras, Reporter, Hilfskräfte und Datensammler ein, daß selbst der hinterste Winkel des Stadions schon um 20 Uhr ausgeleuchtet ist. Da wird es für jemanden wie Töpperwien immer schwieriger, noch eine Nische zu finden.

Weil er weiß, wie problematisch seine Arbeit beim ZDF dadurch geworden ist, hat Töpperwien oft damit kokettiert, daß er zu einem Privatsender gehen will. Warum ihn Reinhold Beckmann nie auf seiner Liste für das ran-Team hatte, kann ich nur mutmaßen. Töppi hat wohl einfach zuviel ZDF-Stallgeruch an sich. Er ist schon so lange Angestellter bei den Mainzelmännern, da denkt der Zuschauer: Wo Töppi ist, ist ZDF. Vielleicht paßte er deshalb nicht in das »ran«-Team, das schnell eine eigene, unverkennbare Farbe entwickelt hat.

Außerdem kämen Töppis Stärken bei uns gar nicht richtig zum Tragen. Er ist zwar mit Haut und dauergewelltem Haar ein Fußballbesessener. Er berichtet ja auch über nichts anderes. Wenn er mal verdonnert wurde, eine sonstige Sportart zu kommentieren oder das Sportstudio als Schreibtischredakteur zu leiten, hat er echte Leidensfähigkeit entwickelt. Er ist einfach der klassische Fußball-Frontreporter, der nach dem Abpfiff geradezu an den schweißnassen Trikots klebt, und er liebt auch den Einsatz mit langem Anlauf. Zum Beispiel bei den typischen Pokalspielen zwischen Amateurverein und Bundesligist, diesem ewigen Kampf David gegen Goliath, bei dem die Fußballnation immer auf eine Sensation wartet. Wenn es montags in der Themenkonferenz heißt:»Töppi, das Pokalspiel ist deine Sache«, hängt er zehn Minuten später am Telefon und ruft den Amateurtrainer an:»Guten Tag, hier ist der Rolf Töpperwien vom ZDF. Erstens: Dürfen wir nach dem Spiel in die Kabine? Zweitens: Wenn ja, müßt ihr das aber den anderen Sendern verbieten.«

Die Amateure sind dann meist ziemlich beeindruckt, schlagen die Hacken zusammen und sagen:»Jawoll, Herr Töpperwien.« Und wenn dann ein Journalistenkollege glaubt, die Amateure müsse man erst kurz vor Spielbeginn um die Erlaubnis für einen Kabinenbesuch bitten, wird er sich wundern. Die Kabinentür ist verschlossen. Weil Töppi mal wieder perfekt Hase und Igel gespielt hat.

Bei jedem Großereignis bereitet Töpperwien solche Aktionen von langer Hand vor: beim DFB-Pokal, bei der Meisterschaft, beim Europacup. Und so ist er oft der einzige, der die Bilder von nackten, glücklichen, ausgelassenen Männern unter der Champagnerdusche zeigen kann. Oder auch die Tränen der harten Jungs, wenn es eine Niederlage gegeben hat.

Und noch in einer anderen Hinsicht ist Töppi ein absoluter Profi. Er pflegt seine Kontakte zu Spielern, Managern, Trainer intensiv – und bekommt dadurch Insider-Informationen, die man braucht, um sich von der Masse der Sportjournalisten zu unterscheiden. Vor allem aber weiß er, wie und wann man sie richtig einsetzt. Manchmal muß man eben gewisse Dinge unterm Tisch halten und erst zum geeigneten Zeitpunkt aus der Schublade holen. Ein Beispiel: Ein Reporter erfährt, daß ein Spieler Eheprobleme hat. Das könnte er natürlich gleich rausposaunen. Aber ein guter Sportjournalist, der sich nicht so sehr für Klatsch, sondern für Fußball interessiert, behält die Information im Hinterkopf. Und wenn der Spieler dann in einer Partie dreimal über den Ball tritt und 90 Minuten lang wie benebelt über den Platz stolpert, dann weiß der Reporter über die Hintergründe dieser Aussetzer Bescheid und kann die Leistung eines Spieles viel besser einschätzen. In dieser Sparte, Hintergrundwissen und Timing, gehört Kollege Töpperwien sicher zu den Branchen-Primussen.

Bis vor ein paar Jahren noch haben wir keine Chance ausgelassen, unseren Kleinkrieg zu führen. Wer gewinnen wollte, mußte schon bis an die Zähne bewaffnet im Stadion erscheinen, sonst drohte der sofortige Blattschuß. Die Dauerfehde zwischen Udo Lattek und Otto Rehhagel war dagegen ein Duell mit Wattebäuschen. Inzwischen ist unser Umgang miteinander ganz entspannt – so wie Anfang 1997 in Dortmund. Ich kommentierte das Spiel, Töppi ist nicht im Dienst und schaut einfach nur zu. Am Abend treffen wir uns im Hotel, und er sagt:»Ach komm, Alter, jetzt können wir doch einen trinken gehen. Komm, wir gehen ins ›Kir Royal‹.«

Der Laden ist in Dortmund eine Institution; die Atmosphäre hat immer ein bißchen was vom»Ball der einsamen Herzen«. Hier ist Töppis Revier, hier hat er so 'ne Art Hausrecht, hier läßt er sich gern mal ein bißchen feiern. Und wie damals in Bremen, nach dem Ärger mit Herrn Neuner, geht er ans Mikrophon. Wird er jetzt wieder einen blöden Witz über mich reißen? Weit gefehlt. Keine Spur von Schadenfreude oder Spott für den Kollegen:»Darf ich Ihnen vorstellen, meine Damen und Herren«, ruft er in die Runde,»hier bei uns im ›Kir Royal‹ heute abend: der Kollege von Sat.1, Jörg Wontorra. Es wäre schön, wenn Sie ihm einen tollen Empfang bereiten würden!«Den gibt's dann auch, und bis in den frühen Morgen diskutiere ich mit Töppi über den Sport und den Sinn des Lebens.

Und so wird es hoffentlich auch in Zukunft bleiben – obwohl Herr Neuner nicht mehr Elfer pfeift. Er hat die Altersgrenze für Bundesliga-Schiedsrichter überschritten.

7

Als Trainer zu den Untrainierbaren

Otto Rehhagel in München

○ ○ ○ ○ ○ ○ Bizarrer hätte das Zusammentreffen kaum sein können. Frankfurter Flughafen, Terminal A, irgendwo auf den Gängen, irgendwann im Jahr 1993. Ich treffe Franz Beckenbauer im Vorbeifahren: er auf dem einen Laufband, ich auf dem anderen. Aber solche Zufälle soll es ja geben im Leben. Beim Check-in kommen wir zusammen; ich habe das Gefühl, Franz Beckenbauer will etwas loswerden. Und tatsächlich, plötzlich fragt mich Franz: »Du, sag' doch einmal was zu deinem Trainer da bei euch in Bremen. Kann man den nehmen?« Diese Frage trifft mich wie aus heiterem Himmel. Franz muß doch wissen, daß Otto Rehhagel längst der König von der Weser ist. Seit elf Jahren regiert er uneingeschränkt in seinem grünweißen Reich. Wieso soll dieser Potentat auf die Idee kommen, seine Trainerkabine in den Katakomben des Weserstadions gegen irgend etwas anderes zu tauschen? Warum sollte er sich gen München auf den Weg machen? Er hat doch alles, was ein Bundesliga-Trainer zu einem zufriedenen Leben braucht. Allen voran Dr. Franz Böhmert, den Präsidenten. Ein kultivierter Mensch, Chefarzt und absoluter Rehhagel-Fan. Er versucht stets, seinem Trainer den Weg zu ebnen und nimmt ihn vor jeder Kritik in Schutz. Sein erklärtes Motto:»Trainer, wenn man Sie anpinkelt, reagiere ich mit einer Vertragsverlängerung.«

Auch der Manager, Willi Lemke, ist Rehhagel in kämpferischer Liebe ergeben. Gelegentlichen Ärger pflegt sich Willi mit Marathonläufen aus dem Körper zu schwitzen. Wenn er danach in sein Büro zurückkehrt, ist er wieder mit sich selbst, der Welt und seinem Trainer im reinen.

Und dieses Idyll in Grünweiß soll ich auf Franz' Frage hin in Gefahr bringen? Ich antworte auf die sachliche Tour:»Also Franz, das ist ein hervorragender Fachmann. Ich schätze ihn in seiner Arbeit sehr. Vor allem ist es ihm bei uns in Bremen gelungen, aus einer Mannschaft von Desperados ein Spitzenteam zu formen. Aber er hat natürlich auch seine Achillesferse: Obwohl er selber leidenschaftlich gern in Bremer Cafés sitzt und Zeitungen liest – im direkten Kontakt mit Journalisten tut er sich ganz schön schwer. Selbst in Bremen, wo es nur eine Boulevardzeitung gibt und ihm die Presselandschaft ansonsten treu ergeben ist.« Und nach einer kleinen Pause sage ich es frei heraus:»Bei euch in München fletschen sie doch schon die Zähne, wenn sich ein Neuer, egal wer, auch nur dem Vereinshaus nähert.«

Als Franz mich ein wenig ungläubig anguckt, erzähle ich ihm noch etwas davon, wie Pressearbeit auf gut bremisch buchstabiert wird:»Franz, bei euch gibt es doch jeden Tag eine Pressekonferenz mit dem Trainer und damit mehr als genug Gelegenheiten für kritische Fragen. Pressekonferenzen bei Werder Bremen gibt es nur dann, wenn Trainer Otto Rehhagel den ausdrücklichen Wunsch danach verspürt – wenn er unbedingt etwas loswerden will. Erfahrungsgemäß passiert das eigentlich immer nur vor jedem Europapokalspiel. Mit anderen Worten: alle sechs Wochen eine Stunde lang.«

Ich will nicht behaupten, daß meine Einwände den Kaiser erschüttert haben. Aber wenige Wochen später wird Erich Ribbeck neuer Trainer bei Bayern München. Also gehe ich mal davon aus, daß mir der Kaiser auf dem Frankfurter Flughafen zumindest zugehört hat.

Aber wie so oft im Leben gibt es ein zweites Mal. In der Winterpause 1994/95 sieht die heile Bremer Fußballwelt nach 14 fetten Rehhagel-Jahren plötzlich ein bißchen anders aus. Die Chemie stimmt einfach nicht mehr so wie früher. Selbst die Präsidiumsfrauen und Beate Rehhagel, jahrelang an der Kaffeetafel vereint, gehen sich aus dem Weg. Es ist wie bei vielen Beziehungen: Nach so vielen Jahren hat man sich einfach alles gesagt. Das Feuer der Leidenschaft füreinander – auch zwischen Manager und Trainer – ist deutlich heruntergebrannt, und die Spieler mäkeln, wie es alle Spieler tun, wenn sie die Verstimmungen zwischen Präsidium und oberstem Angestellten bemerken. Otto Rehhagel, der scharfe Beobachter und große Analytiker, bekommt all das natürlich ganz genau mit. Schon früher hat er mir gegenüber aus seinem Herzen keine Mördergrube gemacht. Das Traineramt bei Inter Mailand zum Beispiel hat auch für ihn, den bodenständigen gelernten Maler aus Essen-Altenessen, eine unglaubliche Faszination. Aber da gibt es die Sprachbarriere, und so sagt er aus guten Gründen alle Mailänder Angebote ab.

Und gleich noch ein anderer italienischer Verein will alles tun, damit Otto Rehhagel über die Alpen zieht: kein Geringerer als der AS Rom. Als die finanzkräftigen Römer den Bremer Stürmerstar Karlheinz Riedle mit einem Millionenangebot ködern, kommen sie auf die Idee, die Angel auch gleich nach Otto Rehhagel auszuwerfen. Die ehrenwerten Herren aus Rom reisen nach Bremen, man trifft sich im gediegenen Ambiente des Parkhotels zu Gesprächen über Riedles Ablösesumme, und dann zieht der Vereinspräsident einen bereits fertigen Vertrag aus der Tasche.»Herr Rehhagel, kommen Sie doch auch mit zu uns. Es ist alles schon besprochen, das Präsidium von Werder ist bereit, Sie gehen zu lassen. Hier ist der Vertrag. Meine Unterschrift steht schon darunter. Sie setzen bitte das jährliche Gehalt ein. Und unterschreiben unten rechts. Ich

gehe jetzt raus und komme in einer Viertelstunde wieder.«
Und der Präsident der Römer fügt noch hinzu:»Und was das
Gehalt angeht: Denken Sie bitte nicht, daß Sie mich erschrek-
ken können – ich bin auf alles gefaßt.«
Otto Rehhagel unterschreibt nicht. Obwohl ihm die Bremer
Vereinsführung in diesem Moment noch einmal signalisiert:
»Wenn es wirklich so ist, und Sie da zehn Millionen einsetzen
können – wenn das so ist, dann lassen wir Sie gehen.« Aber
Otto Rehhagel bewahrt kühlen Kopf. Sein größtes Kapital ist
seine Fähigkeit, Spieler zu motivieren, eine Mannschaft einzustellen. Und dazu braucht er zwingend den direkten Kontakt – auch sprachlich. Er ist ja ein Meister der prägnanten
Formulierungen. Aber was um Gottes willen heißt »kontrol-
lierte Offensive« auf italienisch? Aus guten Gründen verwei-
gert sich Otto Rehhagel dem italienischen Abenteuer.

Diese gewaltige Entsagung hat Rehhagel hinter sich, als es in
der besagten Winterpause knirscht im Gebälk der Bremer
Trutzburg. Bei einem ersten Geheimtreffen am Rande des Berliner Hallenfußballturniers signalisiert er dem äußerst interessiert lauschenden Uli Hoeneß:»Wenn der Trainerposten bei
euch frei wird – wir können drüber reden.«
Und dann nehmen die Dinge ihren Lauf – natürlich unter
höchster Geheimhaltung. Rehhagel macht Ernst und reist mit
seinem einzigen und besten Berater, seiner Frau Beate, nach
München. Man trifft sich im Hause von Uli Hoeneß, Franz
Beckenbauer stößt aus Kitzbühel dazu. Diese traute Runde
spricht über alles, sogar über das, was ich Beckenbauer damals auf dem Frankfurter Flughafen gesteckt habe: Ottos
Schwierigkeiten mit der Medienmeute. Beckenbauer erzählt
mir später, wie der Bremer Trainer die Kritik vom Tisch ge-
wischt habe und beruhigend in die Runde grummelte:»Bremen ist nicht München, meine Herren. Ich werde mich hier
auf die Gegebenheiten einzustellen wissen.« Die Runde geht
friedlich auseinander, der spektakuläre Wechsel ist eigentlich
schon in trockenen Tüchern.

Jetzt muß Rehhagel nur noch seinem letzten Bremer Vertrauten, Präsident Franz Böhmert, die Beichte ablegen. Doch der befindet sich dienstlich in Florida, weshalb sich alle Beteiligten einen Maulkorb verpassen. Die Trainerfrage an der Weser ist und bleibt Chefsache. Bevor nicht der gute Mensch Böhmert die Richtlinie der Personalpolitik neu fixiert hat, geht keine Information an die Öffentlichkeit. Und so tappen wir Journalisten in Sachen Rehhagel noch in der Grauzone der Spekulation.

Gelegentlich habe ich Reporterglück gehabt. Dies ist so ein Moment. Ich beabsichtige gerade, mit meiner Familie von Luxemburg, wo ich ja mit Frank Elstner zusammengearbeitet habe, nach Bremen zurückzukehren und suche dort ein Haus. Ich rufe also, da ich die Privatnummer von Rehhagel habe, bei ihm an. Beate Rehhagel meldet sich, und ich sage ihr:»Liebe Frau Rehhagel, bitte keine Mißverständnisse. Ich rufe nicht an, um zu hören, ob Ihr Mann nach München wechselt. Das soll ja wohl noch erst besprochen werden. Wenn aber Ihr Haus zufällig frei werden sollte, dann denken Sie bitte an mich. Ich will nämlich nach Bremen umziehen.«

Ich will fair sein und eigentlich schon auflegen. Auf der anderen Seite habe ich natürlich ein Interesse daran, als erster herauszukriegen, ob Rehhagel nach München geht. Immerhin habe ich am Sonntagabend»ranissimo« zu moderieren. Plötzlich fängt Frau Rehhagel an und erzählt von sich aus, wie viele Zimmer ihr Haus hat. Wie viele Quadratmeter, wie viele Badezimmer, und wie die Verteilung der Kinderzimmer ist. Am Ende des Gesprächs verspricht sie:»Wenn es dann soweit ist, rufe ich Sie an wegen eines Besichtigungstermins.« Da denke ich mir natürlich: Mit dem Wechsel nach München muß es ganz schön weit gediehen sein.

Für »ranissimo« interviewe ich am Sonntagabend dann Dr. Böhmert. Morgens um 10 passe ich ihn auf dem Frankfurter Flughafen ab, wo er aus Florida eingetroffen ist – und erst mal mauert.»Wir müssen mit Rehhagel noch reden. Ich will versuchen, ihn zum Bleiben zu überreden. Einen solchen Mann wie Otto Rehhagel gibt man nicht einfach auf.« Das klingt fast schon nach Dementi. Der große Showdown ist für den Nachmittag angesetzt – Treffen bei Schatzmeister Manfred Müller. Die versammelte Vereinsführung, dazu das Trainer-Ehepaar, das um Freigabe aus dem laufenden Vertrag bitten will. Journalisten werden mit allen Tricks abgewimmelt. Ein Kollege ruft an, Beate Rehhagel nimmt persönlich ab, meldet sich mit einem knappen »Hallo«. Der Kollege fragt nach dem Bremer Schatzmeister, um Informationen über den bevorstehenden Wechsel von Otto zu bekommen. »Hier ist niemand zu Hause«, antwortet Frau Rehhagel, »ich bin nur die Putzfrau.« Als sie aufgelegt hat, kommt zum ersten Mal Heiterkeit in der Runde auf; kindliche Freude über einen gelungenen Coup. Auch ich versuche mein Glück, auch ich komme an den Geheimzirkel nicht ran. In der Sendung aber sage ich – ermutigt durch das Verkaufsgespräch mit der Trainer-Gattin: »Nur eine kleine persönliche Einschätzung, liebe Zuschauer: Ich bin sicher – Otto Rehhagel geht nach München.«

Auf diese Art und Weise verletze ich Frau Rehhagel nicht, gebe ihr auch nicht das Gefühl, sie bei dem Telefonat nur benutzt zu haben. Eine solche Fairneß ist mir wichtig. Und so äußert Beate Rehhagel auch im nachhinein keinerlei Vorwürfe. Einen Tag später werden meine Mutmaßungen auf einer Pressekonferenz in Bremen offiziell verkündet: Ende einer Fußball-Ehe nach 14 Jahren.

Da ich Otto Rehhagel sehr genau kenne, seine Stärken, seine Schwächen über Jahre hinweg aus nächster Nähe beobachten konnte, frage ich mich in diesem Moment natürlich: Was ist der tiefere Grund, daß die Bayern ausgerechnet ihm das Vertrauen schenken, ihm ihren 50 Millionen Mark schweren Kader in die Hand geben? Hat Otto Rehhagel als Trainer nicht schon längst den Zenit seiner Karriere überschritten? Er ist jetzt fast 60 Jahre alt, Trainer seit mehr als einem Vierteljahrhundert. Kann eine solche Urgestalt, längst schon Legende

»Immer die Antennen ausfahren.« Otto Rehhagel bei Live-Interview
(Foto: DSF)

in den Stadien und Fanblöcken, bei den großverdienenden
Jünglingen in München noch den Dirigentenstab führen?
Andererseits vergegenwärtige ich mir die Ausgangslage: Es
tummelt sich kein erfolgreicherer Trainer auf dem Markt. Rehhagels Ruhm ist ja keineswegs welk, sondern taufrisch. Schon
1988 Deutscher Meister, 1993 wieder. 1992 Europapokalsie-
ger, 1991 DFB-Pokalsieger. Gelegenheiten en masse, ihm zu-
zusehen, wie er im Bremer Rathaus steht, wie er sich in das
Goldene Buch der Hansestadt einträgt, um sich danach auf
dem Balkon von den Massen huldigen zu lassen. Umringt
von Spielern in grünen Vereinsjacken, die zu Recht ihr Glück
kaum fassen können. Denn niemand, selbst der größte Fuß-
ballguru, hätte diesen No-names irgendeinen Titel zugetraut.
Viele sind gerade der Amateurabteilung entwachsen. Dann
wurden sie von Otto behutsam aufgebaut, um in der Bundesliga mitzuspielen – nicht unbedingt, um den deutschen Fußball zu beherrschen.

Mehr als genug gute Gründe also, daß man in München alle Hebel in Bewegung gesetzt hat, um dieses Trainerdenkmal an die Isar zu holen. Franz Beckenbauer spricht aus, was dort alle denken: »Wen, wenn nicht Rehhagel, sollen wir bringen? Es gibt keinen besseren. Ein Trainer mit einer solchen Erfolgsbilanz findet bei uns eine Mannschaft mit so großen Namen vor – Jörg, da kann nur die Meisterschaft herauskommen.« Die Haltung in München lautet also: Wir stellen ihm eine Mannschaft hin, die es eigentlich auch ohne Trainer schaffen müßte. Ganz nach dem Motto: Meister werden wir eh; wichtig ist nur, daß der Trainer uns auch im Europapokal ins Finale führt. »Jetzt haben wir alles getan.« – meinen jedenfalls Beckenbauer, Hoeneß und Co.

Ich dagegen bin mir da überhaupt nicht so sicher. Als mich der Fernsehsender »Premiere« um eine Einschätzung bittet, sage ich schlicht: »Otto Rehhagel mag schon viel erlebt haben, aber dies wird sicher die schwerste Saison für ihn seit 14 Jahren.« Und so kommt es denn auch.

Zunächst sieht es allerdings tatsächlich so aus, als hätten sich die Richtigen zusammengefunden. Rehhagel lernt schnell, wie man in der Manege des Bayern-Zirkus als Dompteur aufzutreten hat. Bei seinem ersten Auftritt hat er ein großes Megaphon in der Hand. Zur Überraschung der Kritiker, die einen scheuen, verkrampften Trainer erwarten, begrüßt er die anwesenden Spieler, die Kamerateams und Journalisten sowie mehrere tausend Zaungäste mit einem herzlichen Hallo aus der Flüstertüte. Was für ein Wandel für einen Menschen wie Otto, der in der Abgeschiedenheit des Werder-Trainingsgeländes am Weserufer selten mehr als 15 Rentner an der Außenlinie zählen konnte. Sein spektakulärer Auftritt verträgt sich so gar nicht mit seinem fußballerischen Lebensmotto der kontrollierten Offensive. Dies ist der schwere Säbel. Erste Anzeichen von Größenwahn? Nein. Er will nur jedem klarmachen: Kinder, ich habe mich geändert. Damit komme ich klar. Ich spiele euer Spiel mit. Selbst dem alltäglichen Ritual der Pressekonferenz nach dem Training unterwirft er sich mit aufopferungsvoller Hingabe. Auf die immer gleichen Fragen – Wer wird spielen, Herzog oder Scholl? Wie lange ist Lothar noch verletzt? – reagiert er mit hanseatischer Gelassenheit. Doch das Paradies währt nicht ewig. Schon nach drei Monaten ist es mit der Souveränität vorbei. Ich stehe bei einem Spiel im Münchener Olympiastadion im Innenraum, nicht weit von der Trainerbank. Und da sehe ich zum erstenmal wieder diese für Rehhagel so typische wegwerfende Handbewegung, die er immer macht, wenn er die Nase voll hat. Und er schreit ins Spiel hinein:»Du hast ja keine Ahnung!« Oder:»Hör doch auf!«

Zwar gilt nach wie vor Ottos Grundprinzip: Ein im Spiel gesagtes Wort gilt nach dem Schlußpfiff als nicht gefallen. Eine Regel, von der er selbst übrigens am meisten profitiert. Er schimpft und schreit. Dann wird geduscht – und alles ist wieder im reinen. Doch die Ausfälle gegen seine Leute signalisieren eine Nervosität, die von Samstag zu Samstag zunimmt.

Die trügerische Ruhe der Winterpause endet abrupt beim Start der Rückrunde im Februar 1996. Bayern München trifft auf den HSV, und ich bekomme unmittelbar mit, wie Otto Rehhagel das Heft langsam aus der Hand gleitet. Ich soll das Spiel live übertragen, und wie immer bei einem solchen Anlaß bin ich mittags mit Rehhagel verabredet, damit er mir die Mannschaftsaufstellung gibt und ein bißchen über seine Pläne und seine Taktik erzählt. Er sagt mir:»Wahrscheinlich werde ich mit Herzog spielen und Mehmet Scholl dafür auf der Bank lassen.« Mit dieser Information bin ich rausgegangen. Als um 19 Uhr die Spieler ins Stadion kommen, sagt mir aber Mehmet Scholl:»Ich spiele.« Ich meine nur:»Herzlichen Glückwunsch!« Worauf Scholl verschmitzt lächelnd erwidert:»Ist Befehl von oben.« Das heißt: von ganz oben, von Franz Beckenbauer.

In meiner Sendung zitiere ich den Spieler und sage den Zuschauern:»Mehmet Scholl kommt zum Einsatz, Otto Rehhagel war sich bis zum Mittagessen nicht sicher, favorisierte aber Andreas Herzog. Daß es anders gekommen ist, hat Mehmet Scholl mir wörtlich so erklärt: Befehl von oben.« Und in der Tat hat es am Nachmittag ein Gespräch zwischen Trainer und Präsident gegeben, wie mir Beckenbauer später erzählt. Natürlich ist es nicht die Art von Franz, seinen Trainer direkt anzugehen:»Otto, du mußt den Scholl spielen lassen, nimm Herzog auf die Bank.« Der Kaiser, ganz Diplomat, denkt bei einer Tasse Kaffee einfach laut darüber nach, daß der Boden im Stadion doch sehr tief sei und ein leichtgewichtiger Mann wie Scholl da Vorteile hätte. Schon weiß Rehhagel, was zu tun ist.

Ein dramatischer Augenblick: Otto Rehhagel verliert erstmals die Kontrolle in seinem ureigensten Bereich; er befindet sich in einer Einbahnstraße, und an deren Ende wartet die Wand. Was tut Rehhagel? Er macht mich für diese Situation und damit für den Machtverlust verantwortlich. Er unterstellt mir eine rufschädigende Indiskretion, obwohl ich Mehmet Scholl nur zitiert habe. Er hält es für richtig, damit erneut eine Eiszeit in unserer schwierigen Beziehung einzuleiten. Mein Fax, in dem ich noch mal die Situation schildere und um ein klärendes Gespräch bitte, läßt er unbeantwortet. Ich bedaure das sehr, kann aber damit umgehen.

Natürlich war es nur eine Frage der Zeit gewesen, wann Beckenbauers langer Kompetenzschatten auch Rehhagel erreicht. Und aus dem kann selbst ein solcher Fachmann nicht heraustreten. Es gibt nicht viele, vor denen er innerlich stramm steht. Beckenbauer aber ist so jemand.»Wenn der Franz so etwas wie mit Scholl sagt, kommt eben auch ein Rehhagel ins Grübeln. Aber den Umgang mit einer solchen kompetenten Überfigur ist er nicht gewöhnt. Denn der Herr, dem er zuvor 14 Jahre lang in Bremen diente, Franz Böhmert, ist ein Fußballfreund von ganz anderer Art. Einer, der bei der DFB-Zentrale in Frankfurt ein und aus geht, geschätztes Mitglied im Liga-Ausschuß, Fachmann für Medienfragen, vor allem aber ein Mann, der seine Grenzen kennt. Otto ließ er gewähren. Was Otto fußbal-

lerisch richtig fand und beschloß, segnete der Boß nickend ab.
Für diese Art der Zusammenarbeit ist Franz Beckenbauer so
geschaffen wie Lothar Matthäus für eine Schweigewoche im
Trappistenkloster.
»Sag mal«, fragt mich wenig später Franz Beckenbauer, »was
habt ihr uns denn da aus Bremen an die Isar geschickt?« Wir
sitzen Ostern 1996 in Marbella in kleiner privater Runde zusammen, reden übers Golfen. Fußball ist hier eigentlich gar
nicht das Thema. Und dann kommt Franz plötzlich mit dieser
Frage. Es sollte wohl scherzhaft klingen, doch es muß mehr
dahinterstecken. Ich antworte matt: »Aber, Franz, der Otto
Rehhagel hat doch in Bremen durchaus Stärken bewiesen, ein
erfolgreiches Kollektiv aufgebaut, und das ganz ohne Stars.«
Beckenbauer beruhigt das nicht, im Gegenteil: »In München
haben wir kein Kollektiv, wir haben nur Stars. Mit denen müssen wir deutscher Meister werden. Ich erwarte, daß sich ein
Trainer auf diese Lage einstellen kann.«
Der Kaiser gibt keine Ruhe: »Nenne mir doch mal die Stärke
von deinem Trainer aus Bremen!« Ich sage: »Denk an die vielen Spieler, die er deiner Nationalmannschaft zugeführt hat.
Günther Herrmann zum Beispiel, den hast du mitgenommen
zur Weltmeisterschaft 1990. Oder Gunnar Sauer, Europameisterschaft 1988, oder Oliver Reck. Und Frank Ordenewitz. Sie
alle sind aus der Amateur- oder sogar der Jugendabteilung gekommen und wurden deutscher Meister und sogar Nationalspieler.« Franz kann es nicht glauben: »Da muß sich aber sehr
viel geändert haben in den letzten Monaten bei Otto Rehhagel. Bei uns hat er noch kein einziges Spiel der Amateure
angeschaut.« An seinem versteinerten Gesicht merke ich: In
Franz kocht es. Er redet sich immer weiter in Rage. Nein, so
höre ich heraus, eigentlich habe er von Otto Rehhagel etwas
anderes erwartet. Aber er will die Form wahren und die Sache
mit Anstand zu Ende bringen.
Aber wie soll das unter diesen Umständen funktionieren?
»Franz«, werfe ich ein, »wenn du jetzt schon so redest – wie

wollt ihr da gemeinsam die vereinbarten drei Jahre überstehen?« Und dann kommt dieser Satz vom Franz, der die Ära Otto Rehhagel in München eindeutig definiert:»Wer redet denn über drei Jahre?«

Was veranlaßt einen harmoniebedürftigen Menschen wie Beckenbauer dazu, so früh auf Distanz zu seinem Trainer zu gehen? Ich erfahre es wenig später, zunächst als Gerücht. Rehhagel sei an einem Nachmittag mit seinem Präsidenten verabredet gewesen. Anlaß: die Verstimmung zwischen Mannschaft und Trainer. Beckenbauer macht sich dazu von Kitzbühel aus auf den Weg nach München. Und als er nach eineinhalb Stunden Fahrtzeit mit Rehhagel ein Gespräch unter Männern führen will, um ihm goldene Brücken zu bauen, versteht der Trainer die Signale seines Präsidenten nicht.»Lothar, komm doch mal dazu«, soll Rehhagel dem vorbeieilenden Kapitän Matthäus zugerufen haben – in einer Situation, als Beckenbauer eine Aussprache unter vier Augen wollte, um die Risse zu kitten.

Und irgendwann bekam der um Schlichtung bemühte Beckenbauer auch noch von Rehhagel zu hören:»Draußen steht mein Taxi, Franz. Das kann ich nicht warten lassen. Ich muß jetzt unbedingt los.« Sprach's und rauschte davon.

So ist er es aus Bremen durchaus gewohnt: Als unumschränkter Herrscher pflegte sich Rehhagel dort des öfteren ähnlich zu benehmen. Er sagte:»Da draußen wartet ein Taxi auf mich«, oder, besser noch,»Meine Frau holt mich«. Woraufhin die Präsidiumsmitglieder auch mal stramm standen und unisono flöteten:»Trainer, wir vertagen das Thema.«

Mit einem Franz Beckenbauer aber kann man so nicht umspringen. Das ist, als ob man dem Bundestrainer den Stinkefinger zeigt. Bei unserem Treffen in Marbella zeigt diese Episode offenbar noch immer Wirkung. Jedenfalls weicht Beckenbauer auch nicht aus, als ich frage:»Ja, wer soll es denn sonst machen?« Es gilt ja schon als geflügeltes Wort, daß der FC Bayern untrainierbar ist. Mit diesem Überbau, dieser Hierarchie, diesen vielen Stars – wer verfügt über die absolute Autorität, die für diesen Trainerposten notwendig ist? Wo in Deutschland steckt so ein Übermensch?»Es muß ja kein Deutscher sein«, sagt Bekkenbauer so dahin. Denkt er etwa schon wieder an Giovanni Trappatoni? Alles spricht dafür, im März 96, gut zwei Monate, bevor der Deal perfekt gemacht wird.

Aber trotz aller Unstimmigkeiten in diesem bajuwarisch-preußischen Konflikt: Beckenbauer ist entschlossen, bis zuletzt ein Ehrenmann zu bleiben. Er will Otto Rehhagel die Chance nicht nehmen, den UEFA-Pokal zu gewinnen oder die deutsche Meisterschaft. Erst danach, so schwebt es ihm vor, will man in Frieden auseinandergehen. Aber manchmal reichen gute Vorsätze allein nicht. Ein neues Spiel, weitere 90 Minuten, und die Welt sieht wieder ganz anders aus.

Nach der Heimniederlage der Bayern gegen Hansa Rostock spitzt sich die Lage dramatisch zu. Bei den anderen Präsidiumsmitgliedern herrscht Untergangsstimmung:»Es geht nicht mehr weiter, die Mannschaft nimmt Otto Rehhagel als Trainer nicht mehr ernst. Wir können jetzt nicht alles verspielen. Aber wenn wir die Sache bis zum Ende durchziehen, dann tun wir genau das.« Und wie heißt das Allheilmittel im deutschen Fußball, wenn die Tore wie vernagelt scheinen und die Spieler vom Pech verfolgt? Es heißt Franz Beckenbauer. Er soll wieder in die Trainingshosen steigen und die Ärmel aufkrempeln. »Du, Franz, mußt es machen«, sagen ihm die Kollegen,»nur du kannst das.«

Und siehe da! Noch einmal steigt der Kaiser gezwungenermaßen in die Bütt. Nur für ein paar Spiele diesmal. Aber es hilft nichts. Das stolze Bayern-Schiff ist bis zum Saisonende nicht mehr flottzumachen. Zum erstenmal ist sich Franz Beckenbauer untreu geworden. Gegenüber Otto Rehhagel ist er nicht jener Ehrenmann geblieben, der er ursprünglich sein wollte. Immerhin gesteht er es dem geschaßten Trainer ein, bei einem Treffen wenige Wochen später:»Es war ein Fehler, daß ich mich damals habe breitschlagen lassen, dich so kurz vor Saisonende herauszunehmen.« Ob dies Otto Rehhagel wirklich tröstet? Er hat weiterhin das Gefühl, daß ihm zumindest ein Titel gestohlen worden ist: entweder der UEFA-Pokalsieg oder eben die deutsche Meisterschaft.

Eine bittere Bilanz, die auch dadurch nicht versüßt wird, daß Otto Rehhagels Gage in München standesgemäß ausfiel. Nach allem, was ich weiß, hat sie an die zwei Millionen Mark brutto pro Jahr herangereicht. Ein hübsches Sümmchen, wenn auch nicht vergleichbar mit den uferlosen Beträgen, die die Vereinspräsidenten in Italien ihren Übungsleitern über den Tisch schieben. Und unter dem Strich auch nicht dramatisch viel mehr, als ihm der Kassenwart bei Werder Bremen überwiesen hat. Präsident Franz Böhmert hat mir gegenüber mal durchblicken lassen:»Auch bei uns hatte Otto Rehhagel unter dem Strich, alle Gabelverträge mit Sponsoren mitgerechnet, rund 1,5 Millionen im Jahr. Brutto.«

Damit war Otto Rehhagel auch schon vor dem Abenteuer München finanziell unabhängig – Ergebnis auch seines eher sparsamen Lebenswandels. Ein Mann, der weder raucht noch trinkt, sich allenfalls in den Ferien in die gepflegte Gastlichkeit gediegener Hotels zurückzieht. Davon abgesehen: Otto führt keinen Berater auf der Gehaltsliste, Otto ist verheiratet. Seine Frau Beate, die er als Jugendlicher auf der Eisbahn von Essen-Altenessen kennenlernte, hat immer aufgepaßt. Die Verwechslung von Soll und Haben kann ihr nicht passieren; insofern ergänzt sich das Ehepaar Rehhagel vortrefflich.

Mit anderen Worten: Es war nicht das Geld, das ihn nach München zog. Sondern schlicht der Wunsch, noch einmal im Leben einen Traumjob zu machen. Die Chance, endgültig Aufnahme in die Liste der unsterblichen Trainer zu finden. So hatte er auch keinerlei Angst, unter dem Erwartungsdruck der Münchener Medienmafia einzuknicken:»Das kriege ich hin auf meine ureigene Art.« Alles andere hat er sich weiß Gott nicht träumen lassen.

Otto Rehhagel ist häufig Gast in den»ran«-Sendungen, die ich moderiere. Und auch, als ihm die Chose in München trotz aller guten Vorsätze aus den Händen gleitet, sagt er meine Einladungen ins Studio nicht ab. Er schätzt nämlich Live-Sendungen. Eine Vorliebe, die auch aus seinem Mißtrauen gegenüber Journalisten resultiert: Bei Live-Gesprächen kann man nicht manipulieren – anders als bei aufgezeichneten Interviews, wo er auf das Endprodukt keinen Einfluß mehr hat. So sitzt er also in seinem Sessel und wartet auf den Beginn der Sendung, ohne geringste Anzeichen von Nervosität, wenn das Rotlicht der Kamera aufleuchtet.

Diese Gelassenheit eines Mannes, der sich für weitgehend unangreifbar hält, verliert er auch nicht, als die Beine an seinem Stuhl vom Bayern-Präsidium schon gehörig angesägt sind. Allen Unkenrufen zum Trotz geht er davon aus: »Wenigstens ein Jahr mache ich noch, und ich werde Meister.« Nur so ist zu erklären, daß er tief geschockt reagiert, als er am drittletzten Spieltag der Saison in das Vereinshaus an der Säbener Straße bestellt wird, und der Kaiser ihm sagt: »Otto, es ist besser, wenn wir jetzt auseinandergehen.«

Der Präsident der Bayern hält jetzt nicht mehr hinterm Berg. Eine Zeitlang hat er sich angesehen, wie Rehhagel mit den Medien zu kämpfen hatte. Da stärkte er ihm noch den Rücken und sagte allen Kritikern: »Der kriegt das hin.« Doch dann macht er eine Erkenntnis, die schwerer wiegt als all der Knatsch mit den Medien: Franz Beckenbauer hinterfragt die Fähigkeiten seines Fußball-Lehrers. Im vertrauten Kreis bei den Bayern sprechen sie von »Trainingsmethoden, die überkommen sind«.

Offensichtlich wird Rehhagel von dem Problem eingeholt, daß er einfach zu lange bei ein und demselben Verein das Sagen hatte. Anregungen von außen, für ein abwechslungsreich gestaltetes Trainingsprogramm, für moderne Spielkultur, standen nicht auf dem Programm. Er spult ein immergleiches Pensum herunter, ohne der Fortbildung breiteren Raum zu lassen.

Das mag für Bremen genug gewesen sein. Die Motivation kam

über die souveräne Führung der Mannschaft, aber das Training lief ab nach Schema F. In München indes kann man ohne moderne Trainingslehre nicht landen. Bayern hat in der letzten Zeit beinahe Jahr für Jahr Bekanntschaft mit einem neuen Trainer gemacht. Jeder Neue hat versucht, die Truppe mit seinen Methoden zu beeindrucken. Und dann kommt einer wie Otto, und das Stichwort vom antiquierten Training macht bei den Spielern schnell die Runde. Hinter vorgehaltener Hand geben sie ihre Befindlichkeit auch weiter: »Also so ganz toll begeistern kann er uns nicht auf dem Trainingsplatz.«

Damit nicht genug: Die ersten Spieler verspüren eine gewisse Schlappheit. Auch Jürgen Klinsmann stößt in das gleiche Horn: »Ich fühle mich nicht fit.« Auch wenn jemand wie Klinsmann so etwas sagt, ohne den Trainer ausdrücklich beim Namen zu nennen, weiß jeder: Er meint damit den Trainer.

Weiß der Himmel, warum Rehhagel seine große Begabung zur Nachwuchspflege und Talentsuche in München plötzlich verliert. Ich kann mir nur vorstellen, daß er es sich so gesagt hat: »Jetzt bin ich bei einem Großstadtverein gelandet. Hier gibt es für alles und jedes Fachleute. Also ziehe ich mich auf die Position des sportlichen Direktors zurück.« Sozusagen von eigenen Gnaden dem Amt des Übungsleiters entwachsen, verteilt Rehhagel die Pflichten auf andere: auf Klaus Augenthaler, seinen Co-Trainer; auf Bomber Gerd Müller, den Mann für die A-Jugend; auf den Tiger Hermann Gerland, der sich um die Amateure kümmert; und auf Sepp Maier als Animateur für die Torhüter. Vielleicht denkt sich Rehhagel wirklich: »Laß denen ihren Freiraum, die sind kompetent. Die haben alle ihren Namen.« Nur – und dies ist womöglich sein größter Fehler: Er hätte dies Leuten wie Beckenbauer, Hoeneß oder Rummenigge von vornherein klarmachen müssen.

Gedankenspiele: Ich glaube nicht, daß ein anderer Titel das Problem gelöst hätte. Wie ja auch der neue Präsidententrainer das Problem der Münchener nicht lösen kann. Es zeigt sich gleich nach Beckenbauers Inthronisation. Als hätten die allmächtigen Fußballgötter persönlich Regie geführt, treffen die Münchener Bayern mit ihrem Kaiser als neuem Trainer ausgerechnet auf Werder Bremen, auf Rehhagels ehemalige Jungs. Die Münchener müssen dieses Spiel gewinnen, um eine minimale Chance auf die deutsche Meisterschaft zu wahren. Bei den Hanseaten von der Weser geht es auf den ersten Blick um nichts. Sie haben keine Aussicht mehr auf einen UEFA-Pokalplatz, vor dem drohenden Abstieg aber sind sie gerettet. Fast erwartungsgemäß liegen die Bremer bald 0:2 zurück – als sie für ein kleines Fußballwunder sorgen. Sie bäumen sich auf, biegen das Match um und gewinnen am Ende 3:2. Es ist ihr bestes Spiel in der ganzen Saison. Woher nehmen sie dazu noch einmal die Kraft? So verrückt es klingt: Ich sage, Beckenbauer hat sie indirekt stark gemacht.»Wir geben noch einmal alles«, haben sich die Bremer geschworen – auch aus Dankbarkeit ihrem alten Trainer Otto Rehhagel gegenüber.

Sentimentalität ist sicher nicht die hervorstechendste Eigenschaft von Bundesliga-Profis. Aber manchmal schimmert sie eben doch durch. Wäre ihr Otto noch Trainer bei den Bayern gewesen, dann hätten die Bremer einen solchen Kraftakt wohl kaum geschafft. Sie hätten es bei der Niederlage belassen, davon bin ich überzeugt. Sie hätten Rehhagel den Titel gegönnt – ja, auch aus Dankbarkeit.

Vielleicht liegt Otto Rehhagel ja sogar richtig mit seiner Behauptung, daß er als Trainer den Titel des deutschen Meisters der Saison 1995/96 nach München geholt hätte. Aber wer weiß? In dieser Frage werden sich, so fürchte ich, die Fußballfreunde auch in hundert Jahren noch nicht einig sein.

8

Aufenthaltsort unbekannt

Erich Ribbeck verschollen
auf Teneriffa

○○○○○○ Entlassene Bundesliga-Trainer haben meist nur einen Wunsch: Sie wollen ihre Ruhe haben und die Seele baumeln lassen. Bei Journalisten treffen sie damit gelegentlich auf Unverständnis. Nach seiner Entlassung bei Bayern München war Erich Ribbeck untergetaucht; man vermutete ihn irgendwo auf dem Green eines südländischen Golfplatzes. Als plötzlich die Nachricht die Runde macht, Ribbeck habe einen neuen Vertrag bei Bayer Leverkusen unterschrieben, bricht in den Sportredaktionen der Republik Hektik aus. Alle Welt wartet auf eine Stellungnahme jenes Mannes, der es trotz fortgeschrittenen Lebensalters und einer großzügigen Abfindung von den Bayern noch einmal wissen will. Nur: Wie macht man ein Interview mit einem Mann, von dem keiner weiß, wo er steckt?

Es gab nur spärliche Hinweise auf seinen möglichen Aufenthaltsort. Ein »Leverkusen-Spezialist« unserer »ran«-Redaktion wollte aus ziemlich sicherer Quelle erfahren haben, Erich Ribbeck befände sich auf Teneriffa. Immerhin ein Anhaltspunkt. Ich sitze zur gleichen Zeit in Marbella – sieben Tage Urlaub. Der Grill ist gerade angeworfen, da klingelt das Telefon: »Kannst du nicht schnell da rüber, du bist doch nur zwei Stunden entfernt?« Erwischt. Aber die Bitte der Redaktion ist Befehl, also mache ich mich am nächsten Morgen auf den Weg. Um 10 Uhr lande ich auf dem Flughafen der Kanaren-Insel. So weit, so gut – bloß: wohin jetzt?

Ich kenne Erich Ribbeck seit vielen Jahren. Man kann sagen, daß uns eine kämpferische Zuneigung miteinander verbindet. Es hat Zeiten gegeben, in denen er mir alles andere als wohl gesonnen war. Damals zum Beispiel, als er noch beim HSV spielte. Ich hatte in einem Beitrag für den NDR seine Qualitäten als Manager angezweifelt. Gemessen an seinem Vorgänger im Amt, Günter Netzer, fehle Ribbeck die betriebswirtschaftliche Kompetenz. Seitdem herrschte Funkstille, bis wir uns bei einer Talkshow am Timmendorfer Strand zufällig wieder trafen. Er warf mir, immer noch sauer, Arroganz vor. Doch je länger wir uns unterhielten, um so mehr näherten wir uns an. Erich Ribbeck war bereit einzulenken.

Diese rauhe, kernige Art habe ich bei ihm immer gemocht. Natürlich ist er kein Betriebswirt, kein Typ für Zahlenkolonnen, für den sorgfältigen Abgleich von Soll und Haben. Nach dem Engagement beim HSV hat er sich auch nie wieder auf diesem Gebiet versucht. Nein, Ribbeck ist ein Fußball-Lehrer, einer der ganz wenigen, die übriggeblieben sind aus einer anderen Zeit. Ein Mann, der ganz autoritär entscheidet, der Meinungen anderer oft nicht gelten läßt. Es gibt Fußballfreunde, die sagen, er sei ein auslaufendes Modell. Ein hartes Urteil, ich bin mir da nicht so sicher. Als wir jedenfalls am Timmendorfer Strand auseinandergingen, sagte Ribbeck:»Man hat sich ja doch ganz gut verstanden.«

In der Folgezeit entwickelte sich eine sehr persönliche Beziehung. Als er Trainer bei den Bayern war, hatten wir oft am Abend vor der Spielübertragung lange Gespräche am Kamin. Dabei ging es nicht nur um Fußball und taktische Fragen. Wir sprachen auch über die Belastungen des Berufes, ich erzählte ihm von meinem Ferienhaus in Marbella. Auch Erich Ribbeck dachte damals schon über »Ausstiegsmöglichkeiten« nach, auch ihn beschäftigte die Frage: Wie komme ich irgendwann in ein Fahrwasser, das mehr Lebensqualität verspricht? Und nun dies: Er läßt sich noch einmal in die Pflicht nehmen. Warum hat er bei Bayer Leverkusen unterschrieben? Warum tut er sich das an? Darüber möchte ich mit Erich Ribbeck sprechen. Wenn ich ihn finde. Ich weiß, daß er ein leidenschaftlicher Golfspieler ist. Die Insel hat zwei Plätze. Auf gut Glück entscheide ich mich für den im Süden. Als wir das Clubhaus betreten, stellt sich heraus, daß wir tatsächlich ins Schwarze getroffen haben. Die Dame am Empfang vermutet Ribbeck irgendwo am zehnten Loch. Ich gebe dem Kameramann das Zeichen, die Technik in Stellung zu bringen.

Wir warten geschlagene zwei Stunden, es passiert nichts. Immerhin erfahre ich, daß er Stammgast ist in diesem Golfclub, und ich bekomme seine Telefonnummer. Sie ist zwar geheim, aber für einen grünen Pesetenschein rückt der Caddy-Meister sie heraus. Mein Pech: Als ich anrufe, meldet sich niemand.

Dann plötzlich biegt er um die Ecke. Als Ribbeck uns sieht, fällt ihm fast der Golfschläger aus der Hand. Er gibt sich sofort geschlagen. Es ist auch wirklich Eile geboten, denn die Sendung in Deutschland beginnt um 18 Uhr, und das Gespräch muß noch nach Hamburg überspielt werden. Also lege ich los: »Warum, Herr Ribbeck, tun Sie sich das noch einmal an?« Die entscheidende Frage ist gestellt, der Trainer will gerade antworten, als der spanische Kameramann hilfesuchend die Hand hebt. Der Akku ist leer, sollen seine Zeichen bedeuten. Da aber jeder gewissenhafte Kameramann einen zweiten Akku dabei hat, kommt der jetzt zum Einsatz – und erweist sich als genauso unbrauchbar. Die Kamera springt gar nicht erst an. Ich merke, wie meine Zornesadern zu platzen drohen. Vor mir steht der neue Trainer von Leverkusen, wir befinden uns an seinem Urlaubsort, ich habe die Gelegenheit zu einem ersten Exklusivinterview für »ran« – und die Kamera macht schlapp. Ich kann es einfach nicht fassen.

Sicher, es hätte die Möglichkeit bestanden, ins Fernsehstudio zu fahren. Doch das befindet sich am anderen Ende der Insel, in Teneriffa-Nord, rund 70 Kilometer entfernt, anderthalb Stunden hin, anderthalb Stunden zurück. Ein Ding der Unmöglichkeit, das in der Zeit bis zum Sendebeginn noch zu schaffen.

Im Clubhaus hat unser Auftritt mittlerweile für einen mittleren Menschenauflauf gesorgt. Ich spüre: Jetzt hilft nur noch improvisieren. Mein Blick geht durch die Runde, und dann habe ich eine Idee: »Gibt es hier jemanden, der eine Videokamera dabei hat?« Und tatsächlich meldet sich ein Mann. »In meinem Ferienhaus habe ich eine«, sagt er, »ich wohne ungefähr acht Minuten entfernt. Die könnte ich holen.« Ich bedanke mich bei ihm und denke: Den schickt mir der Himmel.

Mein Retter macht sich auf den Weg, bleibt aber noch einmal stehen. »Wissen Sie, Herr Wontorra, ich mache das wirklich nur, weil Sie mir auch schon mal einen großen Gefallen getan haben.« Natürlich bin ich erstaunt, ich kann mich nicht erinnern, den Mann jemals gesehen zu haben. »Wie soll ich Ihnen einen Gefallen getan haben?« »Vor gut einem Jahr haben Sie in Kiel ein Kommunikationszentrum eingeweiht, Sie haben damals die Veranstaltung moderiert. Ich war als Gast dabei. Als ich um Mitternacht nach Hause fahren wollte, war mein Auto zugeparkt. Sie waren dann so nett, den Fahrer auszurufen. Weil das damals so toll geklappt hat, hole ich jetzt meine Videokamera, damit Sie Ihr Interview machen können.« Ich bin sprachlos – aber man trifft sich eben immer zweimal im Leben.

Nach zwanzig Minuten, die Ribbeck dankenswerterweise gewartet hat, ist der freundliche Helfer zurück. Weil ich jedes Vertrauen in den spanischen Kameramann verloren habe, gebe ich ihm nur eine einzige Anweisung. »Leg diese Kamera auf einen Stapel Bierdeckel und achte darauf, daß im Sucher zwei Menschen zu sehen sind – nämlich Ribbeck und ich. Dann stellst du auf ›Aufnahme‹ und nimmst die Finger vom Gerät.«

Sicherheitshalber kontrolliere ich die Einstellung noch einmal, in dem ich Frau Ribbeck bitte, meine Position einzunehmen. Es lohnt sich. Denn wie sich herausstellt, sind bei der derzeitigen Kameraeinstellung die Köpfe abgeschnitten. Ein weiteres Paket Bierdeckel schafft Abhilfe. Anschließend bitte ich meinen prominenten Gesprächspartner noch einmal ausdrücklich darum, wegen des qualitativ eher bescheidenen Mikrophons sehr laut und deutlich zu sprechen. Ich weiß nicht, woher Ribbeck die Geduld nimmt.»Klar, mach ich«, sagt er ganz freundlich. Dann sind wir soweit. Das Gespräch dauert zehn Minuten. Am Ende spenden die umstehenden Golfer spontan Applaus. Um sicherzugehen, spule ich das Band zurück. Tatsächlich: Die Bilder scheinen im Kasten zu sein. Dann schicke ich den Kameramann Richtung Fernsehstudio, Richtung Teneriffa-Nord. Von dort soll die Kassette nach Hamburg überspielt werden. In der Redaktion können die damit dann machen, was sie wollen, denke ich nur. Erich Ribbeck lächelt nachsichtig. Wenige Minuten später ist er wieder beim Golfen. Wenige Tage später sitzt er bei Bayer Leverkusen auf der Trainerbank ...

Übrigens, der Film ist tatsächlich am Samstag abend gesendet worden. Reinhold Beckmann, der Moderator in Hamburg, hatte allerdings vorher um Verständnis gebeten. Leider lasse die Qualität des Beitrags etwas zu wünschen übrig.

Bei jenem denkwürdigen Interview im Clubhaus ahnen wir alle nicht, daß das Engagement bei Bayer Leverkusen Erich Ribbeck kein Glück bringen wird. Man muß nur den Namen Bernd Schuster nennen. Das Zerwürfnis zwischen dem blonden Ballkünstler Schuster und seinem neuen Trainer bahnt sich gleich am ersten Tag der Zusammenarbeit an. Es beweist, daß die Fußballbranche eine große Familie ist, und auch Schuster und Ribbeck hatten schon mal ihr Schlüsselerlebnis. Zu Zeiten von Jupp Derwall war Ribbeck Co-Trainer der Nationalmannschaft. Zu ihr gehörte damals auch Bernd Schuster. Die beiden zeichnete nicht unbedingt eine innige Liebe zueinander aus. Als Derwall abtrat, galt Ribbeck als bevorzugter Kandidat für seine Nachfolge. Eigentlich war es Tradition beim DFB, den Assistenten oder Stellvertreter zum Nachfolger zu bestimmen. Bei Sepp Herberger und Helmut Schön hatte man es so gehalten und auch bei Helmut Schön und Jupp Derwall. Mitten in die Trainersache platzte Bernd Schuster, damals bereits aus der Nationalmannschaft zurückgetreten. Weil er nicht mehr für Deutschland spielte, konnte er sich ein offenes Wort leisten, ohne Sanktionen erwarten zu müssen. Und so schoß der blonde Engel öffentlich gegen Ribbeck: »Jeder, nur nicht den!«

Schusters Meinung galt etwas. Schnell sprangen andere auf diesen »Anti-Ribbeck-Zug« auf. Am Ende wurde Franz Beckenbauer gekürt, nicht Erich Ribbeck. Das hat er Schuster nie verziehen. Als er in Leverkusen sein Amt aufnimmt, läßt er Schuster als erstes zu sich kommen und sagt ihm: »Sie werde ich hart rannehmen.«

Prompt kommt es zu Machtspielen. Der neue Trainer beordert Schuster auf den Libero-Posten und nicht ins Mittelfeld. Als Libero muß der ungeliebte Star in seinem fortgeschrittenen Alter mehr laufen, mehr tun. Ein Abschieben, ein erster Schritt zum kalten Rauswurf. Denn Ribbeck ist sich sicher: Der Schuster wird es auf dieser Position nicht packen.

Beim Europapokalspiel in Parma wird Schuster als Libero verantwortlich gemacht für drei Gegentore. Es gibt Fußballfachleute, die sich angesichts seiner Leistung an Sabotage erinnert fühlen. Kein Zweifel: Als Libero ist er ungeeignet. Ribbeck nimmt das aber in Kauf, um ihn zu demontieren. Die »Welt am Sonntag« fragt in einer Schlagzeile: »Wollen Sie ihn quälen, Herr Ribbeck?«

Längst hat der Verein den Plan fallengelassen, Bernd Schuster nach Ablauf seiner aktiven Zeit mit dem Titel des Technischen Leiters oder Sportlichen Direktors zu schmücken. Auch in der Mannschaft ist Schuster mehr und mehr isoliert. Selbst Rudi Völler wendet sich von ihm ab. Völler, der seiner Frisur den

Spitznamen »Tante Käthe« verdankt, wird plötzlich selber Kandidat für die interessanten Jobs in der Vereinsführung. Aber nicht deshalb geht er auf Distanz zum ehemaligen Weggefährten. Der Mann mit den 90 Länderspielen sieht vielmehr, wie das Ansehen von Schuster innerhalb der Mannschaft bröckelt, und wieviel Unruhe der begnadete Fußballer ins Gefüge bringt – genau wie an seinen früheren Wirkungsstätten in Madrid oder Barcelona.

Das Ende vom Lied: Schuster erstreitet zusammen mit Ehefrau Gabi eine Abfindung von 2,8 Millionen netto. Dann ist er weg. Aber auch Ribbeck kann nicht bleiben. Letzten Endes scheitert er an seiner eigenen Sturheit. Nach einem Jahr setzt der Verein 1996 auch ihm den Stuhl vor die Tür. In den inoffiziellen Verlautbarungen heißt es, der Trainer hätte die Mannschaft nicht mitreißen können. Ihm hätte die Gabe zur Motivation gefehlt.

Weil wir gut miteinander können, folgt Erich Ribbeck in der kritischen Phase meiner Einladung ins »ran«-Studio. Der Streit mit Schuster ist gerade eskaliert. Und er wird auch nicht blaß, als ich ihn vor laufender Fernsehkamera frage: »Sind Sie ein Menschenverächter?«

Natürlich hat er mir widersprochen – und die Frage nicht übelgenommen. Als Profi kennt er die Spielregeln. Das war zwar harter Tobak, doch er bekommt auch die Chance zu einer ausführlichen Antwort. Erich Ribbeck verkauft sich gut, am Ende wurden auch Zweifler auf seine Seite gezogen. Nach seiner Entlassung indes sagt er ab. Da schwingt Enttäuschung mit, aber auch Loyalität, zu der ein Trainer auch nach der Demission dem Verein gegenüber verpflichtet sei. Erich Ribbeck läßt durch seine Tochter noch freundliche Grüße ausrichten, dann ist er nicht mehr erreichbar.

Schon am nächsten Tag, glaube ich, hat er wieder auf dem Golfplatz gestanden, in Teneriffa oder wo auch immer. Auf der Gehaltsliste von Bayer Leverkusen steht er bis heute – »als Späher«. So kann ihm nicht entgangen sein, daß sich auch

Bernd Schuster nach einem Gastspiel in Mexiko wieder in Deutschland befindet. Als Trainer in Köln – nicht weit von Leverkusen. Erich Ribbeck hat in der Domstadt weiterhin seinen 1. Wohnsitz. Aber die Zweitliga-Spiele von Fortuna, die wird er sich wohl schenken. Und eine Rückkehr ins Trainergeschäft scheint ebenfalls ausgeschlossen. Der Mann ist 60. Warum soll er sich das auch noch mal antun, wenn es doch viel spannender geworden ist, sein Handicap regelmäßig zu verbessern?

9

Von Graf & Groß bis Bellof & Becker

Prominenz im Interview

○ ○ ○ ○ ○ ○ ○ In den vielen Jahren meiner Arbeit als Sportreporter fürs Fernsehen habe ich mich auf die Interviews mit Spitzensportlern immer besonders gefreut. Mich interessieren nun mal besonders die Gedanken und Gefühle von Menschen nach einem großen Triumph oder einer bitteren Niederlage. Dabei kommt es darauf an, jenes Klima von Vertrautheit herzustellen, das meinen Gesprächspartner die Fernsehkamera völlig vergessen läßt. Ein Patentrezept dafür gibt es nicht, höchstens eine Gesprächsstrategie, die sich Moderatoren zurechtlegen, nachdem sie sich mit der Vita ihrer Gesprächspartner vertraut gemacht haben. Wenn dann noch die Chemie stimmt, wenn man sich gegenseitig wertschätzt und respektiert, dann besteht auch die Chance, auf kritische Fragen ehrliche Antworten zu erhalten. Einen Grundsatz sollte man sich dabei zu eigen machen: nie die Grenzen der Fairneß überschreiten.

Ich erinnere mich zum Beispiel an den Schwimmer Michael Groß. Wenn der »Albatros« im Wasser seine Bahnen zog, dann war er in seinem Element. Doch kaum war er an Land, schien er sich am liebsten verkriechen zu wollen. Journalisten ging er am liebsten aus dem Weg. Ein, zwei Fragen bei den offiziellen Pressekonferenzen nach dem Wettkampf ließ er über sich ergehen, mehr nicht. Man merkte ihm an: Diese Art der öffentlichen Befragung war ihm unangenehm, er »machte zu«, wie Journalisten diese Form von Verweigerung nennen.

1984 ergab sich die Gelegenheit, Michael Groß für ein Gespräch vor die Kamera zu bekommen. Er hatte gerade die Goldmedaille bei den Olympischen Spielen in Los Angeles gewonnen. Plötzlich fing er an zu reden, gab überraschend Einblick in sein Seelenleben. Sicher spielte eine Rolle, daß wir uns schon ein paar Jahre kannten. Als Schwimmreporter bei der ARD hatte ich oft von den Stationen seiner Karriere berichtet. Man kannte sich also, und man machte auch so manche private Erfahrung miteinander. Günstige Vorzeichen für ein Interview, das über den Beckenrand hinausging.

Ich nehme an, daß auch der Kameramann seinen Ohren kaum traute. Plötzlich war Michael Groß bereit, sein Inneres nach außen zu kehren, seine Rolle als Star zu reflektieren, und wie schwer er sich als introvertierter Mensch damit tut. Er gestand seine Zurückhaltung, auch seine Schüchternheit Frauen gegenüber. Ich brauchte ihn bei diesem Gespräch nur anzustoßen; ein Stichwort genügte, um ihn aufzuschließen. Vor einem Millionenpublikum gab er sich preis – ein Gespräch, an das man sich auch später noch erinnert, eine Sternstunde, weil Michael bereit war, sich zu öffnen, für mich vergleichbar mit einer anderen Begegnung: jener mit dem Rennfahrer Stefan Bellof.

Bellof wurde von Experten damals, als von Michael und Ralf Schumacher und auch von Heinz-Harald Frentzen noch nicht die Rede war, als Deutschlands bester Rennfahrer nach Graf Berghe von Trips bezeichnet. Niemand würde ihn auf seinem Weg an die Spitze der Formel Eins aufhalten können, darin war man sich einig. In der Sportschau habe ich damals mit ihm über die Risiken der Rennfahrerei gesprochen, über Leben und Tod.

»Flieg, Albatros, flieg.« Michael Groß 1984 im ARD-Studio
(Foto: Georg Rieckhoff)

Wir trafen uns im Studio in Köln, gut eine Stunde vor Beginn
der Sendung. Ich kannte Bellof bis dahin nicht persönlich,
hatte allerdings zur Vorbereitung viel über ihn gelesen und
selbstverständlich alle Fernsehbeiträge über diesen Mann gesehen. Die Motorsportexperten der Redaktion beschrieben
ihn als kühnen Rennfahrer, der kein Risiko scheute. Ich war
also sehr gespannt.
Schon bei unserem Vorgespräch habe ich das Gefühl, daß es
ein gutes Interview werden könnte. Die Chemie stimmt; wir
plaudern über dies und das. Bellof, das ist zu spüren, will von
sich erzählen. Dabei vermeide ich es natürlich, gegen die vielleicht einzige goldene Regel zu verstoßen, die es bei Interviews zu beachten gilt: Stelle unter keinen Umständen schon
bei einem Vorgespräch eine Frage, die du auch später vor der
Kamera stellen willst. Wer so etwas tut, der »verschießt seine
Munition«, denn Fernsehkameras sind gnadenlos. Antworten
können den Zuschauer vor dem Bildschirm nur packen, wenn

sie spontan, wenn sie originär sind. Kein Sportler dieser Welt antwortet auf dieselbe Frage zweimal mit der gleichen Emotion und Aussagekraft. Die Wiederholung ist stets blasser, eben nur ein Aufguß. Irgendwo im Hinterkopf hat dann jeder Interviewpartner störende Gedanken: Diese Frage kenne ich doch, ich habe sie schon einmal gehört, habe sie schon einmal in aller Ausführlichkeit beantwortet. Also begnügt sich der Studiogast dann, wenn es wirklich darauf ankommt, mit einer Art Zusammenfassung. Antworten dieser Art elektrisieren leider niemanden, weder den Zuschauer vor dem Fernseher noch den Moderator im Studio.

Die Sportschau-Fanfare ertönt, die Sendung beginnt. Natürlich muß man mit einem Rennfahrer auch über die Risiken seines Berufes sprechen. Bellof ist ganz gelöst, keine Sekunde scheint er einen Gedanken an die Kamera zu verschwenden. Er erzählt von seinen Gefühlen im Cockpit eines Rennwagens, daß er sich der Gefahr durchaus bewußt sei. Und er erwähnt die totale Konzentration bei Tempo 300: sie verdränge alles andere, auch die Angst.

Der Redakteur der Sendung hat für das Interview sieben Minuten vorgesehen, die Sportschau ist wie immer minutiös geplant. Aber was heißt das schon? Das ist mir jetzt nicht mehr wichtig. Die Aufnahmeleiterin neben der Kamera winkt längst: Macht Schluß, die Zeit ist vorbei! Ich beachte ihre Zeichen nicht und überziehe gnadenlos – das Gespräch ist einfach zu spannend.

Ohnehin ist es ja ein kühnes Unterfangen, mit einem Interview Menschen in nur sieben oder zehn Minuten vorzustellen, zu porträtieren. In meiner Zeit als Sportchef bei Radio Bremen habe ich in den Redaktionskonferenzen stets gesagt: »Ihr müßt den Menschen ins Gesicht schauen – und auch dahinter. Dann entstehen Geschichten, die den Zuschauer faszinieren.« Wirklich große Sportler ziehen den Betrachter nicht allein wegen der Höchstleistungen in ihren Bann, sondern mit dem, was sie über den Sport hinaus vermitteln.

Stefan Bellof ist so einer gewesen. Er gab sich in dieser Sendung keineswegs nur als jugendlicher Held. Vielleicht enttäuschte er, der ja gerade mal 24 Jahre alt war, mit seiner Nachdenklichkeit sogar die eine oder andere Erwartung. Er gab zu, daß es ihm schmeichelte, immer mehr im Rampenlicht zu stehen, daß es auch ein Kick sein kann, dieses Gefühl, einen Porsche-Prototyp im Grenzbereich durch die Kurve zu bewegen. Er sprach über seinen Aufstieg aus eher kleinen Verhältnissen, über die finanziellen Möglichkeiten in seinem Sport, aber er sagte auch, daß er in seinem Privatauto auf der Landstraße jeden Beifahrer nur langweilen würde: »Da bin ich ganz defensiv.«

Wir blieben mit dem Interview mehr als elf Minuten auf Sendung. Als wir uns später an der Studiotür voneinander verabschiedeten, verabredeten wir ein Wiedersehen. Stefan Bellof verunglückte drei Wochen später auf der Rennstrecke von Spa-Francorchamps in Belgien tödlich – bei einem waghalsigen Überholmanöver. Als ich die Nachricht las, dachte ich zurück an das Gespräch in der Sportschau. »Ich versuche das Risiko zu kalkulieren«, hatte er versprochen. Doch mitten im Wettkampf geraten solche Sätze schnell in Vergessenheit. Stefan Bellofs Tod ist mir sehr nahe gegangen.

In vielem unterscheiden sich Otto Rehhagel und ich. In einem aber stimmen wir überein: Wir beide bevorzugen Live-Interviews. Gespräche aufzuzeichnen und zeitversetzt zu senden, ist nicht unser Ding. Rehhagel mißtraut vielen Journalisten, befürchtet, daß Fernsehredakteure bei aufgezeichneten Interviews im Schneideraum noch einmal die Schere ansetzen. Kurzum: Er befürchtet Manipulationen. Da sagt er lieber, zum Beispiel, als wir ihn nach seiner Entlassung bei Bayern München befragen wollten: »Wenn wir reden, dann nur live.«

Für einen Fernsehmoderator wie mich ist das Ganze ohnehin keine Frage. Ich bekenne mich da zu einem gewissen Phlegma: Mit dem Schneiden und Texten sind Aufzeichnungen enorm zeitaufwendig, von der An- und Abreise mit dem Übertragungswagen ganz zu schweigen. Vor allem aber hat für mich eine Live-Sendung viel mit Adrenalin zu tun. Daran hat sich in all den Jahren nicht das geringste geändert. Wenn im »ran«-Studio in Hamburg-Wandsbek der Aufnahmeleiter kurz vor Sendebeginn mit dem Countdown einsetzt, dann beginnt mein Adrenalinspiegel zu steigen. Dann arbeite ich anders, viel konzentrierter. Man holt mehr aus dem Interviewten heraus – nicht zuletzt wegen der 200 Menschen, die während der Sendung auf der Zuschauertribüne sitzen. Zu den Kölner Sportschau-Zeiten gab es nur das leere Studio, vier Kameras um mich herum, eine sterile Situation.

Jetzt bekomme ich die spontanen Reaktionen der Zuschauer mit, die mit Bussen aus ganz Deutschland anreisen, aus Gelsenkirchen, München, Stuttgart oder Bochum. Ein Seitenblick in ihre Gesichter genügt, und ich weiß, ob ich auf dem richtigen Weg bin, ob das Gespräch das Publikum auch draußen vor den Fernsehschirmen packt. Eine Situation, die den Moderator unweigerlich beflügelt.

Wobei man wissen muß: Klatschkommandos, in anderen Sendungen durchaus an der Tagesordnung, gibt es bei »ran« und »ranissimo« nicht. Bei uns muß sich jeder den Beifall verdienen. Auch wenn ich meinen Gesprächspartnern jeden Applaus gönne – manchmal versuche ich, selbst ein wenig davon abzubekommen. Durch gewisse Formulierungen, durch eine Wortwahl, von der ich weiß, daß sie Lacher erzeugt. Ja, das habe ich schon im Hinterkopf, warum soll ich das nicht zugeben?

Daß Otto Rehhagel damals überhaupt für ein Livegespräch im »ran«-Studio zur Verfügung stand, hat einen ganz einfachen Grund. Er wollte in einem Moment, als alle Welt über ihn redete, selber Pluspunkte machen. Insofern haben sich die Verhältnisse geändert. Früher konnten sich Trainer, denen man den Stuhl vor die Tür setzte, verkriechen. Sie sagten einfach ab, weil sie hoffen konnten, über kurz oder lang würde schon Gras über die Entlassung wachsen. Das ist heute, bei so viel

Jörg Wontorra beim Interview mit Steffi Graf (1993)
(Foto: privat)

Fernsehöffentlichkeit, gerade für Fußball kaum noch möglich. Man hat keine Chance, muß sich stellen. Wer im Augenblick der Krise lieber abtaucht, riskiert einen zusätzlichen Imageverlust. Die Fans haben feine Antennen. Sie merken sofort, wenn sich jemand versteckt.

Die Arbeit eines Sportmoderators ist damit aber nur zum Teil einfacher geworden. Zwar kann ich davon ausgehen, daß die gewünschten Interviewpartner mit einer gewissen Wahrscheinlichkeit im Studio erscheinen. Aber ob der jeweilige Gast auf meine Fragen eingeht, steht auf einem anderen Blatt. Wie viele Bonner Politiker haben es sich auch Vereinspräsidenten und Manager aus der Fußballbundesliga angewöhnt, konkrete Fragen geflissentlich zu überhören.

Ich erinnere mich noch gut an die Entlassung von Jupp Heynckes als Trainer von Eintracht Frankfurt. Der Mann, der im Hintergrund die Fäden gezogen hatte, war Bernd Hölzenbein, der damalige Vereinsmanager. Für viele Fans war er der eigentlich Schuldige am Niedergang der Eintracht. Hölzenbein machte sich da auch nichts vor, er kam in meine Sendung, um zu taktieren, um seine eigene Botschaft zu verkünden. »Ich will mich nicht freisprechen, ich habe sicher eine Mitschuld an der Situation – aber die anderen tragen mindestens 70 Prozent der Verantwortung dafür.« In solchen Augenblicken fühle ich mich tatsächlich an die Fernsehauftritte Bonner Politiker erinnert: Schuld sind immer die anderen! Alle Spitzensportler haben heutzutage Erfahrung mit den Medien, sie werden von ihren Managern gebrieft, man berät sie, was man sagt und was besser nicht. Ein guter Fernsehmoderator aber sorgt dafür, daß der Studiogast solche Empfehlungen schnell vergißt. Bloß wie macht man das, beispielsweise bei jemandem wie Steffi Graf?

Ich sollte Steffi den »Victor« überreichen, den Preis des Deutschen Sportfernsehens DSF für die erfolgreichste deutsche Sportlerin. Es war eine Zeit, in der die beste Tennisspielerin der Welt wenig zu lachen hatte. Die Steueraffäre um ihren Vater kochte gerade so richtig hoch. Peter Graf beherrschte die Schlagzeilen, jeder öffentliche Auftritt geriet Steffi zur Qual – selbst auf den Turnierplätzen war es fast unmöglich, an sie heranzukommen. In dieser Situation also die Einladung zur Live-Sendung ins DSF-Studio nach München. Peter Graf saß damals noch nicht im Gefängnis, er war angeschlagen und deshalb eher noch unberechenbarer geworden. Papa Graf liebte es, seine Spielchen zu treiben, so wie er es immer getan hat. Zunächst lehnt er die Einladung ab, dann nimmt er sie an, um sie jedoch ein paar Tage später wieder abzusagen. Dabei hat das kleine DSF mit dem »Victor« durchaus einen großen Coup gelandet. Die Auszeichnung ist in der Branche begehrt, jeder andere Manager hätte seinem Schützling sofort geraten: »Das machen wir!« Anders Peter Graf. Der mauert. Opel ist ein Sponsor des »Victor«. Zwischen Rüsselsheim und Brühl beginnen die Telefondrähte zu glühen. Auch Steffi Graf ist durch Sponsorverträge mit dem Autohaus verbunden, die sie zu jenem Zeitpunkt vertraglich dazu verpflichten, jedes Jahr ein paar Opel-Veranstaltungen wahrzunehmen. Der Druck der Konzernmanager auf den Graf-Clan wächst. Peter Graf meldet sich erneut in der Redaktion. Er sagt Steffis Kommen zu – kurz darauf nimmt er sein Wort wieder zurück. Als die »endgültige« Zusage in München eintrifft, sind es nur noch drei Stunden bis zum Beginn der Sendung. Und noch einmal ist Peter Graf am Telefon. Er versucht, uns im letzten Moment ein paar Bedingungen aufs Auge zu drücken, Verhaltensmaßregeln für das Interview zu diktieren. Was den Sport angehe, dürfte ich tatsächlich fragen, was ich wolle. Alle anderen Themen seien dagegen tabu – auch die Steueraffäre. Peter Graf will allenfalls diese eine Frage gestatten: »Steffi, glaubst du an die Unschuld deines Vaters?« Mehr nicht, »damit das klar ist«.

Die Redaktion bietet unterdessen an, die Flüge für Steffi Graf zu buchen. Aber offenbar befürchtet der Graf-Clan, daß die Termine sich herumsprechen und am Ende Journalisten und Fotografen am Flughafen stehen. Steffis Anreise wird deshalb behandelt wie eine geheime Kommandosache. »Lassen Sie alles unsere Sorge sein«, teilt der Clan mit, »darum brauchen Sie sich nicht zu kümmern. Wir kommen irgendwann an, Sie erfahren es rechtzeitig.«

Die Sendung soll um 21.15 Uhr beginnen. Um 19.30 Uhr klingelt in der Redaktion erneut das Telefon, uns wird eine geheime Kommandosache angekündigt – »Operation Graf«. »Wir fliegen jetzt los, um punkt 20.30 Uhr soll ein Fahrer am Flughafengate stehen!« Und so geschieht es dann auch. Als Steffi mit ihrem Privatflugzeug in München landet, steht der Fahrer bereit, Steffi steigt ein, dann verliert sich ihre Spur – wenigstens für uns, die wir im DSF-Studio händeringend auf sie warten.

Wir wissen nur, daß sie in unserem Auto sitzt, aber ob sie sich wirklich auf dem Weg ins Studio befindet? Mittlerweile ist es 21.14 Uhr. Eigentlich soll Steffi Graf der erste Studiogast in der Sendung sein. Sie hatte darum gebeten, um schnell wieder nach Hause zu können. Was tun? Den ganzen Programmablauf umschmeißen? Das braucht Zeit, dafür ist es jetzt viel zu spät. Und was ist, wenn sie im letzten Moment doch kneifen will? Der Vorspann der Sendung läuft bereits, da öffnet sich plötzlich die Studiotür. Steffi ist da.

Der Fahrer berichtet, was keiner in der Redaktion zunächst glauben will: Es habe unterwegs keinen Verkehrsstau gegeben, die Fahrt vom Flughafen in die Stadt sei ganz reibungslos verlaufen. Er sei pünktlich gewesen, aber draußen vor dem DSF-Gelände habe er plötzlich Anweisung erhalten, nicht zu stoppen, sondern weiterzufahren. Immer um den Häuserblock, bis 21.14 Uhr und keine Minute früher. Bloß kein Vorgespräch, kein »Vor-Interview« mit neuen Absprachen über Fragen zum Thema Steuern. Vermutlich hat man Steffi gebrieft: Der Wontorra stellt dir nur diese eine Frage, und du sagst, ja, ich halte meinen Vater für unschuldig. Aus und fertig.

Als sie mir im Licht der Scheinwerfer entgegentritt und wir einander begrüßen, wirkt sie ganz reserviert. Ihr Gesicht ist ungeschminkt, dafür war in der Eile keine Zeit mehr. Steffi Graf gibt sich mißtrauisch und abwartend. Für einen Moment denke ich an das Jahr 1986 zurück, an die ARD-Sportgala in Bremen. Damals hatte ich sie schon in der Sendung, live, zusammen mit Boris Becker. Bei den »Galas«, die später folgten, ließen sich die beiden stets nur noch zuschalten. Jetzt steht sie wieder leibhaftig vor mir. Unter welchen Umständen! Fast hat es den Anschein, als fürchtete sie sich vor dem, was jetzt kommt.

Ich beschließe, den Katalog meiner Fragen zu vergessen. Steffi muß ihre Anspannung überwinden, diese ganze Verkrampfung. Ich muß ihr helfen, sie »aufschließen«. Also sprechen wir zunächst über Tennis und darüber, wie sehr sie unter ihrer Rückenverletzung leidet. Mein Mitgefühl ist ehrlich. Andere Sportreporter vermuten bereits, daß die Gräfin die Rückenprobleme nur vorschiebt, um bei Bedarf ihre durch die Affäre beeinflußten Leistungen zu entschuldigen. Nach all den Recherchen, die ich zur Vorbereitung der Sendung angestellt habe, glaube ich das nicht. Steffi scheint dies zu spüren, allmählich taut sie auf. Wie vielen anderen Menschen scheint es auch ihr gut zu tun, von ihren gesundheitlichen Beschwerden erzählen zu können. Danach wirkt sie fast schon gelöst. Die erste Hürde ist damit genommen. Ich bleibe aber zunächst weiter beim Thema Sport. Steffi soll das Gefühl bekommen, daß sich auch der Moderator Sorgen macht über ihre Zukunft. Also möchte ich von ihr wissen:»Werden Sie an den nächsten wichtigen Turnieren überhaupt teilnehmen können?«

Allmählich halte ich dann den Moment für gekommen. Ich lenke das Gespräch in den Tabubereich. Es geht mir gar nicht darum, herauszufinden, welche Steuerschulden im Rahm stehen oder ob ihr Vater wirklich ein Steuersünder ist. Ich formuliere es so:»Steffi, was wissen Sie von den Steuerproblemen, die es im Hause Graf gibt?«Ich finde diese Frage spannend genug. Alle Welt rätselt nämlich, ob die Tennisspielerin selbst in die Machenschaften von Vater Graf und Berater Schmidt involviert ist.

In diesem Moment hätte man im Studio die berühmte Stecknadel fallen hören. Ich selber wußte: ein falsches Wort, und es gibt zwei Möglichkeiten – entweder bricht Steffi Graf zusammen, oder sie steht auf und geht. Ich war mir wirklich nicht sicher, zumal ich keine Gelegenheit hatte, mir vor der Sendung ein Bild von ihr zu machen, von ihrer tatsächlichen seelischen Verfassung.

In solchen Fällen kann sich der Moderator einer Live-Sendung nur auf spontane Beobachtungen verlassen. Dabei spielt die Körpersprache seines Gegenüber die entscheidende Rolle. Ich registriere genau, wie sich ein Mensch mir gegenüber hinsetzt. Wenn er sich zurücklehnt, die Beine übereinanderschlägt, dann sind dies positive Signale. Nach all meiner Erfahrung besteht dann eine gute Chance für ein interessantes Gespräch. Ganz anders, wenn der Gesprächspartner wie ein Verurteilter auf seinem Stuhl sitzt, beide Füße fest auf dem Boden, die Hände womöglich noch auf den Oberschenkeln abgestützt oder über der Brust verschränkt – die reine Defensivhaltung. In solchen besonders schweren Fällen reicht mitunter behutsame Gesprächsführung allein nicht aus. Wer sich so verbarrikadiert, wer einen solchen Panzer aufbaut, der benötigt besonderen Zuspruch. Es gibt Fernsehkollegen, die es in einer solchen Situation für das Beste halten, mit wiederholtem Nikken dem Gegenüber das Gefühl zu geben: Ich verstehe dich, mach weiter, ich bin deiner Meinung. Unlängst hab ich es auch einmal gemacht. Im Gespräch mit Dirk Heinen, dem Torwart von Bayer Leverkusen. Es war sein erster Auftritt in einem Fernsehstudio zu einem Live-Interview. Ich wollte ihm Sicherheit geben, weil er über die Maßen nervös war. Aber für mich muß das eine Ausnahme bleiben. Bei einem Interview will ich nicht den Eindruck eines Ja-Sagers vermitteln, wie man es als ewiger Kopfnicker zwangsläufig tut.

Nein, ich bevorzuge andere Hilfestellungen. Stelle ich fest, daß mein Gast in die Knie geht, dann versuche ich, ihm auch körperlich näher zu kommen. Ich muß ihm dafür nicht den Arm auf die Schulter legen, es genügt, sich ein wenig vorzubeugen und ihm dabei offen in die Augen zu sehen. Nach meiner Erfahrung ist dies eine Geste, die selten ihre Wirkung verfehlt. Plötzlich nimmt der Studiogast bei seinen Antworten die Hände zu Hilfe, das Eis ist gebrochen.

All das hatte ich bei meinem Gespräch mit Steffi Graf im Hinterkopf. Aber jetzt sitzt sie mir gegenüber, die Frage ist gestellt: »Was wissen Sie von den Steuerproblemen, die es im Hause Graf gibt?« Man kann ihr ansehen, wie schwer ihr die Situation fällt. Für einen Augenblick habe ich tatsächlich das Gefühl, sie könnte zusammenbrechen. Aber sie kämpft, bewahrt Haltung, ist tapfer. Und sie antwortet mir. Sie erzählt zum ersten Mal davon, daß sie alle Dokumente unterschrieben habe, die man ihr vorlegte. Und daß es da auch noch jenen Unterschriften-Automaten gebe, dessen man sich bedienen konnte.

Eine aufschlußreiche Antwort. Damit erübrigt sich weiteres Nachfragen nach persönlicher Schuld. Durch Steffis Einlassung weiß jeder im Saal, daß sie in der Steuergeschichte keine entscheidende Rolle gespielt hat, sondern daß andere Menschen die treibenden Kräfte, die Drahtzieher waren. In diesem Augenblick interessiert mich mehr ihre seelische Verfassung. In den Tageszeitungen wurde nämlich spekuliert, daß es Steffi Graf wegen der vielen Verdächtigungen in Deutschland nicht mehr aushielte. Es ist die Rede davon, daß sie über kurz oder lang nach Amerika ziehen wird, um sich in Florida eine neue Heimat zu schaffen. Sozusagen im Handstreich beendet die Gräfin all diese Vermutungen und Spekulationen: »Ich bleibe trotz allem in Deutschland!«

Ich konnte mich damals des Eindrucks nicht erwehren, daß man Steffi Graf auch mit diesem Satz intensiv gebrieft hatte. Wie sie ihr Verhältnis zu Deutschland beschrieb – das klang alles wie in den Details vorab besprochen. Immerhin, was die damals beste Tennisspielerin der Welt in meiner Sendung geantwortet hatte, stand am nächsten Tag in allen Zeitungen. Und: Sie hat gehalten, was sie damals in München versprochen hat. Sie ist in Deutschland geblieben, trotz allem.

Natürlich wäre die Behauptung vermessen, jedes Interview verliefe so positiv, daß sich am Ende Moderator und Regisseur anerkennend die Hände schütteln. Das Gegenteil einer Sternstunde erlebte ich gleich bei meinem ersten Einsatz. Gut und gerne 25 Jahre ist das her. Ich trainierte damals sozusagen noch im Regionalprogramm der ARD, sammelte gerade meine ersten Erfahrungen als »Kachelzähler«, wie Schwimmreporter bisweilen scherzhaft von Kollegen genannt werden. Man schickte mich mit dem Ü-Wagen los; ich sollte eine Schwimmerin namens Karin Seick interviewen.

Karin Seick galt als begnadetes Talent. Deutsche Meisterin über hundert Meter Schmetterling und hundert Meter Kraul. Sie lebte in Winsen an der Luhe, war erst 16 Jahre alt und – alles andere als gesprächig. Wir standen nebeneinander vor der

Kamera, ich sah das Rotlicht und war der Verzweiflung ziemlich nahe. Unter Aufbietung meines ganzen Charmes hatte ich Karin Seick bislang nur dazu gebracht, etwas von ihrem ganz normalen Tagesablauf zu erzählen: daß sie viel trainiere und zwischendurch noch zur Schule gehe. Nur mit Mühe bekam ich heraus, daß sie sogar schon am frühen Morgen ihre Bahnen durchs Wasser zieht. Also um fünf Uhr aufstehen, um sechs Uhr ins Wasser und um acht Uhr Schule – ganz schön viel Streß für jemanden in so jungen Jahren. Aber so richtig aufregend war diese Botschaft auch nicht. Man kann es nicht anders sagen: Ich war mit meinem Latein am Ende.

Im letzten Augenblick fiel mir jene Frage ein, in die sich alle Reporter flüchten, wenn sie nicht mehr weiter wissen. »Was sind Ihre nächsten Ziele?« Die Schwimmerin schwieg einen Moment, dann sagte sie: »Ich möchte zwei hoch schwimmen.« Eine Antwort, immerhin, aber verstanden hat das natürlich kein Mensch. Es handelt sich um eine Art Geheimsprache unter Schwimmsportlern. Übersetzt bedeutet dies: Karin Seick schwamm bislang über hundert Meter Schmetterling eine Minute und drei Sekunden. »Zwei hoch« heißt, sie peilte als nächstes Ziel eine Minute, zwei Sekunden und acht Zehntel an. Zwei hoch eben, muß man wissen.

Ich hatte sie zwar verstanden, traute mich aber nicht – unerfahren wie ich damals war – dieses Fachchinesisch den Zuschauern an den Fernsehschirmen zu erklären. Unter keinen Umständen wollte ich wie ein Oberlehrer dastehen. So war jetzt ich derjenige, der schwieg. Weshalb ganz Norddeutschland am Abend mit der Frage ins Bett ging, was es wohl heißen könnte, dieses geheimnisvolle »zwei hoch«. Jene doch reichlich mißglückte Premiere blieb zum Glück folgenlos. Daß ich keine gute Figur gemacht hatte, war mir selber klar. In der Redaktion beließ man es bei ein paar Frotzeleien, am nächsten Tag war die Geschichte vergessen. Leider kann man als Fernsehreporter darauf nicht immer vertrauen. Manchmal kommt es tatsächlich knüppeldick – wie »im Fall« Paul

Schockemöhle. Plötzlich wünscht man sich überall hin, in die Südsee, auf eine einsame Hallig, nur nicht in das Funkhaus seiner Fernsehanstalt.

Gerade war bekannt geworden, was niemand bei ihm für möglich gehalten hatte: Paul Schockemöhle, der Olympiasieger, ist auf seinem Reiterhof in Mühlen beim Training junger Pferde keineswegs zimperlich. Um sie auf Höchstleistung zu trimmen, schreckt er auch vor dem sogenannten »Barren« nicht zurück. Bei dieser »Methode« steht der Trainer verdeckt hinter dem Hindernis und schlägt dem Pferd noch während des Sprunges Holzlatten gegen die Vorderläufe. Eine »Aufforderung«, beim nächsten Mal noch höher zu springen. Bei RTL sind Filmausschnitte zu sehen, die belegen: Das Ganze ist kein Gerücht.

Ich bin in einer verzwickten Situation. Für Radio Bremen habe ich wiederholt die German Classics übertragen, jenes Reitturnier in der Bremer Stadthalle, das Schockemöhle auf die Beine gestellt hat. Bisher verlief alles sehr zufriedenstellend, gab es eine gute Zusammenarbeit zwischen dem Veranstalter Schockemöhle und uns als Vermittler des Ereignisses. Abgesehen davon war mein damaliger Programmdirektor, Dr. Rüdiger Hoffmann, selber ein leidenschaftlicher Reiter und zugleich Präsident des Bremer Reitervereins. Schockemöhle hatte Radio Bremen, dem kleinen Sender ohne großen Etat, manchen Gefallen getan – sei es mit Lizenzgebühren, die sich durchaus im Rahmen des Erschwinglichen bewegten, sei es mit einer Studioecke, die wir für unsere Arbeit in der Bremer Stadthalle aufbauen durften.

Und in diese heile Welt knallt plötzlich die Geschichte mit dem Barren. Im Regionalprogramm gehören wir zu den ersten, die darüber ausführlich berichten. Die Kollegen der Sendung »Buten & Binnen« haben sich sofort auf den Weg gemacht, von Bremen aus braucht man nicht mehr als eine Dreiviertelstunde, dann steht man vor den Stallungen in Mühlen. In der Sendung kommen wir dann wirklich zur Sache, da bleibt kein Auge trocken. Die Bilder von RTL werden auch bei uns gezeigt, wir machen keinen Hehl daraus, was wir von Schockemöhles Methoden halten. »Buten & Binnen« ist kaum zu Ende, da klingelt in der Redaktion auch schon das Telefon. Paul Schockemöhle! Empört beschwert er sich über die einseitige Berichterstattung. Als er fertig ist, lade ich ihn für den nächsten Samstagabend in die bundesweite Sportschau ein.

Schockemöhle überlegt hin und her. Sicher ist so was für ihn ein Wagnis. Aber ich finde, er muß diesen Schritt tun, und sage ihm das auch. »Paul, es ist für dich besser, wenn du kommst, wenn du dich stellst, wenn du in die Öffentlichkeit gehst und deine Position klarstellst.« Am Freitag sagt er endlich zu, einen Tag später erscheint er im Kölner Sportschaustudio, ohne Anwalt, aber mit dem rigorosen Wunsch, jede einzelne Frage vorher bis ins Detail abzusprechen. Selbstverständlich kann ein Studiogast einen solchen Wunsch äußern, nur darauf einlassen darf sich der Moderator nicht. So etwas ginge denn doch entschieden zu weit. Selbst oder gerade dann, wenn man bislang ganz gut zusammengearbeitet hat. Ich bringe ihm meinen Standpunkt bei, so höflich wie möglich: »Paul, in allen Ehren, das können wir nicht machen, du weißt, worum es geht, ich bin mir sicher, du kriegst das auch so hin.«

Und dann nimmt das Schicksal seinen Lauf. Jeder Moderator der »Sportschau« leidet unter dem Zeitproblem. Und auch an diesem Abend ist es nicht anders. Fußball ist mal wieder Thema Nummer eins der Sendung: erst die Tore der Bundesliga, dann alles andere. Am Ende bleiben mir gerade noch sechs Minuten für das Gespräch mit Paul Schockemöhle. Ich habe die düstere Ahnung, daß ich diesen Kampf nicht mehr gewinnen kann.

Sechs Minuten. Das ist viel zuwenig für so einen komplizierten Sachverhalt. Paul Schockemöhle macht – aus seiner Sicht – die Sache wirklich gut. Gleich meine erste Frage nutzt er zu einer Art von Monolog. Dabei streift er auch das Thema »Barren«. Ausführlich erklärt er, warum er die ganze Aufregung nicht verstehen könne, und daß das »Barren« bei Springpferden von Weltklasse durchaus üblich sei. Die sechs Minuten vergehen wie im Flug. Schockemöhle läßt sich nicht stoppen, er redet und redet gegen die Sendezeit an, ich komme kaum zum Zug. Ich weiß, ich müßte ihm ins Wort fallen, das könnte die Rettung sein, aber – ist es meine Harmoniesucht? – ich bringe es einfach nicht fertig. Dann der Abspann, die Lichter erlöschen, Ende der Sendung.

Natürlich beginnen beim WDR in Köln sofort die Telefone zu klingeln: gut und gerne 120 Anrufe. Obwohl Schockemöhle wirklich gut weggekommen ist, melden sich Reitvereine aus ganz Deutschland zu Wort. Alle sind sauer, proben den Schulterschluß mit Schockemöhle. Wie dieser Moderator ihrem Idol nur so zusetzen kann?

Was mich aber noch mehr überrascht: Die Vorwürfe auf seiten der ARD-Gewaltigen halten sich durchaus in Grenzen. Und das hat seinen Grund: Der Reitersmann reist noch am gleichen Abend von Köln weiter nach Wiesbaden, zum »Aktuellen Sportstudio« des ZDF. Was sich dort abspielt, bringt mir im nachhinein noch den ein oder anderen Pluspunkt ein. Denn Günther Jauch, der ZDF-Kollege, hat sich, unter dem Eindruck meiner Sendung, offenbar einiges vorgenommen. Er will Schockemöhle nicht so einfach davonkommen lassen. Jauch will es ihm zeigen.

Als sein Studiogast, unterstützt vom ehemals großen Dressurreiter Dr. Rainer Klimke, wieder zu seinen Monologen ansetzt, fährt Jauch dazwischen. Ein Wort gibt das andere, keiner hört dem anderen mehr zu, eine Schuldzuweisung jagt die andere. Anschließend ist das Urteil über die ZDF-Sendung durchaus geteilt.

Bei der allfälligen und meinungsmachenden Sport-Schaltkonferenz der ARD am Montag danach wird lobend festgestellt: Wontorra ist mit Schockemöhle »sensibler« umgegangen. Ein Urteil, das man allerdings nur verstehen kann, wenn man weiß, daß in dieser Schaltkonferenz ARD-Reitersleute tonangebend waren. Hans-Heinrich Isenbarth zum Beispiel und Hartmann von der Tann. Sozusagen von Natur aus gefiel ihnen Schockemöhles Auftritt bei der ARD besser als sein Besuch beim ZDF. Insofern hält sich die Kritik an meiner Gesprächsführung in Grenzen. Wirklich trösten kann mich das nicht. Ich habe meinen eigenen Ansprüchen nicht genügt, deprimiert fahre ich von Köln zurück nach Bremen, nur schnell nach Hause.

Journalisten leben von Informationen. Kein Fernsehmoderator wagt sich in ein Live-Interview ohne umfassendes Wissen über seinen Studiogast. Dieses Wissen besorgt er sich auf unterschiedliche Weise. Lektüre von bis zu zehn Zeitungen täglich. Vor allem aber: Pflege von Informanten. Wobei man tunlichst ein paar Regeln beachten sollte. Wenn ich mich zum Beispiel mit Franz Beckenbauer unterhalte und er kein Wort über die Zitierfähigkeit unseres Gesprächs verliert, dann kann ich ihn auch zitieren. Wenn Franz sagt, so oder so ist die Situation, und dann zur Tagesordnung übergeht, dann kann ich über die Information frei verfügen.

Anders ist es, wenn zum Beispiel Willi Lemke, der Manager von Werder Bremen, mir etwas anvertraut und hinzufügt: »Das ist aber off the records.« Dies sind dann Informationen sozusagen zur Beziehungspflege mit dem Journalisten. Man bewahrt sie im Hinterkopf, mehr nicht, macht keinen direkten Gebrauch davon.

Ich erinnere mich zum Beispiel an jene Wochen, als feststand, daß Otto Rehhagel Bremen nach 14 Jahren verlassen würde. Es gab damals schnell das Gerücht, der Trainer fahre bis zum Saisonende einen Schmusekurs mit den Spielern. So etwas findet eine Mannschaft natürlich ganz toll, sie hängt sich aus eigenem Antrieb noch einmal richtig rein. Der Nachteil ist nur: Langfristig bleibt die Kondition auf der Strecke, die sportliche Fitneß für die nächste Saison ist gefährdet. Besonders einem Mann wie Mario Basler gefällt ein solcher Schmusekurs, aber körperlich bekommt er ihm überhaupt nicht. Am Ball ist er genial, doch er ist eben auch ein Enfant terrible. So einer wartet nur darauf, daß der Trainer vom Gas geht. Was also macht Super-Mario? Er trainiert kaum noch.

Wäre Otto Rehhagel weiter in Bremen geblieben, wäre es dazu nicht gekommen. Otto wäre wie ein Derwisch dazwischengefahren, und hätte Basler den Schlendrian auf der Stelle ausgetrieben. Aber so läßt er ihn gewähren. Alle Journalisten ahnen dies, eine Bestätigung für diese Vermutung ist aber von der Führungscrew des SV Werder nicht zu bekommen. Und dann passiert es eben doch. Nach Spielschluß sitze ich mit Willi Lemke in seinem Zimmer der Geschäftsstelle im Weserstadion. Ganz von sich aus sagt er plötzlich:»Das ist im Augenblick alles ein bißchen furchtbar. Wir haben große Angst, daß der Trainer verbrannte Erde hinterläßt.«

So etwas hätte Manager Lemke früher niemals gesagt, lieber hätte er sich auf die Zunge gebissen. Aber jetzt, da in Sachen Rehhagel die Leinen los sind, steckt er mir diese Information. Und dann fügt er noch hinzu:»Was mit dem Basler zur Zeit läuft, ist unglaublich. Der trainiert überhaupt nicht mehr. Die Mannschaft ist schon ganz unruhig.« Als wir uns später verabschieden, sagt Lemke mit keinem Wort, daß das Gespräch vertraulich gewesen sei. Willi ist ein alter Fuchs, wenn ihm das wichtig gewesen wäre, hätte er mir noch schnell »off the records« hinterhergerufen. Also ist die Information frei für die Öffentlichkeit, und ich nutze sie in einer meiner nächsten Moderationen. Und: Lemke behält sogar recht, denn Werder Bremen verpaßt am Ende die Meisterschaft, weil der Mannschaft im Schlußspurt die körperliche Fitneß fehlt.

Ich werde oft gefragt, ob ich, was Interviews angeht, noch einen Wunschpartner habe. Da muß ich passen – ich hatte das Glück, sie alle kennenzulernen. Auch Boris Becker. Als ich ihn das erste Mal traf, damals bei jener ARD-Sport-Gala in Bremen, da war er süße 18, frisch verliebt, händchenhaltend tauchte er mit seiner Freundin in der Bremer Stadthalle auf. Er

war höflich, nicht für einen Moment kehrte er den Star heraus. Wenn man diesen rothaarigen Jüngling so sah, da dachte
man eigentlich, der kann kein Wässerchen trüben. Aber der
erste Eindruck kann bekanntlich täuschen. Für eine Weile ent-
schwand Boris aus meinem Reporterleben, er spielte Tennis,
ich kommentierte die Fußball-Bundesliga und moderierte die
»ran«-Sendung. Wenn er Turniere gewann, dann begegneten
wir uns zwar bei den sogenannten Schaltgesprächen, aber
leibhaftig standen wir uns erst bei den Olympischen Spielen
1992 in Barcelona wieder gegenüber.

Weil ich bei der ARD ausgemustert war, hatte ich Zeit, an meinem Buch zu arbeiten und Kolumnen zu schreiben. Ich traf
Boris Becker im Olympischen Dorf. Er ist bekanntlich ein
Fußballfreak und schaut sich nach Möglichkeit jedes Spiel an.
Vermutlich deshalb erkannte er mich auch sofort, obwohl er
von einer großen Menschenmenge umringt war. Ich war erst
gegen Ende der Pressekonferenz auf ihn zugegangen und
hatte ihm fast schüchtern drei, vier Fragen gestellt. Kollegen,
die das ganze Jahr über mit dem Tenniszirkus unterwegs sind,
hatten erzählt, Boris gebe nur seine Pressekonferenz – und danach sei Schluß.

Er nahm sich aber dann doch Zeit. Eine Viertelstunde sprachen wir über seine Gefühle bei Olympischen Spielen, über
die spartanischen Zimmer im Olympischen Dorf. Für meine
Kolumne war das gut zu gebrauchen, nur sagte er leider schon
bald: »War schön, aber jetzt muß ich zurück ins Dorf.« Auch
in kleinen Dingen konsequent zu sein, das ist nun mal typisch
für ihn.

Für eine Weile gingen wir beide wieder unserer Wege. Als Boris Becker die ATP-Weltmeisterschaft gewann, war eine Inter-
view-Schaltung in die »ranissimo«-Sendung geplant. Da die
technische Leitung nach Frankfurt frühzeitig stand, hatten
wir Zeit für ein Vorgespräch. Bei dieser Gelegenheit duzte
mich Boris plötzlich, ohne daß wir uns darüber vorher in ir-
gendeiner Weise verständigt hatten. Also habe ich das auch

getan, und so ist es bis heute geblieben – es sei denn, der Anlaß ist hochoffiziell, dann verfällt Becker wieder ins »Sie«. Die Verleihung des »Victor« an Boris Becker ist eine solche Gelegenheit. Zu meinem großen Bedauern signalisiert uns Axel Meyer-Wölden, bis zu seinem plötzlichen Tod Münchener Rechtsanwalt und Berater von Boris Becker, frühzeitig, daß ein Live-Interview im Studio nicht in Frage komme. Offensichtlich hat der Tennisstar entschieden, sich rar zu machen. Offenbar besteht allerdings die Möglichkeit, das Gespräch aufzuzeichnen. Die Begegnung soll in der Kanzlei des Rechtsanwaltes stattfinden. Also machen wir uns mit zwei Kamerateams auf den Weg. An Ort und Stelle werden wir von Meyer-Wölden höchstpersönlich in einen Raum im zweiten Stock seiner Kanzlei dirigiert.

Der Termin von Boris ist auf 13 Uhr gelegt, zwischendurch gibt es Kaffee und Kekse. Alle Viertelstunde schaut jemand zur Tür herein, besorgt, es könnte uns an etwas fehlen. Nur, wo bleibt Boris? Mittlerweile ist es längst 13.30 Uhr. Ich will meine Fragen loswerden. Um 13.50 Uhr macht die Nachricht die Runde, Becker habe soeben das Haus betreten. Boris selber läßt dann ausrichten, er sei an diesem Vormittag nur seinem »Beruf« nachgegangen, und der sei nun mal das Tennisspielen. Er habe trainiert und mit der Massage danach habe alles eben ein bißchen länger gedauert. Also möchte er um Verständnis bitten ...

Nach noch einmal zehn Minuten werde ich in das Büro von Meyer-Wölden gebeten. Da sitzen die beiden, Boris und sein Berater, beim Pasta-Lunch. »Wir wollen das Ganze noch einmal besprechen«, schlägt der Anwalt vor. »Boris soll den Victor bekommen, eine Auszeichnung für seine sportlichen Erfolge, also bleiben Sie bitte mit Ihren Fragen bei Thema Sport! Wie lang haben Sie sich das Interview überhaupt vorgestellt?« Ich spreche von zwanzig Minuten. Meyer-Wölden schlägt die Hände über dem Kopf zusammen. »Moment mal, Ihr Redaktionsleiter hat etwas von fünf Minuten gesagt. Kurz zwei Fragen zu den Australien Open, dann übergeben Sie den Victor und dann hat sich das. Um 14.30 Uhr muß Boris wieder weg.« Dies ist der Auftakt zu zähen Verhandlungen, während Becker schweigend daneben sitzt und weiter seine Pasta löffelt. Schließlich einigen wir uns auf eine Gesprächszeit von acht Minuten, nur über den Inhalt des Interviews gehen die Meinungen noch auseinander. Darf die Frage nach dem Vater-Sohn-Verhältnis zwischen Boris und Noah-Gabriel eine kleine Rolle spielen, darf gestreift werden, daß Barbara Becker ihrem Gatten bisweilen die Haare schneidet? Meyer-Wölden gibt sich kompromißlos.»Boris Becker hat etwas Sportliches mitzuteilen. Er will erklären, warum er ein Turnier wie die Australien Open gewinnt, in anderen Turnieren dagegen in der ersten Runde ausscheidet. Ich möchte, daß Sie ihn nur über sportliche Dinge befragen.«

Endlich mischt sich Boris selbst in das Gespräch ein. Er duzt mich wieder und fragt:»Woher weißt du denn, daß Barbara mir immer die Haare schneidet? Das stimmt doch überhaupt nicht.« Ich entgegne ihm, es sei dies doch eine gute Gelegenheit, den Falschmeldungen in den Boulevardzeitungen entgegenzutreten. Becker schweigt eine Weile, dann sagt er, daß wir die Fragen nicht weiter absprechen müssen.

Als dann die Kameras laufen, das Interview beginnt, redet er vom Tennisspielen wie von einem Handwerk. Er gebraucht doch tatsächlich den Begriff des »erlernten Berufs«.

Boris zieht eine Bilanz der Zeit zwischen den beiden Siegen in Australien – 1991 und 1996.»In diesen fünf Jahren habe ich mich sehr verändert, als Mensch«, sagt er.»Ich hatte große Mängel, du brauchst aber gewisse Lehrjahre, um das zu begreifen. Tennis kann ich, in vielen Dingen des Lebens bin ich aber noch Anfänger. Und daran arbeite ich.«

In diesem Gespräch gibt Becker auch preis, daß er eigentlich zwei Tennis-Leben hatte:»Mitte 1993 habe ich wichtige Entscheidungen getroffen. Es fing an mit der Trennung von Ion

Tiriac, und dann spielte meine Vaterschaft 1994 eine Schlüsselrolle. In dieser Zeit begann meine zweite Karriere.« Ein nachdenklicher Wimbledonsieger sitzt mir da gegenüber, ein Superstar, der bei diesem Einschnitt in seinem Leben von den Medien kritisch begleitet worden war. »Viele hatten mich abgeschrieben, und die Schlagzeilen damals haben mich sehr getroffen.« In der Tat, die Zeitungen verabschiedeten Becker bereits: »Bye, Bye, Boris« hieß es in Riesenlettern; das saß, das mußte auch einer wie er erst mal einordnen. Originalton Becker: »Mit 25 war ich doch noch kein alter Mann, selbst im Sport nicht, und darum habe ich mich geärgert über diese öffentlichen Zweifel an mir. Nur weil ich geheiratet hatte und Vater geworden war, sollte ich plötzlich kein gutes Tennis mehr spielen? Ich dachte, das Gegenteil ist der Fall: Weil ich eingebettet bin in eine Familie, werde ich wieder richtig gut.«

An diesem Tag habe ich viel erfahren über die Psyche von Boris Becker; auf die Uhr schaute bei diesem Gespräch übrigens niemand mehr.

Wer noch fehlt? Michael Schumacher! In der Reihe der Weltstars steht er für mich ganz oben auf dem Podium. Sein Weg an die Spitze seines Sports ist ohne Beispiel: kein Schritt ohne ein Meer von Kameras und Journalisten. Es gehört schon viel dazu, bei einem solchen medialen Getöse mit beiden Füßen fest auf dem Boden zu bleiben. 1995 traf ich Michael Schumacher an einem Ort, wie er geeigneter nicht sein konnte: an der Kartbahn seiner Geburtsstadt Kerpen, dort, wo für ihn alles begonnen hat.

Es ist ja eine weit verbreitete Meinung, Schumacher sei ein »gemachter« Athlet, ein »gebauter« Sportler. Und tatsächlich: In der ersten Viertelstunde unseres Zusammenseins scheint sich dieses Vorurteil zu bestätigen. Die Antworten, die er mir gibt, wirken gestanzt, wie aus dem Regal genommen. Kaum Emotionen, alles sachlich, fast schon langweilig. Da melden sich plötzlich die Techniker aus dem Ü-Wagen, es gibt ein Problem mit der Kamera-Verkabelung. Bei anderer Gelegenheit wäre eine solche Panne einfach nur ärgerlich, jetzt erweist sie sich als Glücksfall. Eine Stunde Zwangspause, in der Schumacher nicht etwa zu seinen Eltern fährt. Er bleibt bei uns – und allmählich taut er auf.

Plötzlich beginnt er zu erzählen, von seinem Leben im Rampenlicht, von der Mühe, die es macht, alle Erwartungen zu erfüllen. »Manchmal stinkt mir diese Rolle.« Er räumt ein, daß an dem Etikett »durchgestylter Sportler« durchaus etwas dran sei. Zu viele seien damit beschäftigt, Michael Schumacher nach ihren Bedürfnissen zu formen. Er habe keine Wahl. So gesehen sei das Cockpit des Rennwagens eine Art von Rückzugsort, dort könne ihm keiner was.

Ein Weltstar auf der Flucht. Es sei ihm nicht mehr möglich, in Deutschland zu leben, klagt Schumacher. Da wäre er 365 Tage im Jahr eine Kunstfigur. Das gleiche gelte mittlerweile auch schon für Monte Carlo: ständig beäugt zu werden – ein unerträglicher Zustand. Der Umzug in die Schweiz erscheint ihm da als letzte Rettung. Er stellt klar, daß der erneute Heimatwechsel mit Steuern nichts zu tun habe. »Ich muß keine Steuern mehr sparen, ich verdiene genug.« Ihm geht es um etwas ganz anderes: »Ich wünsche mir Nachbarn, die, wenn sie über den Zaun gucken, in mir nicht das Medienereignis sehen, sondern einen Menschen.«

Auch Michael Schumacher sucht also seinen Ententeich – das kleine Glück, nach dem sich viele Weltstars mehr sehnen als nach der Jet-Set-Bussi-Gesellschaft.

10

Icke, Frank und Franzi
Der lange Abschied von der ARD

○ ○ ○ ○ ○ ○ Es war ein total verrücktes Jahr, dieses 1992 – eines, das alles für mich parat hatte: Da brannten an einem Tag Freudenfeuer im Herzen, und am nächsten Morgen kollabierte die Seele. Einen solchen Zickzack-Kurs, eine solche Achterbahn der Gefühle hatte ich bisher in meinem Job noch nicht erlebt. Dabei wollte ich als harmoniesüchtiger Mensch doch eigentlich nur alles richtig machen. Doch was ich auch anstellte in diesen 12 Monaten – irgend etwas lief immer falsch. Von wegen Glückspilz, von wegen Sonntagskind – als ich durchstarten wollte in eine neue berufliche Dimension, schienen sich die Götter gegen mich zu verschwören. Als wenn sie damit die Entscheidung, die ich getroffen hatte, aufs Schärfste verurteilen wollten.

Angefangen hatte alles ganz harmlos an einem verregneten Märztag bei Radio Bremen. Routine war angesagt: Dienstpläne für die Mitarbeiter aufstellen, Reiseabrechnungen kontrollieren, das Programm für den nächsten Monat planen. Weit und breit keine Highlights in Sicht, aber auch die Verwaltungsarbeiten müssen gemacht werden, und für den Abend stand die monatliche Skatrunde mit drei Freunden auf dem Programm. Wenigstens etwas, worauf man sich freuen konnte.

Mitten in das Schreibtischeinerlei platzte ein Telefonat. »Frank Elstner möchte dich sprechen«, sagte meine Sekretärin. »Und du bist nächste Woche bei Königin Elizabeth zum Fünf-Uhr-Tee eingeladen«, antwortete ich etwas unwirsch. Ich hielt die Geschichte für einen schlechten Scherz. Vielleicht wollten meine Mitarbeiter einfach mal wieder auf Kosten des Chefs ablachen und hatten Sylvia, unseren guten Geist der Redaktion, vorausgeschickt, um den Gag einzuleiten. Vermutlich standen sie schon hinter der Tür und hielten sich die Bäuche vor Lachen. Aber sie hatten sich geschnitten. Mit dieser Nummer würden sie mich nicht kriegen. Ein Frank Elstner, der Show-Guru schlechthin, ruft nicht in der kleinsten Sportredaktion der Fernsehrepublik an. Wenn überhaupt, dann läßt der anrufen ...

Ich wollte also gerade wieder auflegen, da setzte Sylvia nach: »Komm, übernimm' bitte das Gespräch, das ist wirklich Frank Elstner, und es scheint wichtig zu sein.«

Ein Knopfdruck, und er war in der Leitung; diese markante Stimme macht so schnell keiner nach. Elstner kam ganz schnell zur Sache – so wie ich das später noch oft bei ihm erleben sollte. »Ich habe gehört, Sie hängen an Ihrem Sender. Aber können Sie sich vorstellen, von der ARD wegzugehen und den Arbeitgeber zu wechseln?« fragte er.

Was der Mann am anderen Ende der Leitung nicht wußte: In diesen Märztagen rannte er bei mir mit seinem Ansinnen offene Türen ein. Die Olympischen Winterspiele waren gerade vorbei, ich durfte als Moderator dabeisein, aber innerhalb der ARD bewegte sich für mich nichts weiter. Meine Perspektive hieß: Sportchef des kleinsten Senders bleiben bis zum Erreichen der Altersgrenze, und dann noch eine geschliffene Rede vom Intendanten zur Verabschiedung. Wenn sie wenigstens noch irgendeine Spielwiese in der Unterhaltung im Angebot gehabt hätten. Damit würde ich mich noch mal herausfordern können, das würde den Verwaltungsalltag durchbrechen. Vielleicht war ich in dieser Phase meines Lebens besonders frustriert, weil ich merkte, daß ich auf der Stelle trat. Auch die Sportchef-Sitzungen, die allmonatlichen Zusammenkünfte der ARD-Provinzfürsten, nervten zunehmend. Auf diesem Jahrmarkt der Eitelkeiten zählen Sachargumente manchmal weniger als die persönlichen Begehrlichkeiten. Dabei wird oft taktiert, daß sich die Balken biegen. Wenn ein Sportchef sich für die Moderation oder den Kommentar eines Großereignisses durchsetzen will, braucht er meistens nur zu sagen:»Mein Direktor möchte, daß unser Sender auch vertreten ist.« Und schon hat der Rest der Runde keine Gegenargumente mehr. Heute, im nachhinein, ärgere ich mich, daß ich den Faßbenders dieser Sportwelt damals nicht die Stirn geboten habe. Ein bißchen mehr Rückgrat, und ich hätte mich wohler gefühlt im Frühling 1992. Zwar hätte ich wohl nichts geändert an den Abstimmungen für oder gegen die Nominierung eines Kommentators, aber ich hätte das Verfahren geißeln müssen – dann wäre der Frust nicht so tief verankert gewesen. Bei der ersten Sportchef-Sitzung nach den Olympischen Winterspielen machte ich einen mittäglichen Verdauungsspaziergang mit dem Kollegen Werner Zimmer, heute stellvertretender Intendant des Saarländischen Rundfunks. Wir moderieren seit vier Jahren zusammen die ARD-Sport-Gala und sind seit dieser Zeit miteinander befreundet.»Es läuft nicht rund«, sagte ich ihm,»ich glaube, ich will das alles nicht mehr, in diesem Jahr wird noch etwas passieren.«»Willst du weg?« fragte er.»Ich habe im Augenblick keine Alternative«, gab ich zurück,»aber ich möchte nicht in dieser Routine erstarren.«»Jörg, ich rede mal mit deinem Direktor in Bremen, vielleicht können wir dir noch ein zweites Standbein geben.« Ein Gespräch, das genau zwei Wochen vor dem überraschenden Anruf von Frank Elstner stattfand. Meine Bereitschaft, mich anderen Gelegenheiten gegenüber zu öffnen, war immer noch groß. Werner Zimmer hatte zwar sofort den Kon-

takt in die Chefetage von Radio Bremen gesucht und dort über meine Befindlichkeit informiert, aber auf Reaktionen aus dem vierten Stock wartete ich bisher vergebens. Also reagierte ich empfänglich auf die Anfrage:»Herr Elstner, ich bin bereit, über alles zu reden.«»Dann kommen Sie doch nächste Woche in mein Büro nach Luxemburg, und Ihre Frau bringen Sie am besten gleich mit. Die Tickets hinterlege ich für Sie am Flughafen.«
Der Tag, der so langweilig anfing, hatte eine ungeahnte Wende genommen. Bei mir machten sich Aufregung und Neugier breit. »Was will der Elstner bloß?« fragte ich zu Hause meine Frau, doch sie sagte nur:»Mach' dich nicht verrückt, warte ab, wir werden ja sehen, was da in Luxemburg passiert.« Ich ging zum Skat, den Kopf voll wirrer Gedanken, und verlor an diesem Abend 140 Mark. Was soll's, das Geld landete in der gemeinsamen Urlaubskasse.
Der nächste Dienstag. Am Flughafen in Luxemburg wartete der Meister persönlich, um uns abzuholen. Frank Elstner fuhr uns in seine Firma in der Altstadt; im Auto beschnupperten wir uns erst mal. Kein Wort über Geschäfte in der Aufwärmphase. Der Gottvater der neuen Showmaster-Generation liebt die feineren Dinge des Lebens: gediegenes Ambiente im Büro, die Wände aus Fels, die Möbel im Designer-Stil. Das Essen ließ er aus dem»Bredewee« kommen, einem der erlesensten Restaurants der Stadt, das nur ein Haus weiter untergebracht ist. Bei gebeiztem Lachs kam F.E. zur Sache:»Ich werde meine Produktionsfirma erweitern«, sagte er,»und dabei hätte ich Sie gerne in meinem Team. Sie werden mein Geschäftsführer und moderieren dazu noch zwei Unterhaltungssendungen, die ich produziere. Eine Show läuft im Abendprogramm, und dann möchte ich Sie noch für eine Kindersendung haben – beides in SAT.1. Für alles zusammen garantiere ich Ihnen das Doppelte Ihres jetzigen Einkommens.«
Meine Gedanken kreisten. Da war auf der einen Seite die Verlockung des Geldes, aber da waren auch Nachteile: nie wie-

der Sport, nie wieder Bremen, meine geliebte Provinz. Die gewachsenen privaten Freundschaften – das alles aufgeben? Statt dessen Luxemburg, eine Stadt am Ende von Nirgendwo. Und was ist, wenn der Vertrag nach drei Jahren ausläuft? Eine gewisse Unsicherheit machte sich breit. Wir fuhren ins Sheraton, das Elstner für uns gebucht hatte, und beratschlagten die Lage. Meine Frau war enthusiastischer als ich. Als wir in unserer Suite saßen, merkte ich sofort, daß sie Blut geleckt hatte: »Du sagst mir immer wieder, daß du in Bremen das Ende der Fahnenstange erreicht hast. Dann nimm doch jetzt diese Chance an. Zusammen werden wir es schaffen.«

Abends wieder ein Termin mit meinem potentiellen neuen Arbeitgeber. Wir verständigten uns auf »Frank« und »Wonti«, blieben aber beim Sie. Als er uns durch seine Stadt führte, in der er mittlerweile seit 28 Jahren lebte, merkten wir, wie ernst sein Abwerbungsversuch war. Frank bemühte sich, uns die schönsten Seiten Luxemburgs zu zeigen, und in der Tat: Eine gewisse Lebensqualität schien unverkennbar. Das Pendel bewegte sich langsam in die neue Richtung. Zum Essen kam Britta dazu, Franks damalige Lebensgefährtin und heutige Frau. Wir verbrachten einen traumhaften Abend, nicht zuletzt, weil Frank genau wußte, wie er einen wie mich mit meinen Zweifeln zu nehmen hatte: verwöhnen, umsorgen, der Seele ein bißchen Balsam geben. Seine Rundumbetreuung tat ihre Wirkung. So etwas war ich von der ARD nicht gewohnt, und ich genoß es bei diesem Meeting, das mein ganzes Leben verändern sollte.

Noch aber wollte ich nicht so einfach die Fronten wechseln. Gefühl und Verstand rangen heftig miteinander. Zehn Jahre Radio Bremen hatten mich geprägt, das wirft man nicht einfach so weg. Der Bauch also sagte »nein« – und plötzlich schienen die tiefen Frusterlebnisse, die mich erst geöffnet hatten für das Elstner-Angebot, nur noch Alltagsärgernisse zu sein. Der Verstand aber sagte »ja«. Wenn ich noch mal die Pferde wechseln wollte, dann jetzt! »Ich rede morgen mit meinem Direktor in Bremen«, versprach ich meiner Frau, »und dann sehen wir weiter.«

Dr. Rüdiger Hoffmann ist schon immer ein engagierter Programmdirektor gewesen. Wenn ihm etwas liegt an einem Mitarbeiter, dann setzt er Himmel und Hölle in Bewegung. »Direttore, ich habe ein Angebot, das Haus zu verlassen«, teilte ich ihm mit – in der Hoffnung darauf, daß er nun alles geben würde, mich zu halten. Die erste Reaktion: ein kräftiges Räuspern. Das macht er gerne, wenn er Zeit gewinnen will. Danach ein langes kameradschaftliches, von gegenseitigem Verständnis gezeichnetes Gespräch – und das Versprechen, sich nach einem Unterhaltungsprojekt in der ARD umzuschauen, das ich neben der Sportschau moderieren könnte.

Zwei Wochen später wollte Frank Elstner Gewißheit haben. Er drängte: ja oder nein. Mein Direktor hatte bis dato nichts von sich hören lassen. Also rief ich ihn an und sagte nur: »Direttore, Elstner möchte bis morgen von mir eine Aussage.« Die Antwort: »Ich kann im Augenblick nichts für Sie tun, aber bei der nächsten Gelegenheit werden wir Sie auch für eine Unterhaltungssendung vorsehen.« Für mich war die nächste Gelegenheit eine Minute später: Ich sagte Frank Elstner zu.

Nach den Wochen der Zerrissenheit spürte ich zum ersten Mal wieder Erleichterung. Die Entscheidung war gefallen, es gab kein Zurück mehr. Jetzt machst du noch in aller Freundschaft die Fußball-Europameisterschaft für die ARD, sagte ich mir, und dann die Olympischen Spiele in Barcelona, und am Ende des Jahres fängst du deinen neuen Job an. Doch bis zu meinem endgültigen Wechsel sollten sich noch reichlich Turbulenzen einstellen.

Die ARD-Bosse fragten sich zunächst einmal, ob einer, der die Fahnen wechselt, noch geeignet ist, um von einem Großereignis wie der EM zu berichten. »Der Mann macht seine Sache ordentlich«, argumentierte mein Direktor im Kreise der Hierarchen, »außerdem wechselt er nicht zu einem konkurrierenden Sender, sondern zu einer freien Produktionsfirma.

Die Nominierung für die Europameisterschaft muß davon unberührt bleiben.« Rüdiger Hoffmann setzte sich durch: Ich durfte nach Schweden.

Eine Woche vor der Abreise: ein Anruf von Frank Elstner. »Wonti«, sagt er, »die Sache mit der Kindersendung hat sich erledigt. SAT.1 hat die Rechte an der Fußball-Bundesliga gekauft, und die wollen Sie in der neuen Saison als Moderator. Ich habe Sie bei Werner E. Klatten, dem Geschäftsführer von SAT.1, vorgeschlagen.«

Ich war völlig perplex. Mit allem hatte ich gerechnet, nur damit nicht. Das Kapitel Fußball war für mich abgeschlossen, und dafür gab es auch einen triftigen Grund: 1990 hatte mir Klatten schon mal das Angebot unterbreitet, zu SAT.1 zu wechseln: Der Sessel des Sportchefs war frei. Nach heftigen Überlegungen hatte ich abgelehnt. Seitdem waren sie nicht sonderlich gut auf mich zu sprechen, also machte ich mir über eine Verpflichtung in die Sportredaktion auch keine Illusionen. Der Drops war für mich gelutscht – bis eben wieder Frank Elstner anrief. Wenn es den nicht gegeben hätte, ich würde wohl heute noch zwischen den Fußballarenen von Bremen-Huchting bis Bremen-Oslebshausen hin- und herpendeln.

»Bei der Europameisterschaft wird Reinhold Beckmann mit Ihnen reden«, sagte Frank, »aber achtet darauf, daß ihr die Sache diskret abwickelt.« So fuhr ich also nach Atvidaberg. Das Nationalteam wohnte in einem für die Öffentlichkeit unzugänglichen Hotel, Kollege Wolfgang Biereichel und ich, die für die ARD die Mannschaftsberichterstattung besorgen sollten, bezogen 500 Meter entfernt ein Haus, das unser Arbeitgeber eigens für die EM angemietet hatte. Sollte ich Wolfgang erzählen von der neuen SAT.-1-Offerte? Immerhin war und ist er mein Freund. Ich beschloß, ihn gar nicht erst in Gefahr zu bringen. Erst mal nichts sagen, denn wer nichts weiß, kann sich auch nicht verquatschen. Das war kein Mißtrauen, sondern freundschaftliche Vorsorge.

Das erste Spiel stand an: gegen die GUS in Norrköping. Reinhold Beckmann hatte sich noch nicht gemeldet. Egal: Nicht an die Zukunft denken, sondern den Job machen – und zwar so gut wie möglich. Wenn's losgeht bei solchen Veranstaltungen, dann ist sofort das journalistische Jagdfieber da, dann zählen schnelle Informationen, möglichst exklusiv.

Deutschland lag 0:1 zurück, nachdem Stefan Reuter einen Elfmeter verschuldet hatte. Hinterher, im vertrauten Kreis, wurde er dafür von Andreas Brehme, dem Ersatzkapitän für den verletzten Rudi Völler, kräftig gerügt:»Das ist schon ein dicker Hund, was der Reuter da zusammengespielt hat. Der Junge hat doch in der italienischen Liga so viel Erfahrung gesammelt, da muß er doch ausgebuffter zur Sache gehen.« In aller Öffentlichkeit freilich mochte der neue Vertrauensmann von Vogts nicht so freimütig über die Fehlleistungen seines Mitspielers reden.

Und außerdem war da ja noch jene 90. Minute, die alles wieder relativierte. Der Goldene Schuß von Thomas Häßler – ein direkter Freistoß, der zum 1:1-Ausgleich führte. Der kleine Icke hatte gerade noch mit dem Schlußpfiff für Schadensbegrenzung gesorgt, hatte den Weg für seine Mannschaft geebnet, der letztlich bis ins Finale führen sollte. Seinem Trainer hatte er da vermutlich den Kopf gerettet; mich aber sollte es den Kopf kosten ...

Zwei Tage nach dem Auftaktspiel der deutschen Mannschaft bei dieser Europameisterschaft war ich plötzlich Reporter außer Dienst – Opfer der starren Regeln der Europäischen Fußball-Union. Die UEFA hatte mir die Akkreditierung entzogen, jenes kleine Kärtchen, mit dem Journalisten zu den Presseplätzen und in die Katakomben des Stadions dürfen, um die Spieler zu befragen.

Gerade so ein Interview aber hatte den Eklat ausgelöst. Thomas Häßler stand mir nach seinem rettenden Tor noch auf dem Rasen Rede und Antwort. Erlaubt war das sicher nicht, aber wer denkt in einem solchen Augenblick schon an UEFA-

Regeln? Niemand hielt mich auf, als ich mit dem Schlußpfiff den Innenraum betrat. Keine Sicherheitsbeamten weit und breit, auch keine Offiziellen der Europäischen Fußball-Union. Hinz und Kunz hätten an diesem Abend ungehindert das satte Grün betreten können, oder Lange und Lohmann. Erst während des Live-Interviews für die ARD schritt der erste Aufpasser ein, bat uns höflich zum Spielfeldrand und hörte dann dem Gespräch interessiert zu.

Aus Icke Häßler sprudelte es nur so heraus. Er wollte sie allen mitteilen: seine Glücksgefühle, und die Regie-Anweisungen, die er seinen Kumpels noch vor dem entscheidenden Freistoß gegeben hatte. »Bleib stehen, bleib in der Mauer stehen«, riet er Jürgen Klinsmann da noch schnell. Der große Blonde gehorchte nicht nur, er bückte sich auch im entscheidenden Augenblick. Durch genau diese Lücke bahnte sich der Ball dann seinen Weg ins Tor. Originalton Häßler nach dem gelungenen Coup: »Wenn der Klinsi sich nicht geduckt hätte, wäre er mit der Kugel in den Kasten geflogen.«

Icke in Erzählerlaune: Die deutsche Fernsehnation durfte es live erleben, und ich war euphorisiert. Direkt nach dem Schlußpfiff so ein Interview! Da menschelte es, und Häßler hatte auch noch preisgegeben, was sich im Vorfeld dieser wichtigen Szene so alles abgespielt hatte. Ich belohnte mich mit einem Bacardi-Cola, sprach mit dem Kollegen Wolfgang Biereichel noch die wichtigen Dinge des Lebens durch und sank selbstzufrieden ins frischbezogene Bett in Atvidaberg.

Das dicke Ende folgte zwei Tage später: eine Strafaktion, die den Boulevardzeitungen manche Schlagzeile wert war. »EM-Skandal um TV-Reporter«, titelten sie und brandmarkten meine Aussperrung als kleinkariertes Funktionärsgehabe. Sogar der DFB gab den gewohnten Schulterschluß mit der UEFA auf. Die Strafe sei zu hart, befanden Delegationsleiter Franz Böhmert und Pressechef Wolfgang Niersbach. Der Dachverband möge doch über eine Modifizierung der Sanktion nachdenken. Ein Fünkchen Hoffnung kam da wenigstens auf bei mir. Am nächsten Morgen rief mein Programmchef aus der ARD-Europameisterschaftszentrale in Göteborg an. »Die Tagesthemen wollen den Fall aufgreifen«, teilte Peter Jensen kurz und bündig mit – und fügte den Satz hinzu, den ich später auch von Mehmet Scholl hören sollte, als er über einen Eingriff Franz Beckenbauers in die Mannschaftsgeschicke von Bayern München sprach: »Befehl von oben.« Dort oben saß Dr. Jobst Plog, NDR-Intendant und von Amts wegen zuständig für die Politik der ARD bei dieser EM. Er wollte ein Signal setzen, wollte einen Mitarbeiter nicht im Regen stehenlassen, und darum hatte er den Akkreditierungs-Entzug in Deutschlands angesehenster Informationssendung zum Thema gemacht. In einem Drei-Minuten-Beitrag wurde die Haltung der UEFA gegeißelt. Anschließend kommentierte Jobst Plog das Geschehen noch aus seiner Sicht. Europas oberste Fußball-Funktionäre bekamen dabei ordentlich ihr Fett weg.

Mit seinen kritischen Anmerkungen löste mein oberster Dienstherr freilich eine unerwartete Gegenreaktion bei der UEFA aus. Die hohen Herren blieben stur. Dabei hatte ich dem Millionenpublikum am Bildschirm doch nur möglichst schnell den Mann des Abends präsentieren wollen, den Mann, der Sekunden vorher für Begeisterungsstürme in den heimatlichen Wohnstuben gesorgt hatte. Auch im nachhinein eine richtige journalistische Entscheidung: Thomas Häßler mußte direkt nach dem Interview zur Dopingkontrolle, und es dauerte eine knappe Stunde, bis er konnte, was er sollte. Da aber war die Live-Sendung der ARD längst zu Ende, und der geneigte Zuschauer hätte bei strikter Einhaltung der UEFA-Regularien den Freudenausbruch des EM-Helden von 1992 nie miterlebt.

Doch nach der Tagesthemen-Schelte sollte offensichtlich ein Exempel statuiert werden. Ich wurde aufgefordert, die Akkreditierung abzugeben und hätte wahrscheinlich vorzeitig die Koffer gepackt, wenn nicht der DFB in die Bresche gesprungen wäre. Trotz so manchen Sträußen, die wir in der Vergangenheit ausgefochten hatten – in diesem speziellen Fall zeigte die Delegation des Deutschen Fußball-Bundes Solidarität. Als Reporter im Lager der Nationalmannschaft sei ich weiter willkommen, bedeutete mir Pressechef Wolfgang Niersbach, und für das nächste Spiel überreichte er gleich eine Ehrenkarte. So kam es, daß die ungewollte Dienstbefreiung auch eine gute Seite hatte. Ich durfte zwar nicht berichten, dafür aber 90 Minuten neben einem Idol Platz nehmen. Gegen Schottland saß ich direkt neben Uwe Seeler und stellte zum ersten Mal aus nächster Nähe fest, wie aufgeregt oft selbst alte Hasen sind, wenn sie denen da unten auf dem Spielfeld nicht mehr helfen können.

»Das wird noch eng«, vermutete Uwe trotz der deutschen 1:0-Führung bei Halbzeit und erklärte seine Skepsis in aller Ausführlichkeit. Was bleibt auch anders in so einer 15minütigen Pause als über Fußball zu reden? Als dann Stefan Effenberg nur zwei Minuten nach dem Wechsel mit seinem ersten Länderspieltor für die Entscheidung sorgte, meldete sich sofort wieder »Uns Uwe« zu Wort: »Hab' ich doch gesagt, das Ding schaukeln wir sicher nach Hause.« Und weil die Schotten bis zur letzten Minute nicht aufgaben, Deutschland aber doch 2:0 gewann, nickten sie Uwe Seeler im Ehrengastbereich bei jeder Bemerkung anerkennend zu. Hauptsache gewonnen, und überhaupt: Der Mann ist schließlich vom Fach, der hat immer recht.

Zurück nach Atvidaberg – und immer noch kein Signal von Reinhold Beckmann. Hatte er mich vergessen? Paßte ich doch nicht in seine Personalpolitik? Ich wollte es wissen und nahm mir vor: Wenn er nicht zu mir kommt, dann gehst du eben auf ihn zu. Bei einem dieser langen Nachmittage ohne Spiel, ohne Training und ohne Pressekonferenz ergab sich die Gelegenheit. »Reinhold, ich habe gehört, du wolltest ein Gespräch mit mir führen.« Die Eröffnung war zwar nicht sonderlich geistreich, eher das klassische Bauern-Opening beim Schach, aber nun konnte ich in Ruhe seinen ersten Zug abwarten. Beckmann vertröstete mich auf den nächsten Tag. Er war reichlich im Streß, weil er auch zwischen den Spielen eine Sendung aus dem Trainingslager der deutschen Mannschaft zu moderieren hatte.

Treffpunkt Turnhalle hatten wir verabredet – dort, wo Berti Vogts normalerweise seine Pressekonferenzen in Atvidaberg abhielt. Es war ein wunderschöner Junitag, und wir setzten uns nach draußen, direkt vor das Gebäude. Um uns herum wuselten reihenweise die Journalisten. Wenn die gewußt hätten, daß da quasi unter ihren Augen ein Abwerbungsgespräch stattfand – »Bis wann läuft dein Vertrag?« fragte Reinhold. Ich sagte ihm, daß ich zum Ende des Jahres bei der ARD gekündigt hätte und dann bei Frank Elstner anfangen wollte. »Das geht nicht, ich brauche dich früher. Am 15. August beginnt die neue Saison, SAT.1 hat zum ersten Mal die Fußballrechte, und da nützt es uns wenig, wenn du erst zur Rückrunde kommst.« Wir besprachen die Sachlage in sehr entspannter Atmosphäre. Da saßen zwei Menschen zusammen, die viel lachten und offensichtlich positive Vergangenheitsbewältigung betrieben. Dabei war die Situation bitterernst geworden. Ich wußte genau: Wenn mein Wechsel zu SAT.1 tatsächlich schon im August passieren sollte, war mein Job für meinen alten Arbeitgeber bei den Olympischen Spielen in Barcelona durchaus gefährdet. Wie konnte ich aus dieser Nummer rauskommen? Der Transfer zu den privaten Fernsehanbietern würde ohnehin noch genug Schlagzeilen machen, da wollte ich die ARD auf keinen Fall im Streit verlassen. Ich hörte mir noch das finanzielle Angebot von Reinhold Beckmann an und war froh, daß es sich mit meinen Vorstellungen deckte – da brauchten wir also in einer zweiten Verhandlungsrunde nicht mehr zu feilschen. Anschließend ging wieder jeder seiner Wege – wohl wissend, daß eine Zusammenarbeit beschlossene Sache war und daß man die Terminabsprachen zu Hause in Deutschland treffen würde. Bei dieser EM traf ich Reinhold Beckmann nur noch im Vorfeld des Endspiels: ein kurzer Gruß, ein listiges Lächeln, mehr nicht. Nun, nachdem Klarheit herrschte, war es besser, sich aus dem Wege zu gehen.

Im Hauptberuf hatte ich mich ja ohnehin um die Fußballhelden der Republik zu kümmern – soweit das ohne Akkreditierung überhaupt möglich war. Bertis Buben hatten das Endspiel erreicht, ein nicht einkalkulierter Erfolg, aber weil die Teilnahme am Finale so überraschend kam, wollten alle ARD-Sender intensivste Berichterstattung. Wolfgang Biereichel und ich arbeiteten rund um die Uhr. Blickpunkt Sport, Sport unter der Lupe, Sportschau, Tagesschau, Tagesthemen – alle forderten das Neueste aus dem deutschen Lager an. Die Spieler hatten natürlich auch über mein Mißgeschick gelesen und nahmen regen Anteil. »Hör' mal, icke kann da aber nix dafür«, hatte Thomas Häßler mir gleich am Tag danach erklären wollen, und es schwang schon ein bißchen Mitleid mit. »Aber weißt du was«, fügte er hinzu, »wenn du willst, bin ich zu jedem Interview bereit. Wenn ich dir damit ein bißchen helfen kann …«

So entstanden in diesen schwarzen Tagen von Schweden persönliche Beziehungen zu Fußballprofis, die Journalisten normalerweise mit Skepsis begegnen. Gerade die Stars überprüfen akribisch, wer aufrecht ist in diesem Gewerbe und wer nur an seine Vorteile denkt – an die exklusive Geschichte, die auch mal zu Lasten des Fußballers geht. Persönliche Gespräche können da so manche Einschätzung umdrehen. So war es auch in Atvidaberg, als Bertis Auserwählte bei dieser Europameisterschaft zwar nur wenig Gelegenheit zum Small talk hatten, als sie aber doch aus erster Hand wissen wollten, wie es denn nun genau gewesen sei mit meinem von der UEFA ausgesprochenen Berufsverbot. Zu Thomas Häßler besteht seit dieser Zeit eine solide Vertrauensbasis. Er weiß genau, ich habe nicht übelgenommen – wie sollte ich auch? Und er weiß, daß er sich entspannt zurücklehnen kann, wenn ich ein Interview mit ihm führe. Keine Fragen unter der Gürtellinie, aber doch hart in der Sache. Das akzeptieren mittlerweile fast alle, und wenn die Fronten geklärt sind, kann man mit seinen »Kunden« auch mal einen trinken gehen, ohne sich gleich gemein mit ihnen zu machen. Apropos Häßler: Eine alkoholisierte Nacht beim Karlsruher SC wird mir da unvergessen bleiben. Die Einzelheiten dieser Nacht wird allerdings nicht einmal Winnie Schäfer erfahren, sonst müßte er das Psychogramm seiner Mannschaft völlig neu schreiben ...

Es war beim Finale der EM 92. Die ARD wollte live übertragen. Eigentlich sollte ich die Veranstaltung aus dem Stadion moderieren. Ohne Akkreditierung leider ein Ding der Unmöglichkeit. Zur Untätigkeit verurteilen lassen wollte ich mich allerdings auch nicht.

Zwei Tage vor dem Endspiel zwischen Deutschland und Dänemark saßen Wolfgang Biereichel und ich beim Frühstück. Dort hatten wir zwei Wochen lang Pläne geschmiedet, Programmideen entwickelt und so ganz nebenbei auch noch viel Spaß gehabt. Wolfgang fungierte als Seelentröster, ich war der Mann für die Spiegeleier. Wir lebten fast wie Eheleute zusammen – ständig auf engstem Raum, ständig mit den kleinen Unzulänglichkeiten des anderen konfrontiert. So habe ich ihm die SAT.-1-Offerte doch irgendwann gestanden. »Was könnten wir den Kollegen in der Zentrale für die Vorberichterstattung zum Finale anbieten?« fragte ich Wolfgang Biereichel bei jenem Frühstück. Das Spiel fand am Sonntag statt, aber bereits einen Tag vorher gab es die letzte Pressekonferenz. Brandheiße Aktualitäten aus dem deutschen Lager würden wir also für die Sendung vor dem Finale nicht parat haben können.

»Warum fragst du Berti nicht schon am Samstag, ob er dir die Aufstellung und die Taktik für Sonntag verrät, du mußt ihm nur versprechen, daß du die Sache einen Tag lang geheimhältst.« Die einfachsten Ideen sind meistens die besten, man muß nur drauf kommen. Perfekt – das wäre es. Nur: Würde der Bundestrainer sich darauf einlassen? Nach der letzten Pressekonferenz, 27 Stunden vor dem Spiel, konfrontierte ich

Vogts mit meinem Ansinnen. Er überlegte drei Sekunden und sagte nur: »Wo gehen wir hin?«
Ich war völlig überwältigt. So etwas hatte er noch nie gemacht. Trotzdem schien er bereit, das größte Geheimnis eines Fußballtrainers bereits einen Tag vor dem Spiel zu lüften. Vielleicht tat es Berti Vogts auch ein bißchen leid, daß ich die Partie wegen der entzogenen Akkreditierung nicht live im Stadion würde sehen können, vielleicht konnte er sich vorstellen, daß das Herz eines Journalisten blutet, wenn er bei so einem Ereignis nicht arbeiten darf. Und vielleicht wollte er mir deshalb den Schmerz mit einem Bonbon versüßen. Egal warum, für diese Geschichte hat Berti noch einen gut ...
»Alle Türen zu, und stellen Sie sicher, daß kein anderer Journalist im Raum ist«, ordnete der Bundestrainer an, als wir im Studio saßen. Ich versprach ihm noch, daß die Kassette mit seinem Interview bis zur Sendung in unserem Giftschrank lagern würde, zu dem nur unser Chef vom Dienst Zugriff hat, und dann legte Vogts los: »Wir spielen in der gleichen Besetzung wie im Halbfinale gegen Schweden, also mit Illgner im Tor, Helmer als Libero und den Manndeckern Kohler und Buchwald. Im Mittelfeld von rechts Reuter, Effenberg, Häßler, Sammer, Brehme und im Sturm Klinsmann und Riedle.« Wenn es da zwischenzeitlich keine persönlichen Dissonanzen gegeben hätte – bis auf Buchwald und Brehme wäre das auch noch ein Team für die WM-Qualifikation 1997 gewesen.
»Ich lege besonderen Wert auf die Außenpositionen«, dozierte Vogts weiter. »Die Dänen sind kopfballstark, aber kurz über der Grasnarbe haben sie ihre Defizite. Also sollen Reuter und Brehme die Bälle flach hereinschlagen.« Da lag sie also offen, die Taktik, und der Bundestrainer ging ein hohes Risiko ein. Immerhin verbreitete er seine Pläne vor 20 Millionen Zuschauern. Was wäre, wenn sie scheitern würden? Vielleicht würde sich Berti Vogts dann hinterher ärgern, daß er doch nicht zu seinen Standardfloskeln gegriffen hatte.

Der Beitrag wurde direkt vor den Nationalhymnen gesendet, die Republik hatte aus berufenem Munde gehört, was sie zu erwarten hatte – doch am Ende war alles nur Makulatur. Deutschland flankte flach, spielte noch flacher und unterlag 0:2. Europameister wurde Dänemark – und alle bewunderten die Truppe, die erst kurzfristig als Nachrücker eingesprungen war. Die Dänen kamen aus dem Strandkorb und holten sich den Titel. Dennoch: An diesem Tage verneigte ich mich vor Berti Vogts, weil er über seinen Schatten gesprungen war und einem Reporter geholfen hatte, der von verknöcherten Fußball-Funktionären ins Abseits gestellt worden war.

Mit diesem Finale hatte ich auch meinen letzten Großeinsatz für die ARD absolviert – ich wußte es nur noch nicht. Zunächst einmal fuhr ich nach Hause und war froh, daß ich trotz UEFA-Bannstrahl wenigstens eingeschränkt hatte arbeiten können. Jetzt vier Wochen Atem holen, und dann ab zu den Olympischen Spielen. Da wollte ich noch mal so richtig durchstarten und die persönliche EM-Niederlage ausradieren. Doch auch bei dieser Planung hatte ich die Rechnung ohne die fünf Wirte gemacht ...

Reinhold Beckmann meldete sich im Büro – zehn Tage vor der Abreise nach Barcelona. »SAT.1 möchte einen Fototermin mit dir machen und danach deinen Wechsel zu uns bekanntgeben.« Ich fragte, ob eine solche Veröffentlichung nicht nach Olympia strategisch günstiger wäre. In dieser heiklen Phase wollte ich die Kollegen in der ARD nicht unnötig verärgern. Doch der Lauf des Lebens läßt sich nun mal nicht aufhalten, erst recht nicht in einer Branche, in der Indiskretionen an der Tagesordnung sind. Am nächsten Morgen fiel mir beim routinemäßigen Zeitungsstudium das Frühstücksei vom Löffel, denn BILD verbreitete die Schlagzeile »Glückwunsch SAT.1, Wontorra kommt«.

Nun war die Information also auf dem Markt, und ich ahnte sofort, wie die ARD reagieren würde. Ein Opel-Manager, der zu VW wechselt, wird auch schnellstens vom alten Arbeitgeber aus dem operativen Geschäft herausgenommen – warum sollte es mir da anders ergehen? Also: Olympia ade, keine Moderation für die ARD in Barcelona! Oder sollten die Herren Programmdirektoren mir doch noch einen guten Abgang ermöglichen, so wie dem Rundfunk-Kollegen Werner Hansch, der ebenfalls zu SAT.1 wechselte, aber bei Olympia noch seine Reportagen machen durfte?

Am Tag, nachdem mein Wechsel zum Jahresende bekanntgeworden war, wurde eine Telefonkonferenz der Sportchefs einberufen. Beginn 14 Uhr 30, Thema: Olympia. Ich richtete mich darauf ein zu kämpfen. Um 13.30 Uhr, eine Stunde vor Beginn, meldete sich Deutschlands größtes Boulevard-Blatt: »Wir haben erfahren, daß du gerade aus dem ARD-Team für die Olympischen Spiele rausgeflogen bist. Wie lautet dein Kommentar zu dieser Entscheidung?« fragte der »BILD«-Kollege.

Ich war wie paralysiert. Es hatte doch noch keine Entscheidung gegeben, es waren noch nicht einmal die Argumente ausgetauscht worden. Als ich dies dem Mann am anderen Ende der Leitung mitteilte, wurde der deutlicher: »Fünf Stimmen gegen dich, zwei Enthaltungen. Du bist mit knapper Mehrheit aus dem Team gekegelt worden.« Ich vertröstete meinen Gesprächspartner auf den frühen Abend und wartete etwas verstört auf die Schaltkonferenz.

Eine Stunde lang wurde ausschließlich diskutiert, ob ich in Barcelona weiterhin dabei sein sollte oder nicht. Dann die Abstimmung der Sportchefs: fünf Stimmen gegen mich, zwei Enthaltungen, vier Stimmen für mich. »Wir werden damit die Empfehlung an die Programmdirektoren weitergeben, die die Sportchefs mit knapper Mehrheit beschlossen haben, dich aus dem Barcelona-Team zu streichen«, faßte ARD-Sportkoordinator Hartmann von der Tann zusammen. Er selbst hatte gar kein Stimmrecht. Seine Aufgabe war nur, das Resultat der Konferenz weiterzugeben.

Wie aber konnte BILD bereits vor der Schaltkonferenz auf die

Stimme genau von diesem Ausgang wissen? Ganz klar, in unserer Runde hatte es wieder mal ein Singvögelchen gegeben, und das Abstimmungsergebnis mußte vorher in Einzelgesprächen hart erarbeitet worden sein. Die feinen Herren vom Sport – »Fair play« ist für manche von ihnen eben doch ein Fremdwort ...

Ich ging der Sache nach und wurde fündig. ARD-Programmchef Gerhard Meier-Röhn hatte bei den Leitern der Sportredaktionen herumtelefoniert, um die Stimmung auszuloten. Zwei Kollegen schlugen sich gleich auf seine Seite, darunter Jürgen Emig vom Hessischen Rundfunk, mit dem ich bei unseren Sitzungen häufig aneinandergeriet. Eine andere Gegenstimme empfinde ich noch heute wie einen Dolchstoß. Über 10 Jahre hatte ich mit Jochen Sprentzel im dritten Programm aufs engste zusammengearbeitet, inhaltlich mit vielen Übereinstimmungen, ganz zu schweigen von der großen gegenseitigen menschlichen Akzeptanz. Ausgerechnet er also, das traf mich heftig. Sein »Nein« saß tief bei mir, und auch nach jener ominösen Schaltkonferenz hat er sich nie erklärt. Vielleicht hatte es ja Gründe gegeben für seine abrupte Gegenbewegung – ich weiß es nicht, denn Kollege Sprentzel geht mir immer noch geflissentlich aus dem Weg. Gerhard Meier-Röhn, der alles einleitete mit seinem Telefonrundruf, kam dagegen ein Jahr später bei einem »Ball des Sports« in Wiesbaden auf mich zu, und wir räumten die Sache aus der Welt. Versöhnung beim Bier – man kann sich wieder in die Augen schauen.

WDR-Sportchef Heribert Faßbender verhielt sich an jenem D-Day total neutral: wenig Beiträge zur Diskussion, keinerlei Polemik. Dann kam die Minute, in der sich alle zu ihrem Standpunkt bekennen mußten: Heribert, der Taktiker, enthielt sich der Stimme. Seine Meinung wurde als letzte aufgerufen, da waren die Verhältnisse bereits geklärt.

Blieb nur noch die Suche nach dem Maulwurf. Mir ist es genauso ergangen wie den Kickern des FC Bayern München nach jeder Indiskretion: Man gibt sich allergrößte Mühe, die undichte Stelle auszumachen, doch man wird nicht fündig. Ich habe da allerdings so einen Verdacht ... Die Entscheidung war gegen mich gefallen. Da saß ich nun mit meinem Mißgeschick. »Jetzt kein Selbstmitleid«, schoß es mir immer wieder durch den Kopf, »steh' auf und versuch' ganz einfach, doch nach Barcelona zu kommen.« Positiv denken. Sicher sein, das Ziel doch noch zu erreichen. Das hat sich im Laufe eines langen Berufslebens ins Hirn eingebrannt, das hatte mir im Job auch das eine oder andere Mal weitergeholfen. Kämpfen in eigener Sache – ich wollte es versuchen. Doch zuvor gab mir mein Haussender noch die Gelegenheit, Dampf abzulassen. Einen Tag nach der Abstimmungsniederlage wurde ich in die Radio-Bremen-Talk-Show eingeladen. Der Frust saß noch tief, und darum holte ich auch zum Schlag aus: »Bisher habe ich immer an eine gewisse Loyalität in unserer Sportchefrunde geglaubt«, sagte ich. »Jetzt aber weiß ich, wo auf diesem Schiff die Ratten sind.« Polterabend bei »III nach 9«. Ich war immer noch entsetzt über meine Kollegen, die sowieso nur eine Empfehlung abgeben durften. Die Entscheidung über meinen ARD-Job bei den Olympischen Spielen mußten ohnehin die übergeordneten Programmdirektoren treffen. Und die hätten aus fernsehpolitischen Gründen in jedem Fall die Rote Karte gezogen. Bis heute bin ich sicher: Diese Blutgrätsche der Herren, mit denen ich den Stallgeruch teilte, war vermeidbar. Aber: Wer freiwillig das Nest verläßt, verliert eben prompt auch den Schutz.

Der Morgen danach: Ich fahre nach Sylt, zu meiner Familie, die dort mit Freunden Urlaub macht. Die Zeitungen rufen immer noch an, um Kommentare von mir abzufragen. Ich finde, es ist genug nachgetreten worden – von allen Seiten – und verweigere mich. Ich muß ja auch ganz andere Dinge organisieren: Ich will die Akkreditierung für Barcelona, und das wird schwer genug. Ich hänge mich ans Telefon. Die neuen Kollegen von SAT.1 helfen mir, sie nehmen mich schon in ihr Kontingent auf, obwohl mein Wechsel noch lange nicht vollzogen ist. Weitere Gespräche bringen weitere Arbeitsmöglichkeiten und den Zugang zu den Stadien. Wir verabreden ein Buchprojekt und Zeitungskolumnen – Olympia, ich komme! Wer einmal dieses Gipfeltreffen des Sports erlebt hat, der weiß, warum man dafür kämpft: Dabeisein ist alles, da kann die Qualifikation noch so beschwerlich sein.

Die Spiele lebten vom ersten Tag an, und das deutsche Team spurtete endlich wieder vereint. Treffpunkt Barcelona – erst der Sport, dann das Vergnügen. Ganz Olympia feierte in einem noblen Club, den der nobelste unter den Autoherstellern eigens eingerichtet hatte – hoch oben auf dem Montjuic, direkt neben dem Olympiastadion. Hier fanden sich die Stars ein, hier war die Glückseligkeit zu Hause. Silke Renk, frisch gekürtes Gold-Kind im Speerwerfen, konnte es selbst tief in der Nacht noch nicht fassen, was da am Tage passiert war. Ganze acht Zentimeter Vorsprung trotz eines verpatzten Anlaufs. Mit gespreizten Fingern versuchte die Athletin aus Halle, allen anderen ihr Glück klarzumachen. Die Geste der Spiele: Zwischen Daumen und Zeigefinger war genug Platz für einen Olympiasieg. »Ich bin's, ich, ich, ich!« Sie schleuderte die Worte jedem entgegen, der nur halbwegs in der Nähe stand. Und dann stürzte sie sich in den Trubel, mit der Goldmedaille um den Hals in die Mitternachts-Disco. Wo sich die Jugend der Welt auslebt, ist kein Platz für Müdigkeit. Am längsten hielten die Verlierer durch. Die Desperados der Spiele, die plötzlich und unausgesprochen eine Gemeinschaft bildeten. »Komm, wir gehen vergessen«, sagte die Schützin zum Handballer und zog ihn auf die Tanzfläche. Olympische Momentaufnahmen, die so eine Veranstaltung eigentlich erst ausmachen. Freundschaften fürs Leben wurden da geschlossen – und Freundschaften für eine Nacht. Der Schmelztiegel Barcelona brodelte 17 Tage ununterbrochen, und ich war dankbar, daß ich doch noch mittendrin sein konnte.

15 Jahre hatte ich für die ARD alle großen Schwimmwettkämpfe übertragen, jetzt machte das ein anderer. Wehmut beschlich mich, es war offen gestanden ein ziemlich übles Gefühl, am Kommentatorenplatz vorbeigehen zu müssen in diesem ereignisreichen Jahr. Als Franzi ins Wasser sprang, wurde ein Superstar geboren. Das Mädchen aus dem Berliner Vorort Treptow war die jüngste deutsche Olympiateilnehmerin – mit allen Voraussetzungen, eine Große zu werden. Eine 14jährige, die sich nicht nur im Schwimmbecken auskennen wollte. Selbstbewußt war sie, ehrgeizig und kämpferisch. Fräulein van Almsick bezog bereits bei ihrer Premiere im internationalen Geschäft Stellung. Kurz vor den Sommerspielen verlor ihr Trainer seinen Job beim Landessportbund – für Franzi ein Unding, sie stellte sich auf die Hinterbeine. Und siehe da: Nachdem sie mit Boykott gedroht hatte, wurde ihr Trainer für Olympia nachnominiert.

Franziska van Almsick wurde als das neue deutsche Fräuleinwunder gefeiert. Die Zeit der muskulösen und mundfaulen DDR-Schwimmerinnen war vorbei. Statt dessen braune Augen, ein sinnlicher Mund und ein Kopf, in dem viel steckt. Selbst die gefährlichen Themen in ihrem Metier brachte sie auf den Punkt. Franzi über eine chinesische Goldmedaillengewinnerin: »Als ich den Brocken in der Umkleidekabine sah, wußte ich gleich Bescheid.« Das Wort Doping vermied sie dabei geschickt.

Bei den Feten auf dem Montjuic war sie nie dabei, bei ihrem Mammutprogramm von sechs Wettbewerben verbot sich das von selbst. Aber irgendwo in der Stadt trafen wir uns. Nur um ein Gespräch in Gang zu bringen, fragte ich nach ihren Eltern: »Wann kommen die denn, um dich zu sehen?«»Ich hab' ihnen verboten, zu kommen«, lautete die prompte Antwort. »Schwimmen ist meine Sache, da redet mir keiner rein.« Franzi, der coole Teenager. Auf zwei Begleiter mochte sie trotzdem nicht verzichten: »Ich hab' mein Stoffschwein dabei und Günther, meine kleine Maus. Das muß reichen.«

Günther mußte dann auch als Trostspender herhalten. Denn bei ihrem ersten großen Auftritt erlebte Franziska van Almsick auch ihre erste große Enttäuschung: Nur Silber über 200 Meter Freistil, bei ihrer Paradedisziplin. Sie steckte es weg, dabei half ihr vielleicht auch ihre jugendliche Sorglosigkeit. An jenen Tagen von Barcelona jedenfalls ging sie noch wesentlich unbefangener mit dem plötzlichen Ruhm um. Diese Leichtigkeit des Seins scheint heute dahin. Franzi van Almsick – damals frei von allen Zwängen, inzwischen fremdgesteuert von ihrer Umwelt. Sie marschiert mißtrauischer durchs Leben, die vier Jahre zwischen den Olympischen Spielen von Barcelona und Atlanta haben Spuren hinterlassen. Bei der Internationalen Automobilausstellung in Frankfurt sah ich sie wieder – eingerahmt von zwei Bodyguards, bei öffentlichen Auftritten ständig unter Kontrolle. Aus Franzi war Franziska geworden: eine junge Frau, die immer noch weiß, was sie will. Aber sie durfte nicht in Ruhe erwachsen werden, sie mußte gleich erwachsen sein. Barcelona war vielleicht ihr letztes unbeschwertes Erlebnis als Leistungssportlerin. Wahrscheinlich läßt sie sich heutzutage auch darum ihre Privatsphäre nicht nehmen. Denn da hat sie noch, was sie sucht: ihr kleines Glück.

Olympia 92, für Franziska van Almsick der Anfang, für mich ein Abschied. In den Arenen sah ich sie alle noch einmal, die Kollegen der ARD, mit denen ich so lange gemeinsam marschiert war. Ein flaues Gefühl befiel mich schon bei den ersten Begegnungen, es war ja immerhin einiges vorgefallen. Wie würden sie mich behandeln – wie einen Abtrünnigen, wie einen Aussätzigen? Nichts von alledem. Wie eh und je ist es gewesen. Die unwiderbringliche Atmosphäre bei Olympia scheint Wunden auf beiden Seiten schneller heilen zu lassen. Nur die Brutusse von der Abstimmungsfront, die habe ich mir denn doch genau gemerkt. In deren Stammkneipen werde ich relativ selten verkehren, aber darauf werden die Herren wohl auch keinen gesteigerten Wert legen.

11

Zuviel Rummel um die Stars?

Private Ansichten übers Privatfernsehen

○ ○ ○ ○ ○ ○ Fußball ist ein Spiel der einfachen Wahrheiten. »Der Ball ist rund«, sagte Sepp Herberger – und wer wollte ihm da widersprechen? Der Meister der einfach-genialen Sentenz unserer Tage heißt Otto Rehhagel. Musterbeispiel: »Fußball hat kein Geheimnis, der Ball muß nur ins Tor. Und nach dem Spiel geht man nach Hause.« Wenn da was dran sein sollte, kann man sich natürlich fragen: Warum wird jeden Samstagabend bei »ran« aus dem Fußball ein Drama gemacht? Mit Helden, Versagern, Narren und ab und an einem Königsmörder? Warum sitzen wir mit mehr als einem Dutzend Journalisten den ganzen Nachmittag vor neun Fernsehgeräten, beobachten und notieren jeden gelungenen Paß in jedem Stadion und denken verzweifelt über die richtige Dramaturgie des Spieltags nach? Hält der einfache Vorgang »22 Männer kämpfen um einen Ball« diese Glorifizierung durchs Fernsehen überhaupt aus?

Eine einfache Antwort gibt es in dem Fall nicht. Früher war das anders: Da gab es die Sportschau und sonst nichts. Anmoderation, Spielberichte, Abmoderation – und aus. Keine Dramen, keine Tränen, kaum Geheimnisse. Da ich beide Systeme, das öffentlich-rechtliche wie das private, mittlerweile so gut kenne wie das Innere meiner Sporttasche, kann ich die Zeiten vor und nach der Erfindung von »ran« ganz gut vergleichen. Und ich muß sagen: Ich weine der »Sportschau« keine heißen Tränen nach.

Wegen der komplizierten Hierarchien bei den öffentlich-rechtlichen Anstalten war die Sendung ziemlich schwerfällig. Als Sportschaumann wußte ich: Was Samstag jenseits des Platzes passiert, kommt in der Sendung am Abend nicht mehr vor. Gerade an den Wochenenden gab es immer das gleiche Problem. Die Funkhäuser sind dann nicht so stark besetzt wie unter der Woche. Als ich zum Beispiel einen Beitrag über den am Mittag bekanntgewordenen Sturz von Willi Reimann als Trainer machen wollte, hatte ich keine Chance: Die Disponenten für die Kamerateams waren längst beim Segeln auf der Ostsee.

Natürlich hat sich das inzwischen geändert. Wie aus dem verschlafenen Riesen Bundespost die rührige Telekom hervorging, so haben sich auch die Sportsendungen der ARD gewandelt. Auch sie sind schneller, moderner, bunter geworden. »Und haben nicht diese Unmenge Werbung!« werden vielleicht einige Anhänger der guten alten Sportschau sagen. Aber das stimmt ja so nicht. Auch bei der Sportschau gab es keine volle Stunde Programm, sondern nur 54 Minuten. Sechs Minuten waren Werbung. Heute flimmert bei zwei Stunden »ran« zwar 24 Minuten Werbung, aber auch 96 Minuten Programm, fast doppelt soviel wie früher.

Eins ist natürlich klar: Doppelt soviel heißt nicht automatisch doppelt so gut. Aber wir geben uns Mühe, und wir haben wesentlich mehr Manpower als zu Sportschau-Zeiten. Wir schikken zum Beispiel zu jedem Spiel einen sogenannten Fieldreporter, der rund um das Spiel Eindrücke sammelt und Interviews führt. So etwas war bei der ARD kein Thema. Da wurde ein Spiel kommentiert – und aus. Heute aber ist der Fieldreporter selbst dann mit vollen Einsatz bei der Sache, wenn der 11. der

Tabelle gegen den 12. 0:0 spielt. Dann meldet so mancher beflissen an die Zentrale:»Wenn ich schon eingeteilt bin, will ich auch was abliefern.«Auch Eitelkeit spielt dabei eine Rolle – wer sieht sich nicht gern für ein paar Momente auf dem Schirm? Weil es aber oft zu so einem Spiel nichts zu sagen gibt, kommen zuweilen Kurz-Interviews zustande, die weniger sind als heiße Luft. Reinhold Beckmann hat diese O-Ton-Inflation inzwischen als Defizit erkannt und Mäßigung versprochen.

Manchmal hatte »ran« auch ein bißchen viel vom Musiksender MTV abgekupfert: die schnellen Schnitte, die optischen Tricks und Effekte, die laute Musik. Der Fußball ist dann nur noch Mittel zum Zweck, um die technischen Möglichkeiten des Fernsehens eindrucksvoll zu demonstrieren. Aber Fußballfans wollen Fußball sehen. Deshalb haben wir auch die typischen Showelemente aus »ran« verbannt. Meine Kollegen und ich wollen Moderatoren bleiben, trotz der 200 frenetischen Zuschauer im Studio keine Showstars sein. Also kein Gottschalk-verdächtiger Auftritt mehr über die Studiotreppe, sondern eine sachliche Anmoderation.

Solche Entscheidungen sind das Ergebnis der rigorosen Selbstkritik, der wir uns jedes halbe Jahr auf einer Klausurtagung unterziehen. Beim Treffen der rund 40 Leute – Moderatoren, Kommentatoren, Fieldreporter, Chefs vom Dienst – geht es hart zur Sache. Jeder sagt ganz offen, was ihm an der Arbeit der vergangenen sechs Monate nicht gefallen hat. Auch das war bei der ARD völlig unbekannt. Dort haben die Sportchefs der einzelnen Anstalten vor allem darauf geachtet, sich selbst in Szene zu setzen. So hat einer mal die Eiskunstlauf-WM in Prag nur deshalb in sein Haus geholt, weil die Tschechoslowakei Berichtsgebiet seines Senders war. Ob es Experten für Eiskunstlaufen in seinem Team gab, spielte da nur eine untergeordnete Rolle.

Im übrigen greifen wir aber bei unserer Selbstkritik gerne auf die jahrzehntelangen Erfahrungen der Öffentlich-Rechtlichen zurück. So ist der Grandseigneur der Branche bei uns für die Moderatorenschulung zuständig: Ernst Huberty. Und der sagt uns ganz unverblümt seine Meinung. Ich erinnere mich noch an meinen Nachkommentar zu einer Partie Bayern gegen Schalke. Zehn Minuten und keine Sekunde Pause – für den Puristen und fanatischen Handwerker Ernst Huberty entschieden zu wortlastig. »Wonti«, sagt er hinterher ungerührt, »da hast du schlicht zuviel gequasselt.«

Umgekehrt gibt Huberty durch Lob die Richtung vor, in der wir arbeiten sollen. Bei einem Vorstoß von Christian Ziege quer über das gesamte Feld kommentierte ich mal: »Jetzt schaltet Ziege den Tempomat ein!« Solche nicht alltäglichen Formulierungen, die dennoch genau zum Geschehen auf dem Rasen passen, mag unser Zuchtmeister.

Eines kann er sowenig verhindern wie irgend jemand sonst in der Medienlandschaft: daß die Berichterstattung immer reißerischer, der Rummel um die Stars immer größer wird. Wie jede Zeitung, wie jeder andere Sender müssen auch wir Stars präsentieren – und sie notfalls mit unserer Berichterstattung erst schaffen.

Die Fußballgötter wissen das natürlich. Und stellen Forderungen. Denen ist egal, daß ein Auftritt bei »ran« nicht nur der Sendung, sondern auch ihrem Markt- und Imagewert hilft. Und es ist ihnen auch egal, daß ich der Meinung bin, die Spieler würden mindestens zur Hälfte dafür bezahlt, der Öffentlichkeit und den Fans zur Verfügung zu stehen. Die umschwärmten Stars wissen um ihren Wert und pokern damit. »Okay«, heißt es dann, »ich komme gern zu ›ranissimo‹ am Sonntag. Aber ich hätte gerne einen Privatflieger, weil ich abends wieder nach Hause will, am nächsten Morgen ist schließlich Training.«

Diese Kröte müssen wir in den meisten Fällen schlucken. Was hilft es, wenn wir mit stolzgeschwellter Brust sagen: »Mit uns nicht. Wir lassen uns nicht erpressen!«? Die »Bunte« zahlt unterdessen sechsstellige Beträge für ein Exklusivinterview mit

Boris Becker. Und wir haben die 6000 Mark für Matthias Sammers Privatflieger nicht? Das können wir uns bei der harten Konkurrenz gar nicht leisten. Außerdem bleibt alles andere bei »ran« im »grünen Bereich«. Wir zahlen keine horrenden Auftrittshonorare. Jeder Studiogast bekommt um die 1000 Mark – soviel wie jeder Teilnehmer einer normalen Talkshow auch. Wichtig sind den meisten eher die kleinen Annehmlichkeiten – wie der Flieger eben. So etwas hebt ja auch das Ansehen bei den Mannschaftskameraden, wenn man am Montag beim Training erzählen kann: »Gestern hat mich SAT.1 mit einer Privatmaschine befördert.«

In dieser Hinsicht hat die Karriereleiter eines Bundesligaprofis drei Stufen. Stufe eins: einen Manager haben. Stufe zwei: schon mal die eine oder andere Forderung stellen zu können – bestes Hotel am Platz, Fahrservice etc. Und Stufe drei bedeutet: nicht mehr selber fordern müssen, sondern seinen Manager fordern lassen.

In einem Punkt geben wir allerdings niemals nach: Kein Gast darf sich den Fragesteller aussuchen. Otto Rehhagel hat am Ende seiner Bayern-Zeit mal gesagt: »Ich komme ins Studio. Aber nicht, wenn der Wontorra moderiert.« Damals war unsere kleine Privatfehde gerade mal wieder aufgeflackert. Aber mein Chef Reinhold Beckmann würde einer solchen Forderung niemals nachgeben. Er hat lange mit Rehhagel geredet und ihn überzeugt, doch zu mir ins Studio zu kommen. Klar, das Interview vor laufender Kamera war dann nicht so offen, wie es mit einem anderen Moderator hätte sein können. Aber Gefälligkeitsjournalismus – den gibt es bei »ran« nicht.

Es stellt sich allerdings die Frage: Wie lange wird es diese unabhängige Berichterstattung noch geben? Schon plant Werder Bremen ein eigenes TV-Studio im Weserstadion. Und Uli Hoeneß denkt über einen digitalen Bayern-Kanal nach – Sportfernsehen als permanente Werbung in eigener Sache. Auf Knopfdruck kann man dann seinen Lieblingsspieler, Lieblingsspielzug, Lieblingstorschuß beliebig oft wiederholen.

Doch ich bin skeptisch, ob das funktioniert. Die Versuche mit interaktivem Fernsehen bei der Formel Eins zeigen ja: Der Zuschauer möchte gar nicht selbst kreativ werden und sein eigener Regisseur sein. Er will sich berieseln lassen. Das Fernsehen ist und bleibt ein passives Medium. Wer das ändern will, müßte über Jahrzehnte gewachsene Gewohnheiten über den Haufen werfen.

Außerdem: Was gibt es nicht schon alles! Wir beobachten jedes Spiel mit sechs, die Spitzenspiele sogar mit 16 Kameras – am und über dem Spielfeld, auf Schienen, an Kränen. Sogar im Tornetz hängt eine Chip-Kamera, die bei jedem Treffer mit dem Ball im Netz zappelt. Das alles war früher undenkbar; bei der Sportschau galten vier Kameras als das höchste der Gefühle. Hinzu kommt heute die gewaltige »ran«-Datenbank, von uns liebevoll-spöttisch »Samenbank« genannt. Hier wird jeder Spielzug, jeder Einwurf, jede Auswechslung gespeichert, jede nur erdenkliche Information über ein Spiel archiviert. Schon heute verschleiert der Wust an Informationen oft mehr als er erhellt. Weil die Reporter die Flut gar nicht mehr verarbeiten können. Was soll da noch hinzukommen? Kameras im Rasen? Mikrophone am Körper von Spielern, Trainern und Schiedsrichtern? Wollen wir wirklich auch noch hören, was der »Loddar« während eines Spiels sagt? Da soll er lieber kikken, das kann er ...

Andere Bestrebungen zielen auf eine noch effektivere Vermarktung des Fußballs. So wären für die Werbeindustrie dreimal 30 Minuten Spielzeit lukrativer als zweimal 45. Aber das ist für mich keine Frage: Damit wird der Fußball kaputtgemacht. Er lebt von traditionell gewachsenen Regeln, und das seit über 100 Jahren. Veränderungen müssen manchmal sein, aber nur in Maßen. Gleiche Höhe beim Abseits zum Beispiel oder die neue Rückpaßregel, die das Spiel belebt hat. Aber das Golden Goal bei der Europameisterschaft 1996 zum Beispiel war eine fußballschädliche Schnapsidee. Am Ende, nach Bierhoffs finalem Torschuß, wußten für einen Moment weder

Spieler noch Zuschauer oder Reporter, ob sie sich nun freuen sollten.

Auch jenseits des grünen Rasens nimmt die Vermarktung des Fußballs und seiner Protagonisten bizarre Formen an. Mittlerweile machen ja selbst die Zeugwarte Reklame – für Waschmittel. Ich habe Werder Bremens Manager Willi Lemke wegen der diversen Aufnäher auf seinen Hemden und Anzügen mal als »wandelnde Litfaßsäule« bezeichnet. Und auch wir müssen uns zuweilen den Gesetzen des Marktes anpassen. Am Ende jeder »ran«-Sendung hieß es lange Zeit im Abspann: »Unsere Moderatoren wurden eingekleidet von ...« Zum Glück gibt es noch keine absolute Pflicht, Anzüge einer bestimmten Firma zu tragen. Vielmehr handelt es sich um typbezogene Vorschläge einer Bekleidungsberaterin. Mit der gehe ich zweimal im Jahr zum Einkaufen.

Eins ist sicher: Aufnäher auf meinem Hemd werde ich niemals akzeptieren. Dann lieber nach Marbella und das Golf-Handicap verbessern.

12

Not macht erfinderisch
Die hohe Schule
der Reporterphantasie

○ ○ ○ ○ ○ ○ ○ Dieses Kapitel behandelt das Letzte vom Letzten, was ja manchmal das Allerbeste ist. Ich erinnere mich an Jürgen Wegmann, den früheren Profi bei Bayern München und Borussia Dortmund, der nach einer Niederlage – fassungslos nach Gründen suchend – einem Reporter erklärte: »Erst hatten wir kein Glück, dann kam auch noch Pech dazu.« Einem Sportreporter geht es manchmal ähnlich, wenn er zum Beispiel seinen Einsatz verpaßt. Da hilft nur Improvisation. Ein Meister dieser Improvisationskunst war der von mir sehr verehrte, leider verstorbene Kollege Günter Isenbügel, seit den fünfziger Jahren ein Rundfunkmann, der sich später aber auch an das Fernsehen herantraute. Ein echter Insider! In Sachen Eishockey konnte ihm keiner etwas vormachen, vor allem aber galt seine Leidenschaft der Tour de France: Er war der Radexperte schlechthin.

Aber er war auch ein Mensch mit einer Vorliebe für Wein, Weib und Gesang, was dazu führte, daß Günter Isenbügel sich nicht immer zur rechten Zeit am rechten Ort einfand. Noch heute schwärmt man in deutschen Funkhäusern von Isenbügels vermutlich größter Tat. Auf dem Programm stand das

Radrennen rund um die Harburger Berge. Günter sollte für den Norddeutschen Rundfunk berichten. Es handelt sich bei diesem Radrennen um einen Wettbewerb, der traditionell vormittags stattfindet – Beginn um 10 Uhr. Ganz schön früh. Zu früh für Günter Isenbügel. Irgendwann wacht er am Tag des Rennens auf, den Kopf noch schwer, schaut auf die Uhr: kurz vor 12.00, nur noch eine knappe Stunde bis zur »Sportrundschau«-Sendung am Mittag. Also fährt er wie ein Besessener zu den Harburger Bergen. Doch das Radrennen ist gelaufen. Selbst die letzten sind seit einer Viertelstunde im Ziel. Die Zuschauer machen sich auf den Heimweg. Ziemlich einsam steht der Reporter da. Im Ü-Wagen hat man verzweifelt auf ihn gewartet und vorsorglich dem NDR-Funkhaus in Hamburg gemeldet: »Es könnte sein, daß sich für die heutige Sendung technische Schwierigkeiten ergeben.«

Günter Isenbügel ist stets ein kreativer Mensch gewesen. Diese Eigenschaft kommt ihm jetzt zugute. Ein Bericht, in dem das Renngeschehen nur in dürren Worten nacherzählt wird, ist ihm zu wenig. Einer wie er will die dichte Reportage, voller Spannung und Atmosphäre. Was also macht Günter? Geht auf fünf jugendliche Zuschauer zu, die mit dem Fahrrad gekommen sind und nun wieder nach Hause wollen. »Wollt ihr euch etwas Geld verdienen? Dann hört zu. Ich baue jetzt mein Mikrophon hier auf, und ihr fahrt mit euren Rädern immer um das Mikrophon herum. Ich weiß nicht, ob ihr das versteht. Ich brauche die Atmo, die Hintergrundgeräusche, die das Geschehen spannend machen. Jungs, ihr kriegt jeder von mir zwei Mark dafür.«

Die Jungs machen mit, drehen immer neue Runden um das Mikrophon, während sich der Reporter allmählich in Rage redet bei seiner perfekten Drei-Minuten-Reportage. Schlußeinlauf des Radrennens um die Harburger Berge. Isenbügel ist nicht mehr zu halten: »Der letzte Kilometer für die Fahrer, eine Spitzengruppe hat sich abgesetzt.« Und dann der Höhepunkt: »Nun biegen sie um die Ecke – 500 Meter sind noch zu fahren, Hans Zimmermann aus Bielefeld hält im Moment die Spitze, doch von hinten rückt Jörg Stemmler unaufhaltsam näher. Und in ihrem Windschatten macht Werner Schönmetz immer mehr Boden gut. Zieht links vorbei, und ist als erster im Ziel.« Das Band wird sofort ins Funkhaus überspielt und dort gelobt als ein Beispiel für einen absolut präzisen und zugleich leidenschaftlichen Beitrag.

Ich habe lange nicht glauben können, daß sich das wirklich so zugetragen hat. Aber eines Tages, als ich Isenbügel bei Olympischen Spielen näher kennenlernte, hat er es mir bestätigt – das und noch viel mehr. »Junge«, fing er an, »daf war ja noch gar nix. Wir haben früher ganz andere Dinger gedreht. Ihr feid dagegen Faifenknaben, heutfutage!« So war Günter. Der einzige Sportreporter, der lispelte, das aber mit Charme und großem Erfolg. Manche Kollegen sprachen im Zusammenhang mit ihm von der »Hohen Schule« der Sportberichterstattung im Hörfunk.

Der Meister der Improvisation fand bald schon gelehrige Schüler. Heute noch wird darüber gestritten, ob es Harry Valérien oder Gerd Mehl war, der das Kunststück fertigbrachte, Arne Leibusch ins Leben zu rufen. Niemand kannte Arne Leibusch – aber plötzlich war er da. Dazu muß man wissen, daß das deutsche Fernsehen früherer Jahre gerne endlose Übertragungen vom Skilaufen sendete, insbesondere vom Langlauf. So ein Programm über vier Stunden ist nur etwas für die ganz, ganz Eingefleischten. Einziger deutscher Teilnehmer, den die Zuschauer kennen: Walter Dehmel. Der Rest sind Norweger, Finnen, Russen und Schweden, die in großem Abstand durch das Unterholz schießen. Zwar lassen sich so manche Programmstunden füllen, doch der Reporter ist in einer schier verzweifelten Lage. Irgendwann fällt ihm zum letzten Russen partout nichts mehr ein.

In diese Lücke stößt die Kunstfigur Arne Leibusch. Sie verändert die Szene im Langlauf total. Nach wie vor zeigen die Kameras Stilleben: verschneite Wälder, viele Minuten lang.

Doch dann erwähnt der Kommentator plötzlich besagten Arne Leibusch, und schon kommt Leben in die Sache. Es fängt damit an, daß Arne Leibusch als Wachser des norwegischen Teams vorgestellt wird. Als ein Mann mit goldenen Händen und einem unerschöpflichen Reservoir geheimnisvoller Substanzen, die den Norwegern angeblich die entscheidenden Zehntelsekunden bringen. In der nächsten Übertragung begegnet man Arne schon mit sehr viel mehr Respekt. Diesmal handelt es sich bei ihm um den Präsidenten des Norwegischen Skiverbandes, der soeben Unerhörtes über den Entwicklungsstand der neuesten Skibindungen von sich gegeben haben soll. Und damit noch nicht genug.

Als irgendwann mal wieder nur verschneites Unterholz die Mattscheibe ziert und die Läufer außerhalb des Kamera-Schwenkbereiches durch die Spur hecheln, entpuppt sich der neue Medienstar als Erfinder des wachsfreien Holzskis. Die Zuschauer an den Fernsehschirmen verfolgen es mit großem Interesse. Der Höhepunkt ist erreicht, als Herr Leibusch bei einer der nächsten Sendungen zum Professor aufsteigt, der angeblich in Clausthal-Zellerfeld wichtige Forschungsarbeit leistet mit umfangreichen Tests zur Beschaffenheit des optimalen Pulverschnees. Norweger, so heißt es, hätten das Projekt angeschoben, um diesen neuen Pulverschnee in ihre Heimat zu verfrachten. Der Schnee im Norden sei nämlich zu langsam geworden.

Bei so vielen Verdiensten kann nicht ausbleiben, daß Professor Arne Leibusch irgendwann für sein Gesamtwerk ein Ehrenmal gesetzt wird: in einem Waldstück direkt neben einer Loipe. Die Kameras zeigen mal wieder Unterholz pur. Der Reporter kommentiert: »Wir sehen gerade in diesem Augenblick – ich bin der Regie sehr dankbar – das Bild von einem Waldstück, in dem der verdienstvolle Professor Leibusch auch für spätere Generationen noch zu besichtigen ist.«

Nicht nur die Fernsehzuschauer fühlten sich damals offenbar gut informiert und bestens unterhalten, auch in der Redaktion ließ das Wesen aus dem Norden die Stimmung spürbar steigen. Es wurden sogar Wetten darauf abgeschlossen, ob die Kollegen, wenn sie rausgingen, wieder etwas von Arne mitbringen würden. Selbst bei Großereignissen wie den Weltmeisterschaften hieß es:»Und heute gibst du wieder den Leibusch.« In den Anfangszeiten von SAT.1 sollte Leibusch einen Nachfolger bekommen. Die Rechte für die Übertragung der Fußballbundesliga lagen noch bei der ARD. SAT.1 mußte sich mit den anderen Sportarten abgeben. So wurde häufig über die Eishockeybundesliga berichtet. Allerdings dauern die Drittelpausen beim Eishockey bekanntlich relativ lange. Ganz zu Anfang, als noch nicht die ganze Werbezeit verkauft war, tauchte die Frage auf: Wie füllen wir diese Pausen? Alles Wissenswerte über die Spieler war bereits mehrfach erzählt, von den Statistiken ganz zu schweigen. Also läßt man sich einen gewissen Toni Ganzmeier einfallen. Die ersten Meldungen über Toni besagen, daß er ein Zeugwart in der Eishockeybundesliga sei, wie es deren viele gibt – allerdings mit der Eigenart, Hosen und Trikots besonders säuberlich zurechtzulegen. Damit nicht genug: Seine Reinlichkeit gebiete es ihm, die Sportbekleidung in der ersten Drittelpause zu tauschen, wobei es ihm gelänge, innerhalb von 15 Minuten nasse Trikots wieder ganz trocken zu bekommen.

Von da an geht Toni Ganzmeier unaufhaltbar seinen Weg. Im Laufe der Zeit bringt er es zum Reservespieler eines Eishockeybundesligavereins. Mit jedem Spieltag prägt sich sein Name deutlicher ein. Die Redaktion beschließt, ihm den Gefallen zu tun und ihn als dreifachen Torschützen im Frühstücksfernsehen zu präsentieren. Es sind wunderbare Bilder – drei Tore in der Totalen, äußerst aggressiv geschossen. Von Toni Ganzmeier, der nicht im Bild ist, heißt es:»Sie sehen den neuen Star der Eishockeybundesliga.«

Damit ist Ganzmeiers Karriere nicht mehr aufzuhalten. Wieder ist das Frühstücksfernsehen der richtige Ort, um ihm

Wechselgelüste zum EV Landshut nachzusagen. Und was das Schönste ist: Der bayerische Verein reagiert prompt, und zwar mit einem empörten Dementi. In einem Fax an SAT.1 heißt es: »Wir haben bisher noch nicht mit Toni Ganzmeier verhandelt, auch wenn er natürlich grundsätzlich ein sehr interessanter Mann ist.« Offenbar ist damit auch ein richtiger Eishockeyclub der Ansicht, daß dieser Junge wirklich in der Bundesliga spielt. Das beweist dieses Fax, das SAT.1 immer noch vorliegt.

Es soll ruhig jeder wissen: Auch ich habe hin und wieder Geschichten erfunden. Anlaß dafür waren meistens Provokationen von Freunden, die gesagt haben: »Das machst du ja doch nicht ...« Denen hab' ich es dann gerne mal so richtig gezeigt ...

Für die »Tagesschau«-Spätausgabe hatte ich 1978 an jedem Samstagabend einen eigenen Sportblock von fünf bis sechs Minuten zusammenzustellen. Ich verbrachte die letzten Tage des Jahres mit Freunden auf Sylt. Alle bedauerten, daß ich mich am 1. Januar für die Sendung nach Hamburg verabschieden mußte. Einer meiner Freunde mit dem Allerweltsnamen Christoph Schmidt ließ mich nur unter der Bedingung gehen, daß ich die Zurückgebliebenen über den Bildschirm grüßen würde. Das habe ich dann auch versprochen.

Als ich in der »Tagesschau«-Redaktion die Nachrichtenlage sondiere, sehe ich gleich: Es ist nichts los. Nur das Neujahrsspringen in Garmisch-Partenkirchen und der Silvesterlauf in São Paulo. Die Redakteure bestehen aber trotzdem auf einem Sportblock von fünf Minuten, denn auch in der Welt der Politik tut sich am 1. Januar nichts. Sie sagen: »Du kannst machen, was du willst.« Und das nehme ich wörtlich.

Nach meinen Berechnungen könnte das Neujahrsskispringen zweieinhalb Minuten bringen, dazu die Meldung vom Silvesterlauf in Brasilien – da bleibt noch Platz. Also schreibe ich meine Moderation und füge den genannten Themen noch die Meldung hinzu, daß beim traditionellen Silvesterlauf von Sylt der Lübecker Lutz Philipp gewonnen habe. Der Mann ist ein renommierter Marathonläufer, und so unterstelle ich ihm einfach, daß er auf der Insel mitgelaufen sei. Und dann kommt es:»Der hohe Favorit Christoph Schmidt aus Hamburg wurde nur enttäuschender Achtzehnter.«

Diese »Nachricht« lief tatsächlich in der »Tagesschau«: ein Marathonlauf, der nie stattgefunden hatte. Und das Erstaunliche ist: Es gab keine Beschwerden. Nicht mal aus Sylt melden sich Zweifler. Was ich sagte, wurde als gegeben hingenommen, der »Tagesschau« wird eben einfach alles geglaubt. Es war die große Zeit von Karl-Heinz Köpcke und Werner Veigel. Chefredakteur war damals Dieter Gütt. Ich bezweifle, daß er je dahintergekommen ist, was an diesem Abend in seiner Sendung passiert ist. Er hätte mich sonst wahrscheinlich umgebracht. Aber ich muß gestehen, mir hat die Sache Spaß gemacht.

Ich war schon bei Radio Bremen, als mich wieder einmal die Versuchung packte. Damals hatten wir bei Radio Bremen die Ehre, die »Sportschau« von der Weser aus zu moderieren. Der Sendetermin für den Freitagabend wurde wie immer sehr kurzfristig festgelegt. Dummerweise hatte ich mich schon Wochen vorher für eben diesen Freitag mit Freunden zu einem Skatabend verabredet. »Sportschau« einerseits, Skat andererseits – ich war in einer verzwickten Situation. Die »Sportschau« absagen? Das tut man Radio Bremen nicht an, wenn die Sendung schon mal von dort kommt. Den Skat absagen? Da hätte mir das Herz geblutet. Also entschied ich mich dafür, beides zu machen: die »Sportschau« zu moderieren und Skat zu spielen.

Am Freitagnachmittag mache ich mir Gedanken über die Sendung, die um 23 Uhr beginnt: über die Beiträge, die Texte meiner Moderation. Um 20 Uhr verlasse ich das Haus. Die nächsten zweieinhalb Stunden verbringe ich mit den Freunden und den Karten.

Dann ist es 22.30 Uhr, und ich überrasche die Runde mit der Ankündigung:»Ich muß mal schnell für 'ne halbe Stunde mo-

derieren gehen. Ich bin für die ARD-›Sportschau‹ eingeteilt.«
Meine Freunde können es kaum fassen:»Bis du im Studio
bist, ist es kurz vor 23 Uhr. Wie willst du denn das noch schaffen? Abgesehen davon sind wir sauer. Wenn du uns nicht wenigstens grüßt, brauchst du gar nicht wieder anzutanzen.«
Kriegen wir alles hin, denke ich, fahre los und erreiche das Studio tatsächlich zehn Minuten vor elf. Alle sind in heller Aufregung, man hatte mich etwas früher erwartet. Ich sage den ersten Beitrag an: Fußballbundesliga – dann den zweiten: Becker
in Wimbledon. Es ist ein unglaubliches Match von Boris. Wie
alle bin auch ich begeistert. Vor allem sehe ich plötzlich die
Möglichkeit, mein Versprechen einzulösen. Die Skat-Freunde
heißen Rolf Lohmann und Horst-Dieter Lange. Nicht ganz einfach, diese Namen in der Abmoderation unterzubringen. Aber
ich habe da eine Idee und formuliere munter drauflos:»Sie sehen, meine Damen und Herren, großes Tennis in Wimbledon.
Da spielen eben nicht Hinz und Kunz und auch nicht Lange
und Lohmann, sondern Becker und Agassi.« Geschafft!
Ob sowas heute noch möglich wäre? Ich habe da so meine
Zweifel. Der Sport wird immer wichtiger, die Sache ist viel zu
ernst. Im Big Business ist für einen kleinen Spaß wenig Platz.
Nur ganz gelegentlich kommt er noch vor. Hin und wieder
gibt es diese kleinen Wetten. Man hört Kollegen sich zurau-
nen: Wenn du das und das heute abend sagst, dann kriegst du
das und das. Die meisten gehen gar nicht erst drauf ein, aber
einige trauen sich. Zum Beispiel mit jener unsäglichen Formu-
lierung, die in jeder Sportredaktion auf der schwarzen Liste
steht – nämlich die Aufforderung:»Doch sehen Sie selbst!«
Das im Fernsehen zu sagen ist ja auch wirklich eine Bankrott-
erklärung des Reporters. Also haben zwei meiner Kollegen
miteinander gewettet.»Wenn du das heute abend bringst,
gibt's 20 Mark.« Und irgendwann kam er tatsächlich, der
»verbotene« Satz:»Doch sehen Sie selbst!«
Ein anderer Kollege ging noch einen Schritt weiter. Er stand
offenbar ganz unter dem Eindruck der Sendung »RTL Samstag

Nacht«. Der Sketch »Kentucky schreit Ficken« animierte ihn zu folgender Wette mit einem Moderator: »Wenn du das heute abend wirklich rauskriegst – da ist der Christoph Daum aber bächtig *möse* geworden – dann zahle ich dir 100 Mark.« Und er hat tatsächlich gezahlt. Den Fernsehzuschauern fällt so was meistens gar nicht auf. Es geht einfach zu schnell. Erst hinterher fragen sie sich vielleicht: »Was war das denn? Irgend etwas hat da doch nicht gestimmt.«

Solche witzigen Geschichten sollten aber nicht darüber hinwegtäuschen, daß es im Leben eines Sportreporters fürs Fernsehen auch die ganz dunklen Stunden gibt. Man stelle sich folgendes Desaster vor: In einem Fußballspiel fällt ein Tor, und keiner darf es sehen – weil es schlicht unter den Tisch gefallen ist. Zusammen mit meinem lieben Kollegen Gert Girschkowski saß ich 1975 beim NDR, um das Europapokalspiel Hamburger SV gegen Stal Milec aufzuzeichnen und zu schneiden. Reporter im Stadion war Fritz Klein, zugleich mein Chef. Er wollte das Spiel nachkommentieren, also erst zum Zeitpunkt der Ausstrahlung seinen Text draufsprechen. Nach seinen Anweisungen sollten wir die Szenen des Beitrags zusammenfügen. 25 Minuten Sendezeit waren geplant. Das Spiel ging 1:0 für den HSV aus.

Fritz Klein war guter Dinge. Er saß in seiner Kabine im Volkspark-Stadion, über eine Leitung mit uns verbunden. Das einzige Tor fiel in der ersten Halbzeit. Wir sagten der Cutterin: »Gehen Sie in die 38. Minute, und da legen Sie bitte das 1:0 an.« Die Cutterin tat dies und drückte den Knopf. »Wunderbar«, sagte Girschkowski, der für die erste Halbzeit zuständig war. »Jetzt können wir noch ein schönes Pausenbild machen, und dann ist Wonti dran.« Ich schnitt die zweite Halbzeit, alles schien bestens. Wir kamen auf wunderschöne zwanzig Minuten, und der Beitrag wurde gesendet. Nur die Szene mit dem Tor fehlte leider.

Fritz Klein war verwirrt. Auf seinem Spickzettel stand 38. Minute. Jetzt mußte das 1:0 kommen. Aber man gab ihm keine

Chance, die »Bude« zu kommentieren. Also ließ er das Spiel zur Halbzeit noch 0:0 stehen und mogelte sich sehr professionell durch die ganze zweite Halbzeit. Furchtbar muß es für ihn gewesen sein, denn er ahnte: Jetzt kommen noch ungefähr dreizehn Minuten, garantiert ohne Tor. Ein Spagat ohnegleichen. Nach der dritten oder vierten Spielszene der zweiten Halbzeit beendete er das grausame Theater, ganz beiläufig warf er ein: »Nach der 1:0-Führung war der HSV weiter überlegen.« Damit hatte er den Zuschauer auf den Spielstand gebracht, ohne einzugestehen, daß das Tor nicht gesendet wurde. Fritz schloß mit den Worten: »Ein verdienter Erfolg für den HSV, das 1:0 läßt für das Rückspiel alle Möglichkeiten offen.«

Als die Sendung gelaufen war, standen wir im Raum mit der Magnetaufzeichnungsmaschine zusammen. Wir sind sehr verunsichert. Ich sage: »Der Fritz hat erzählt, es sei 1:0 ausgegangen, was ja auch stimmt. Aber das Tor ist nicht auf dem Sender gewesen, oder?« Wir gucken uns die Aufzeichnung noch einmal an, die Cutterin sagt: »Ganz sicher: Ich habe das Tor geschnitten.« Wie sich herausstellt, hat sie aber nur den Knopf »Preview« gedrückt, womit sie nur den Schnitt testet, nicht aber wirklich schneidet. Kollege Girschkowski indes nahm an, die Arbeit sei verrichtet und gab den Auftrag, zur nächsten Szene weiterzufahren.

Am nächsten Morgen ist um 10 Uhr Redaktionskonferenz. Wir stehen im Zentrum der Kritik. Fritz Klein, immer noch mitgenommen, verordnet uns eine Auszeit. Für drei Wochen fanden wir uns im Regionalprogramm wieder. Statt mit Eintracht Braunschweig oder dem HSV hatten wir hier mit dem SC Sperber und Concordia Hamburg zu tun.

Und es gibt noch ein vergessenes Tor. Da war ich schon bei Radio Bremen und zwischenzeitlich auch zum Trainer der Damen-Handballmannschaft von Werder Bremen aufgestiegen. Es war wieder so ein Wochenende: Einerseits hatte ich mit meinen Damen ein Trainingslager angesetzt. Andererseits gab es auch die »Sportschau«. Wir sollten das Spiel Bremen gegen Köln übertragen, ein echtes Spitzenspiel, damals. Ausnahmsweise ist mir die Handballmannschaft wichtiger, und ich begebe mich mit meiner Mannschaft an die Ostsee ins Trainingslager. Um das Fußballspiel kümmert sich mein Kollege Thomas Klementz. Die Partie im Bremer Weser-Stadion endet 6:2 für Werder, wie ich vor dem Fernsehgerät im Trainingslager mitbekomme. Rudi Völler hat zwei Tore geschossen, darunter das wichtige 5:1. Dieses Tor zum 5:1 aber hat nie ein deutscher Fernsehzuschauer gesehen. Diesmal kam der MAZ-Redakteur nicht ins Schleudern, weil so wenige Tore gefallen sind. Es muß ihn völlig überrascht haben, daß Werder Bremen so viele Tore schoß. Andererseits hatte er nur acht Minuten Zeit für seinen Bericht. Da wollen acht Tore erst mal untergebracht sein. Und noch etwas kam hinzu: Spielende in Bremen war um 17.15 Uhr, »Sportschau«-Beginn schon um 18 Uhr – es sollte gleich der erste Beitrag sein.

In der MAZ, wo der Bericht zusammengeschnitten wird, sitzt ein Kollege, der erst seinen zweiten Einsatz bei der Bundesliga hat und sich auch sonst durch hektische Betriebsamkeit auszeichnet. Unter Druck verliert er schon mal die Übersicht. So sagt er nach dem 4:1: »Jetzt machen wir das 5:2.« Irrtümlicherweise zählt er so auf beiden Seiten einen Treffer dazu und vergißt so das 5:1. Ein folgenschwerer Irrtum, den der Reporter im Stadion ausbaden muß. Thomas Klementz kennt den Zusammenschnitt nicht und weiß natürlich nichts vom vergessenen Tor. Nach dem 4:1 gerät er natürlich ins Schwimmen. Er arbeitet mit den richtigen Torschützen, aber mit den falschen Ergebnissen. In solchen Momenten wird eine Sprecherkabine zum einsamsten Platz dieser Erde, wie geschaffen für regelrechte Panikattacken. Man macht Bekanntschaft mit Herzaussetzern, der Druck auf die Räuspertaste ist nur ein kleiner Trost. Man kann sich nicht drei Minuten lang räuspern. Irgendwann kommt der Punkt, da muß man wieder was sagen. Am besten, man bleibt ganz ruhig, aber das sagt sich so leicht. Jetzt nur einen zusammenhängenden Satz, und man wäre wieder im Spiel ...

Unweigerlich fragt sich Kollege Klementz im Weser-Stadion: »Wie komme ich aus dieser Nummer wieder raus? Den Fernsehzuschauern habe ich verkauft, daß es 5:1 steht. Dabei erzielte Klaus Allofs soeben das zweite Tor für Köln.« In seiner Not ist er einfach ehrlich: »Meine Damen und Herren, ich muß mich korrigieren. Was Sie da eben gesehen haben, war schon das 5:2 und nicht, wie von mir behauptet, das 5:1. Wo das Tor von Rudi Völler geblieben ist, kann ich im Moment nicht sagen. Machen wir erst mal weiter im Text.« Und dann fügt der Reporter hinzu: »Aber keine Angst, Rudi hat noch ein zweites Tor geschossen, und da haben wir's. Das ist das 6:2.«

Der junge Kollege ist später wie am Boden zerstört. Mit letzter Kraft steigt er in sein Auto und fährt ins Studio nach Bremen-Osterholtz – zu jenem Mann, der die MAZ geschnitten hat. Richtig an die Gurgel geht er ihm: »Das machst du nie wieder mit mir.« Aber auch hier gibt es später eine Versöhnung. Klementz schenkte dem unglückseligen MAZ-Redakteur zu seinem nächsten Geburtstag genau jene paar Zentimeter der Magnetbandaufzeichnung, auf denen das vergessene Tor zu sehen war. Das Souvenir hängt heute in seinem Arbeitszimmer.

Die Kunst der Improvisation bedeutet viel, aber nicht alles. Gerade in einer Live-Sendung kann einem dies grausam klar werden. Ganze 18 Minuten lang hänge ich einmal während einer »Sportschau« in der Luft. Auf dem Programm stehen noch zwei Fußballberichte: der eine aus Bochum, der andere aus Gelsenkirchen-Schalke, beide je acht Minuten lang – und hinterher noch ein Trailer, eine Minute, zum bevorstehenden Berlin-Marathon.

Die Regie teilt mir mit, daß sich der Bericht aus Bochum verzögern wird, die Leitung sei gekappt. Ich überspiele die kleine Schwierigkeit, indem ich vorschlage, wir sollten den nächsten Spielbericht abrufen, den aus Schalke. Nur der kommt – es ist ja die gleiche Gegend – über dieselbe Leitung. Also muß ich auch auf ihn verzichten. Jetzt habe ich ganz viel Zeit: 16 Minuten. Ich überbrücke das Loch, indem ich die Spielberichte der Agenturen vorlese, ohne dabei das Ergebnis vorwegzunehmen, wobei ich mich in Formulierungen rette wie beispielsweise:»Die waren in der ersten Halbzeit überlegen« und »Das war einer der herausragenden Spieler« oder »Der hatte eine miserable Form«. Wenn man das alles richtig ausschmückt, kommt man auf eine Minute dreißig oder gar zwei Minuten. Also tapfer weitermachen.

Ich schlage einen Haken und weihe die Zuschauer ein wenig in die Arbeitsmethoden einer Sportredaktion ein. Erkläre also, was gerade jetzt in dieser Sekunde in der Regie vorgeht, zeichne ein Bild von der Hektik, erzähle, daß ganz bestimmt längst ein Kollege im Hause unterwegs sei, um interessante Ersatzbeiträge herbeizuschaffen. Ohne Pause komme ich auf die Fußballbundesliga im allgemeinen zu sprechen, erinnere an das Jahr 1935, als Ernst Kuzorra, der große Schalker, seine Mannschaft zur bislang letzten Meisterschaft schoß.

Zwischendurch frage ich immer wieder, ob inzwischen wenigstens einer der beiden Spielberichte vorliege:»Leider nein«, sagt man mir knapp. Mittlerweile habe ich vierzehn Minuten am Stück geredet. Der Chef vom Dienst sendet erste Signale von Resignation – und dann meldet die Regie endgültig:»Es wird keine Spielberichte mehr geben.« Ich spiele meine letzte Karte:»Eigentlich müßten wir doch noch einen Vorbericht zum Berlin-Marathon vorbereitet haben. Meine Damen und Herren, da können wir Ihnen ein paar schöne Bilder zeigen. Stimmen Sie sich schon mal ein auf das, was die Zuschauer in Berlin morgen am Rande der Strecke erwartet.« Ich lasse die Arme sinken und sage mir:»Jetzt hast du wenigstens anderthalb Minuten Ruhe.« Aber da höre ich schon wieder die Stimme des Regisseurs:»Auch der Bericht liegt nicht vor.«

Ein letztes Sichaufbäumen des Moderators:»Liebe Zuschauer, Sie merken schon, es gibt auch keinen Vorgeschmack auf den

Berlin-Marathon. So langsam bleibt ein kleiner Nachgeschmack.« Um 18.58 Uhr, eine Minute vor dem offiziellen Sendeschluß, danke ich ab. Ich weiß schlicht nichts mehr zu erzählen. Kleiner Trost zum Schluß: Als die Scheinwerfer erloschen sind, klatschen Aufnahmeleiter, Tontechniker und Kameramann Beifall.